全国跨境电商"十三五"系列教材

跨境电商
理论与实务

伍蓓◎主编

王姗姗 张芮 俞宙◎副主编

CROSS-BORDER
E-commerce Theory and Practice

微课版

人民邮电出版社

北 京

图书在版编目（ＣＩＰ）数据

跨境电商理论与实务：微课版 / 伍蓓主编. -- 北京：人民邮电出版社，2021.1（2022.8重印）
全国跨境电商"十三五"系列教材
ISBN 978-7-115-54566-4

Ⅰ．①跨⋯ Ⅱ．①伍⋯ Ⅲ．①电子商务－商业经营－高等学校－教材 Ⅳ．①F713.365.2

中国版本图书馆CIP数据核字(2020)第137268号

内 容 提 要

　　本书共九章，分为跨境电商理论篇、跨境电商运作篇及跨境电商实务篇。跨境电商理论篇详述了跨境电商的基本概念、生态体系、产生和发展，总结了跨境电商的政策法规与监管制度；跨境电商运作篇剖析了跨境电商物流、跨境电商支付、跨境电商营销、跨境电商通关等内容，并详细讲述了大数据分析在跨境电商中的应用；跨境电商实务篇介绍了跨境电商选品与平台选择，并提供了跨境电商综合实训相关内容。

　　本书可作为高等学校电子商务类、管理类专业相关课程的教材，也可作为相关技术人员自学书或跨境电商培训班的培训书。

◆ 主　　编　伍　蓓
　　副主编　王珊珊　张　芮　俞　宙
　　责任编辑　刘向荣
　　责任印制　周昇亮

◆ 人民邮电出版社出版发行　　北京市丰台区成寿寺路 11 号
　　邮编　100164　电子邮件　315@ptpress.com.cn
　　网址　https://www.ptpress.com.cn
　　三河市祥达印刷包装有限公司印刷

◆ 开本：787×1092　1/16
　　印张：14.5　　　　　　　　　　2021 年 1 月第 1 版
　　字数：335 千字　　　　　　　　2022 年 8 月河北第 8 次印刷

定价：49.80 元

读者服务热线：**(010)81055256**　印装质量热线：**(010)81055316**
反盗版热线：**(010)81055315**
广告经营许可证：京东市监广登字 20170147 号

2020 年突如其来的新冠肺炎疫情，给全世界的社会经济发展带来了前所未有的冲击和挑战，而跨境电商凭借其线上交易、非接触式交货、交易链条短等优势逆势上扬，成为"稳外贸"的重要力量和畅通国内国际"双循环"的重要引擎。2020 年 11 月 15 日，中国和东盟签署的《区域全面经济伙伴关系协定》（RCEP），涵盖全球近 30%的人口和经济规模，被称为全球最具潜力的区域自由贸易协定，为中国"双循环"新发展格局提供有效支撑，有效地助力跨境电商发展。

伍蓓教授编写的《跨境电商理论和实务（微课版）》共分为 3 篇。理论篇阐述了跨境电商基本理论和法律法规，引入跨境电商理论的前沿知识；运作篇论述了跨境电商物流、支付、营销、通关、大数据分析，诠释跨境电商的知识体系；实务篇介绍了跨境电商选品、平台选择及综合实训，进一步提高读者的跨境电商实践能力。该书知识体系完善，内容结合行业实际，具有鲜明的时代性、先进性和完整性，力图引导读者从战略视角洞察跨境电商的交叉性、系统性、实践性等特性，全面了解跨境电商的发展趋势和商业实践。此外，每章最后都有 8 个知识点，结合 3～5 个视频，为读者提供前沿的跨境知识。同时，该书也配备了教学大纲、PPT 课件、微课、思维导图、习题等丰富的教学资源，并通过教学网站实时更新，与时俱进。

《跨境电商理论和实务（微课版）》的出版发行，将为电子商务专业和跨境电子商务专业提供较好的专用教材，也可为广大跨境电商从业者、跨境电商科研工作者、跨境电商学习者提供参考。

教育部高等学校电子商务类专业教学指导委员会副主任委员

厦门大学　彭丽芳教授

2020 年 12 月

近年来，随着"一带一路"倡议的提出及全球贸易的快速发展，跨境电商成为全球经济增长的新引擎、产业转型的新业态和对外贸易的新模式，塑造了互联网时代数字贸易的新规则。我国发展跨境电商已有十余年历史，政府高度重视跨境电商的发展并出台了一系列国家扶持政策。2015 年 3 月，中国（杭州）跨境电子商务综合试验区设立；截至目前，全国范围已有 105 个跨境电子商务综合试验区，86 个城市和海南全岛成为跨境电商进口试点城市。

跨境电商是"一带一路"倡议的先导和突破点，已经从一种经济现象发展为以跨境电商平台为依托、以大数据为支撑、以数据技术为驱动的新型数字贸易方式，具有贸易扁平化、大数据精准化、供应链全球化的特点。2019 年，我国的商品及服务网络零售总额为 3 334.5 亿美元（1 美元=7.1188 人民币，2020 年 5 月 22 日），占全球网络零售总额的 22.9%。据海关数据统计，全国新增跨境电商企业超 6 000 家，跨境电商零售进出口总额达 1 862.1 亿元，对整体外贸增长的贡献率达 5.0%。2014—2019年，我国与"一带一路"沿线国家贸易值累计超过 44 万亿元，已成为沿线 25 个国家最大的贸易伙伴。2019 年，我国对"一带一路"沿线国家累计进出口 9.27 万亿元，同比增长 10.8%。

本书以培养跨境电商人才的综合能力为核心内容，结构框架如图 0-1 所示：第一篇为跨境电商理论篇，介绍了跨境电商的基本理论及跨境电商政策法规与监管制度；第二篇为跨境电商运作篇，围绕AliExpress、Amazon、eBay、Wish 四大跨境电商平台，详细讲述了跨境电商物流、跨境电商支付、跨境电商营销、跨境电商通关、跨境电商大数据分析等环节的具体操作流程及技巧；第三篇为跨境电商实务篇，对跨境电商选品与平台选择进行了详细介绍，并提供了跨境电商综合实训相关内容。

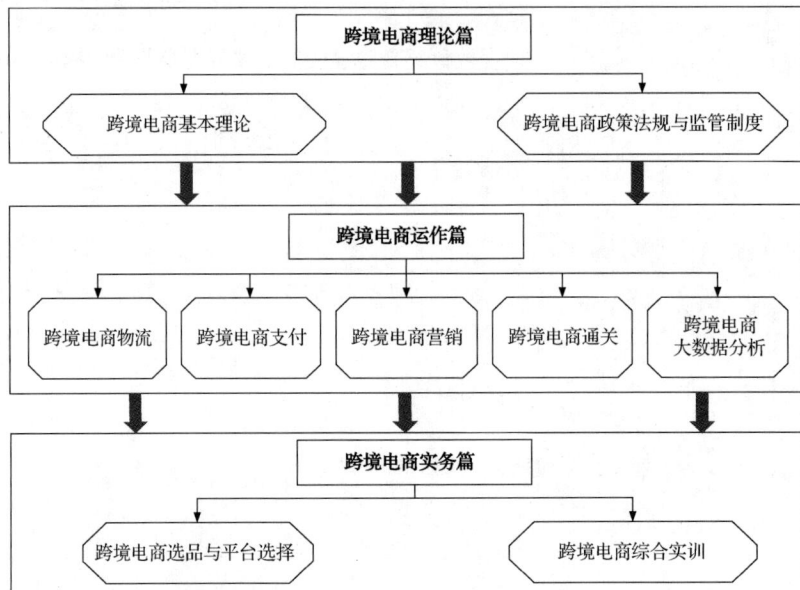

图 0-1　本书结构框架图

本书理论体系完整，四大跨境电商平台操作内容通俗易懂，既具有理论前瞻性和学术性，又具备实操性和指导性，为从事跨境电子商务类工作的读者提供全方位的解析和多维度的提升指导。

本书具有三大特色。一是系统性。本书从跨境电商的理论、运作和实务3个维度详细地介绍了跨境电商理论体系、政策法规、物流、支付、营销、通关、大数据分析、选品、平台选择和综合实训。前8章开篇都设置了导入案例，并提供课后练习题，使理论与实践紧密结合，知识体系完整。二是前沿性。本书由中国（杭州）跨境电商学院、中国（杭州）跨境电商人才联盟、国家电子商务虚拟仿真实验教学中心合作完成，引入了前沿的跨境电商政策制度、行业洞察、跨境周报、知识解读等内容，使读者在理解跨境电商基础知识的基础上，了解跨境电商的新发展情况及前沿动态，开拓学科视野。三是实践性。本书提供上机实训软件和实训教程，读者可通过上机实训软件模拟 AliExpress、Amazon、Wish 等跨境电商平台的相关操作，以提高实践操作能力。

本书由伍蓓担任主编，王姗姗、张芮、俞宙担任副主编。具体分工如下：第一章由伍蓓、陈功博、俞宙编写，第二章由王安菁、伍蓓编写，第三章、第四章由叶新娜、伍蓓编写，第五章、第六章由张文艺、伍蓓编写，第七章、第八章由王姗姗编写，第九章由张芮、张研研编写。

本书在编写过程中参考了相关的教材、论文、期刊及众多的网站，在此对相关作者表示衷心的感谢。跨境电商为新兴产业，发展迅猛，知识更新和迭代也较快，很多相关的概念和观点在理论及实践层面都还需进一步沉淀，因此衷心希望各位读者能提出宝贵的意见，以便持续完善本书。

跨越未来，境无止尽！希望本书提供的跨境电商理论框架和实践平台能对跨境电商从业者具有启发和参考价值。在此，祝愿我国的跨境电商产业发展越来越好，走向全球，引领世界！

伍　蓓
2020 年 11 月

目 录

目 录

I 跨境电商理论篇

第一章

跨境电商基本理论

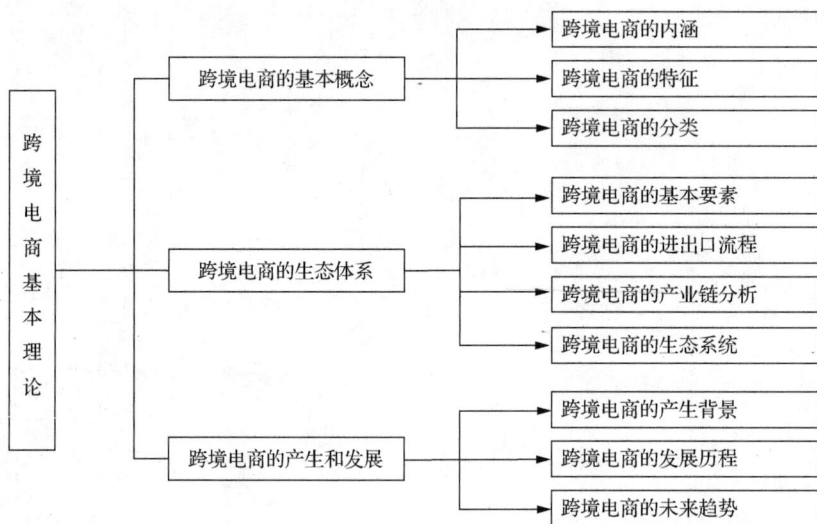

知识结构图

学 习 目 标

1. 掌握跨境电商的基本概念。
2. 掌握跨境电商的生态体系。
3. 了解跨境电商的产生和发展历程。

"一带一路"移动电商新生态：中东市场跨境电商企业浙江执御

浙江执御（Jollychic）是一家领先的出海移动电商平台，以构建出海移动新生态，引领全球多区域移动电商发展为愿景，和全球消费者一起以分享时尚的生活为使命，致力于打造全球化"你身边的时尚生活"平台，是中东地区知名度较高、综合排名靠前的移动电商品牌。其旗下 Jollychic 移动电商平台近 5 年来的成交额均持续保持每年 300%以上的增长，累计注册用户数超过 3 500 万，覆盖中东地区"海湾六国"82%左右的互联网用户。Jollychic 专注于时尚生活消费品的全球在线零售，包括但不限于男/女性服装、鞋包、配饰、家居、母婴童玩、美妆美体、3C 产品（计算机、通信和消费类电子产品）等。Jollychic 精选赋有中国原创时尚的品牌缔造者为合作伙伴，依托基于市场需求的商品买家机制及全球各国本土化的精准营销渠道，向终端消费者提供高品质商品和完美的购物体验。

一、企业背景

浙江执御（以下简称"执御"）成立于 2012 年，名字出自《道德经》"执古之道，以御今之有"。放在企业的目标语境下，这个名字可以理解为执"跨境"之"道"，"御"中国制造，创中国品牌。创立至今，公司已拥有数十项软件著作权、强大的智能化和信息化综合技术服务系统，为企业精准营销、数据化运营与数字化管理奠定了坚实的基础。执御在美国硅谷、阿联酋迪拜等地设立了分公司，在深圳、广州、东莞设立了近 10 万平方米的仓储中心，以全面实现本土化精准营销战略。截至目前，执御已是国内出口中东地区最大的 B2C（企业对消费者）公司。在"海湾六国"中，执御的市场占有率排名前三，能与之抗衡的，只有在当地深耕了十几年的老牌公司。

二、执御平台（Jollychic）

执御平台的优势主要体现在四个方面：一是电商的本地化，执御在未来 3~5 年甚至更长的时间里，会不断深耕中东市场，增加和扩大电商品类和规模；二是市场的本地化，选品符合本地文化；三是服务的本地化，优选当地最佳的物流方案，提供快速、精准的服务；四是团队的本地化，执御员工人数在 3 000 人左右，差不多一半员工在海外，而海外 90%的员工都是中东当地人。

执御平台的运营模式主要分两种：第一种为按需模式，即不设置第三方店铺，也无须运营，更多的是商家以供货方形式单纯供货给执御平台，在国内交货即可，几乎没有任何成本。第二种为 FBZ 模式。类似于亚马逊，执御平台针对热销款式和制造型企业定制产品，直接进行采购，备货到中东再进行二次销售。在中东，执御有超过 5 万平方米的自建仓，在国内华东、华南地区也有仓储物流中心，便于国内商家交货。

三、数据大脑的精准营销

执御平台拥有由近百人的技术团队开发运营的"数据大脑"——基于数据驱动的智能化营销和运营系统。基于大数据，公司后台用一万种不同的标签对用户进行标注，并对用户的社会属性、行为属性及消费属性等进行相互组合，将群体极致细分。这使得公司的营销推广非常精准，面对近千万的注册用户，公司也能做到智能推送。

通过数据分析和市场调研，执御将核心市场定位在进入者较少的中东地区，以25～40岁的女性为目标用户群，主营女性服饰类产品，以网站和App为销售渠道，打造海湾地区服饰行业"隐形冠军"。执御有一个由90多人组成的经验丰富的买手团队，其中不少人是设计师或在原创设计领域较有影响力的人物，能够第一时间洞悉时尚资讯并迅速发掘好货，这使得执御平台每天能上500个新款。执御的大数据系统每天对世界各地的流行趋势进行分析，如接下来流行的袖口样式、领口款式、花形颜色，并将这些数据分享给合作厂家。在执御平台上，中东的消费者不仅可以买到潮流服饰，也可以找到具有当地传统特色的各类商品。

四、"质御中东 100+"计划

为深入践行"一带一路"建设的时代要求和深刻内涵，并抓住新兴市场机遇，执御基于多年来在中东市场本土化的深耕累积，提出将品质升级作为未来三年重点战略规划之一，并推出"质御中东 100+"计划。其目标是通过平台的支持和孵化，与国内百家优质制造型企业深度合作，培育百家优质中国品牌出海，提高各品牌在中东地区乃至"一带一路"其他沿线国家的影响力，完成中国产品在海外的品牌化、品质化及创新升级。

截至目前，执御已带动约 5 000 家中国企业走出国门，协助包括华为、小米、海尔、富安娜、森马、康佳等在内的知名品牌出海中东地区，同时培育、促进近百个中小品牌的海外成长。执御将推出一系列品牌出海支持方案，包括搭建海外仓体系，推出集大件物流、提效增速、大数据等于一体的全新物流解决方案，将在全国知名产业带建立"执御产业带发展服务中心"，目的是培育、孵化、引进原产地优质品牌。这一系列创举旨在为优质品牌、产业带的出海提供全面的大数据支持及运营决策工具，提供线上线下多国销售渠道、流量支持，提供专业的跨境物流、清关、派送服务，打通跨境支付、回款通路及知识产权保护等"一站式"支持。

五、执御支付（JollyPay）

2019 年 7 月 18 日，中东市场跨境电商企业浙江执御旗下支付平台执御支付（JollyPay）正式获得阿联酋相关支付牌照，成为首批在阿联酋获得此类牌照的外国企业。JollyPay 成立于 2017 年，专门提供支付系统建设与服务，目前已经能够独立完成自有支付体系及风控系统的搭建，并可提供全链路的支付解决方案。其团队核心成员均来自跨国银行、知名第三方支付公司等组织，在银行业、第三方支付、金融科技等领域深耕多年，拥有丰富的境外及本地工作经验。目前，JollyPay 已在阿联酋和沙特阿拉伯等地设立子公司，以支付业务服务本地客户。JollyPay 在支付牌照方面成功把握战略机遇，获得了先发优势，堪称以支付为切入点的中国金融行业出海典型，执御构建"一带一路"移动电商新生态也由此获得了新的动力。这不但得益于其不断积累的技术研发、市场实践，以及一整套成熟的移动支付方案，也再次体现了执御的战略格局。

针对后续战略发展规划，JollyPay 首席运营官刘洋表示：JollyPay 将继续践行"一带一路"倡议，依托 Jollychic 在中东市场多年来成功的市场经验及用户积累，用好、用足阿联酋的战略枢纽地位，陆续在海湾合作委员会各国开设分支机构，携手当地政府共建"无现金社会"，全面打造中东地区金融新生态，并辐射西亚、北非乃至更广阔的市场。

2020 年疫情爆发后，执御利用独有的海外仓优势，集中拓展境外供应链，对冲境内货源紧缺影响；同时，密集引入全国各地新品牌和供应商，既稳定了国内货源，又帮助众多因疫情面临库存积压的供应商拓展了中东新市场，有效实现双赢，再次凸显了执御作为全品类消费品平台，带动国内产能集体出海的优势。

（资料来源：执御官网和网络新闻）

请问：

1. 执御如何进行精准营销？
2. 执御的品牌出海计划包括哪些内容？这些内容是如何实现的？

第一节　跨境电商的基本概念

一、跨境电商的内涵

随着数字经济、网络技术、电子支付等新兴科技手段的普及和贸易全球化的发展，跨境电商已成为国际贸易中的重要分支，全球经济发展的新业态和全球国际贸易的新引擎。根据商务部 2020 年 1 月发布的 2019 年商务工作及运行情况，2019 年全年货物进出口 31.5 万亿元，同比增长 3.4%。其中出口 17.2 万亿元，同比增长 5%，进口 14.3 万亿元，同比增长 1.6%；顺差 2.9 万亿元，扩大 25%；跨境电商进出口同比增长 38.3%。

跨境电子商务的基本概念

跨境电商（Cross-Border E-Commerce）是指处于不同国家（地区）的交易主体，以电子商务平台为媒介，以信息技术、网络技术、支付技术等为技术支撑，完成商品的线上交易、进行支付结算，并通过跨境物流或异地存储将商品送达消费者手中的国际商务活动。跨境电商源于电子商务，是电子商务的新模式和新业态，包括海淘、代购、跨境零售和跨境 B2B（Business to Business，企业对企业）等模式。

广义的跨境电商基本等同于外贸电商（B2B），是指处于不同国家（地区）的交易主体，通过电子商务的手段将传统进出口贸易中的展示、洽谈和成交环节电子化，并通过跨境物流送达商品、完成交易的一种国际商业活动。跨境电商是指电子商务在进出口贸易中的应用，是传统国际贸易商务流程的电子化、数字化和网络化。它涉及许多方面的活动，包括货物的电子贸易、在线数据传递、电子资金划拨、电子货运单证等内容。

狭义的跨境电商基本等同于跨境零售 B2C（Business to Customer，企业对个人）和 C2C（Customer to Customer，个人对个人），是指处于不同国家（地区）的交易主体，通过互联网平台达成交易、进行支付结算，并采用快件、小包等行邮方式通过跨境物流将商品送达消费者手中的交易过程。

二、跨境电商的特征

1. 多边化

传统的国际（地区间）贸易主要表现为两国（地区）之间的双边贸易，即使有多边贸易，也是通过多个双边贸易实现的，呈线状结构；跨境电商则可以通过 A 国（地区）的交易平台、B 国（地区）的支付结算平台、C 国（地区）的物流平台，实现其他国家（地区）

间的直接贸易。与贸易过程相关的信息流、商流、物流、资金流也由传统的双边逐步向多边演进，呈现网状结构。跨境电商正在重构世界经济新秩序。

2. 直接化

传统的国际（地区间）贸易主要由一国（地区）的进/出口商通过另一国（地区）的出/进口商集中进/出口大批量货物，然后通过境内流通企业的多级分销，使货物到达有进/出口需求的企业或消费者手中，进出口环节多、时间长、成本高。跨境电商可以通过电子商务交易与服务平台，实现多国（地区）企业之间、企业与最终消费者之间的直接交易，进出口环节少、时间短、成本低、效率高。

3. 小批量

跨境电商是单个企业之间或单个企业与单个消费者之间的交易，相对于传统贸易而言，其交易大多是小批量，甚至是单件。

4. 高频率

跨境电商是单个企业之间或单个企业与单个消费者之间的交易，而且是即时按需采购、销售或消费，相对于传统贸易而言，跨境电商交易的次数或频率更高。

5. 数字化

传统的国际（地区间）贸易主要是实物产品或服务交易。随着信息网络技术的深化应用，数字化产品（软件、影视、游戏等）的品类和贸易量快速增长，且通过跨境电商进行销售或消费的趋势更加明显。跨境电商就是通过数据驱动的新外贸体系，通过跨境电商平台可以将各类分散的信息集中，使交易信息更容易获得，而且可以通过大数据的积累，对所有参与者建立全新的信用体系，让买卖双方的交易更容易达成。

6. 全球化

跨境电商与传统的交易方式相比，一个重要的特点在于它是一种无边界交易，突破了传统交易所具有的地理因素限制，企业不需要跨越国界就可以把产品，尤其是高附加值的产品和服务提供给市场。任何人只要具备了一定的技术手段，在任何时候、任何地方都可以发布信息、相互联系并进行交易，跨境电商大大拓展了贸易自由度，因此它具有全球性和非中心化的特性。

三、跨境电商的分类

1. 跨境进口和跨境出口

根据商品的流向，跨境电商可分为跨境进口和跨境出口。

（1）跨境进口

跨境进口的传统模式是海淘，即境内的消费者在境外的 B2C 网站上购物，然后通过直邮或转运的方式将商品运送至境内。除了可以直邮的商品品类外，国内消费者只能借助转运物流的方式接收货物。简单来说，海淘就是在境外设有转运仓库的转运公司代替消费者在位于境外的转运仓库地址收货，之后再通过第三方或转运公司自营的跨境物流将商品发送至中国口岸。

此外，主要的跨境进口模式还有"直购进口"模式和"保税进口"模式。

"直购进口"模式是指符合条件的电商平台与海关联网，在境内消费者跨境网购后，由企业将电子订单、支付凭证、电子运单等实时传输给海关，然后商品通过海关跨境电商专门监管场所入境，按照个人邮递物品纳税。与传统的模式相比，"直购进口"模式货物符合国家海关监管政策，清关更为"阳光"，消费信息也更透明，同时商品来源和服务都比较有保障。

"保税进口"模式则是指境外商品整批抵达境内海关监管场所——保税港区。消费者下单后，商品从保税港区直接发出，在海关等监管部门的监管下实现快速通关，使商品在几天内配送到消费者手中。"保税进口"模式借助了保税港区特殊的监管政策优势，采取"整批入区、B2C 邮快件缴纳行邮税出区"的方式，大大降低了电商企业进口商品的价格。同时，从国内发货的形式也缩短了消费者从下单到收货的时间。

（2）跨境出口

跨境出口是指国内电子商务企业通过电子商务平台达成出口交易、进行支付结算，并通过跨境物流送达商品，完成交易的一种国际商业活动。

跨境出口电商市场的电商企业根据营业模式的不同可以分为 4 类：第一类是 B2B 模式下的信息服务平台，该跨境电商平台作为第三方，主要为供应商发布信息或帮助分销商、零售商搜索信息，最后为交易双方提供撮合服务，代表企业有阿里巴巴国际站、环球资源网、中国制造网等；第二类是 B2B 模式下的交易服务平台，能够实现供需双方的网上交易和在线电子支付，代表企业有敦煌网、大龙网等；第三类是 B2C 模式下的平台型网站，这类平台涉及出口电商的各个环节，除了开放买家和卖家数据外，还包括开放商品、店铺、交易、物流、价格、仓储、营销推广等各环节和流程的业务，代表企业有亚马逊、全球速卖通等；第四类是 B2C 模式下的自营型网站，平台对其经营的产品进行统一生产或采购、产品展示、在线交易，并通过物流配送将产品送达最终消费者手中，代表企业有环球易购、兰亭集势等。

2. 跨境一般贸易和跨境电商零售

根据交易主体的不同，跨境电商可分为跨境电商一般贸易和跨境电商零售。

（1）跨境电商一般贸易

跨境电商一般贸易也称为跨境电商 B2B（business-to-business）贸易，是指分属不同关境的企业直接面向企业在线销售产品和服务，通过电商平台达成交易、进行支付结算，并通过跨境物流送达产品、完成交易的一种国际商业活动，已纳入海关一般贸易统计。从本质上讲，其仍为一般贸易类型，只是促成交易的手段与时俱进，享受科技便利化的成果。

跨境电商 B2B 所面对的最终用户为企业或集团，提供企业、产品、服务等相关的信息。目前，我国跨境电商市场中跨境电商 B2B 市场交易规模占总交易规模的 90%以上。在跨境电商市场中，企业级市场始终处于主导地位。

（2）跨境电商零售

跨境电商零售又可分为跨境电商 B2C（business to customer）和跨境电商 C2C（customer to customer）。跨境电商 B2C 是分属不同关境的企业直接面向个人消费者在线销售产品和服务，通过电商平台达成交易、进行支付结算，并通过跨境物流送达产品、完成交易的一种国际商业活动。跨境电商 B2C 面对的最终用户为个人消费者，针对最终用户以网上零售的方式售卖产品。跨境电商 B2C 模式下，我国企业直接面对个人消费者，以销售个人消费品为主，在物流方面主要采用邮政物流、商业快递、专线物流及海外仓储等方式。

从交易规模上看，跨境电商 B2B 一般贸易占据跨境电商的主要市场份额，但其监管措施与传统一般贸易差异较小，而国家重点探索的贸易模式是跨境电商 B2C，尤其是跨境零售进口。

3. 平台型和自营型

根据运营方式的不同，跨境电商可分为平台型和自营型。

（1）平台型

平台型跨境电商在线上搭建商城，整合物流、支付、运营等服务资源，吸引卖家进驻，并为其提供跨境电商交易服务。同时，平台以收取卖家佣金及增值服务佣金为主要盈利模式。平台型跨境电商企业采用轻资产运作模式，重点在于售前引流、招商及平台管理等，售后只在一定程度上参与物流和服务，以完善线上入驻卖家的不足。现阶段，我国的平台型跨境电商大多通过自身强大的流量和大数据技术等优势为其跨境平台进行引流和赋能。例如，天猫国际作为阿里巴巴旗下的跨境进口购物平台，承载着整个阿里巴巴的大进口战略。该平台属于邀约制招商平台，通过对入驻卖家发货源头、运输方式及最终物流端的全链路可视，实现对线上商品及运营质量的把控。在天猫国际入驻的企业主要为具有海外零售资质的公司实体，平台店铺类型依据入驻企业资质的不同分为 4 种，分别为品牌旗舰店、卖场型旗舰店、专卖店和专营店。

（2）自营型

自营型跨境电商在线上搭建平台，整合供应商资源，以较低的价格采购商品，然后以较高的价格售出商品，主要以获取商品差价为盈利模式。自营型跨境电商平台需要参与整个销售流程的运作，包括选品、供应商选择、物流与售后服务等多个环节。现阶段，我国的自营型跨境电商大多拥有丰富的商品资源及强大的供应链体系。例如，考拉海购在市场份额、正品信任度方面均表现较为突出，该公司目前主打"自营直采+商家入驻"模式，在美国、德国、日本、韩国等国都设立了分公司，同时与包括好市多（COSTCO）、宝洁（P&G）在内的多家国内外知名品牌合作。上述运营机制帮助考拉海购从商品源头进行商品质量的把控和审核，在保证采购量的同时，也能更好地维护品牌价格体系。

第二节　跨境电商的生态体系

一、跨境电商的基本要素

跨境电商包括信息流、资金流和货物流三大要素，涵盖物流、仓储、支付、通关等环节。

1. 信息流

跨境电商平台的信息流是指信息的传播与流动，一般分为信息采集、传播和加工处理，其基本任务让用户了解产品的类型、价格及特点。跨境电商平台依托于互联网的市场力量，运用搜索引擎、社交媒体、邮件视频等不同的载体来引流，从而实现精准营销，提升重复购买率和用户黏性。在跨境电商的发展中，除了鼓励电商平台利用各种传播媒介提高海外影响力，还要通过培训和典型示范，鼓励外贸企业和制造企业采取跨境电商 B2B 和跨境电商 B2C 全网营销的方式来提高产品曝光率；鼓励外贸企业和制造企业选择阿里巴巴国际站、亚马逊、中国制造网、敦煌网、大龙网等跨境电商平台，通过谷歌、脸书 、推特等搜索引擎和社交工具来实现精准化营销；鼓励外贸企业和制造企业主动创造品牌，提高境外影响力。

2. 资金流

跨境电商平台的资金流是指用户确认购买商品后，将自己资金转移到商家账户的过程，其基本任务是成功地向境外购买者收取不同种类的货币及接入各类不同的本土支付方式。传统的一般贸易往往采取信用证结算，即开证银行应申请人（买方）的要求，按其指示向受益人开立的载有一定金额的、在一定期限内凭符合规定的单据付款的书面保证文件。这种传统的信用证结算方式涉及银行核验单证的真实性及开证行的资信调查，存在流程烦琐、交易时间长的问题。在跨境电商金融支付中，银行是国际清算的主体，实践中，第三方跨境支付机构通常与银行合作开展跨境支付业务。

3. 货物流

跨境电商平台的货物流指的是物品从供应地向接收地的实体流动过程，包括运输、储存、装卸、搬运、包装流通加工等环节。大多数跨境电商借助于全球的物流商（DHL、UPS、FedEx、TNT 等）及境外邮政国际小包来完成商品的运送和投递。实践中，物流在跨境电商贸易流程中占据 1/3 的成本，也有可创新之处。目前，阿里巴巴国际站和一达通的盈利模式除了平台的账号收入，主要通过一站式外贸综合服务来赚取利润；亚马逊等跨境电商平台则把盈利点放在了跨境物流上，通过自建海外仓、全球布局仓储设施实现分级配送，赚取物流运输中的利润。一些跨境电商平台和应用型企业也根据需要探索适合自己的物流路径，加快公共海外仓布局，优化跨境物流体验；一些龙头企业，如菜鸟网络运用大数据驱动建立智能物流体系，全面提高、优化跨境电商的供应链分析和整合能力。

二、跨境电商的进出口流程

跨境电商出口的流程是生产商或制造商将生产的商品在跨境电商企业的平台上上线展示，在商品被选购，用户下单并完成支付后，跨境电商企业将商品交付物流企业进行投递，经过两次（出口地和进口地）海关通关商检后，最终送达消费者或企业手中。有的跨境电商企业直接与第三方综合服务平台合作，让第三方综合服务平台代办物流、通关商检等一系列环节，从而完成整个跨境电商交易。跨境电商进口的流程与出口的流程方向相反，其他内容则基本相同，跨境电商进出口涉及的主要环节及流程如图 1-1 所示。

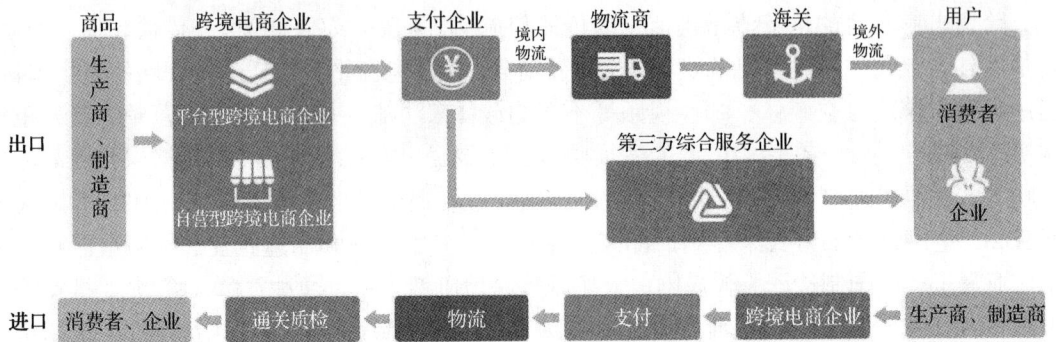

图 1-1　跨境电商进出口涉及的主要环节及流程

三、跨境电商的产业链分析

跨境电商的产业链涉及跨境电商企业、金融支付企业、物流运输企业及第三方综合服务企业等多个业务主体，各业务主体紧密联系，构成了跨境电商的产业链。

1．跨境电商业务主体

（1）跨境电商企业

跨境电商企业主要包含平台型企业和自营型企业两种。平台型企业主要提供信息服务和交易服务，包含 B2B 和 B2C 两种类型；自营型企业的所有商品均为海外生产或销售的正品，其根据商品的受欢迎程度和国内消费者一定时期内购物记录的大数据分析，有针对性地通过渠道批量采购商品至国内，最后在平台上架销售。

（2）金融支付企业

跨境电商由于涉及跨境转账，其支付过程与国内电商采用的支付宝、微信支付、网银等支付方式的差别较大。不同的跨境支付方式有不同的金额限制和到账速度，总体来看，跨境支付方式有两大类：一种是线上支付，包括各种电子账户支付方式和国际信用卡，由于线上支付手段通常有交易额的限制，所以比较适合小额的跨境零售；另一种是线下汇款模式，比较适合大金额的跨境 B2B 交易。

（3）物流运输企业

受制于地理、通关等因素，跨境电商的物流环节与国内电商的有较大的不同，物流运输企业为跨境电商的物流提供服务。目前常用的国际物流方式中，B2C 企业主要以商业快递（如 DHL、UPS、TNT 等）、邮政渠道（如中国邮政）、自主专线（如中东专线 Aramex、中俄专线 ZTO Express to Russia）等方式为主，B2B 企业主要以空运、海运和各式联运为主。

（4）第三方综合服务企业

跨境电商第三方综合服务企业包括综合服务企业和 IT、营销、代运营企业。综合服务企业通常以电子商务公共服务平台为载体，为中小企业提供进出口代理、通关、物流、退税、融资等全套外贸一站式外包服务，如世贸通、快贸通、易单网等。IT、营销、代运营企业主要为跨境电商企业提供跨境电商系统构建、技术支持、产品线运营、多渠道营销推广等服务，代表企业有四海商舟（BizArk）、畅路销（ChannelAdviser）等。

2. 跨境电商产业链及各环节分析

生产商/制造商、批发商/零售商、金融支付企业、物流运输企业及第三方综合服务企业在跨境电商各类企业业务上的紧密衔接形成了跨境电商的产业链。2018 年中国进出口跨境电商产业链图谱如图 1-2、图 1-3 所示。

图 1-2　2018 年中国出口跨境电商产业链图谱（1）

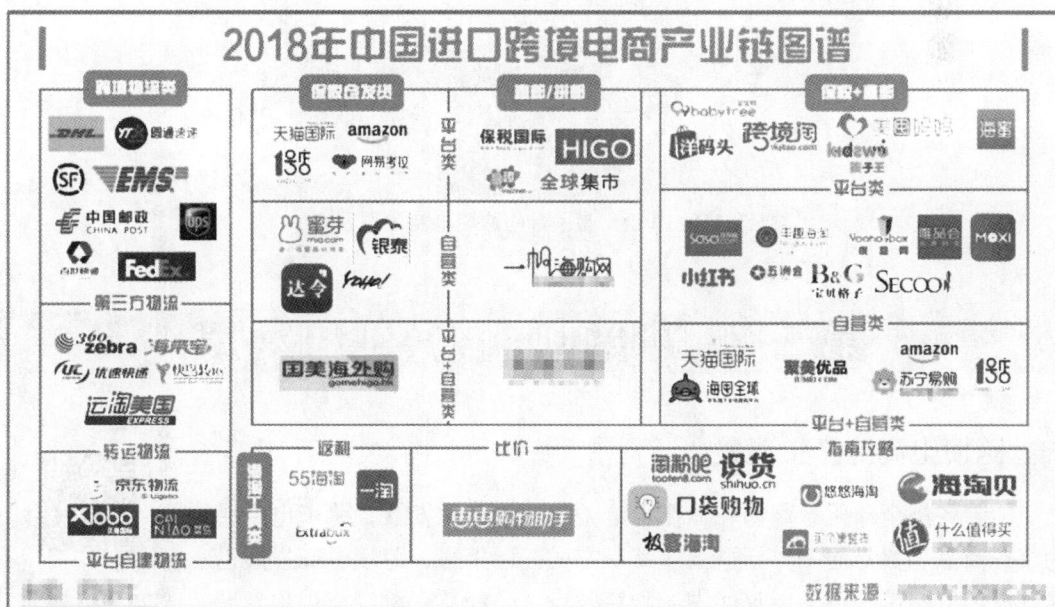

图 1-3　2018 年中国进口跨境电商产业链图谱（2）

四、跨境电商的生态系统

跨境电商涵盖货物流、信息流、资金流。随着跨境电商经济的不断发展，跨境电商核心企业吸引并孵化了一些配套的企业。软件公司、代运营公司、在线支付公司、物流公司等配套企业开始围绕跨境电商企业进行集聚，服务内容涵盖网店装修、图片翻译描述、网站运营、营销、物流、退换货、金融服务、质检、保险等，整个行业的生态体系越来越健全，分工越来越清晰，并逐渐具有生态化的特征。目前，我国的跨境电商服务业已经初具规模，有力地推动了跨境电商行业的快速发展。基于交易平台的跨境电商生态系统如图 1-4 所示。

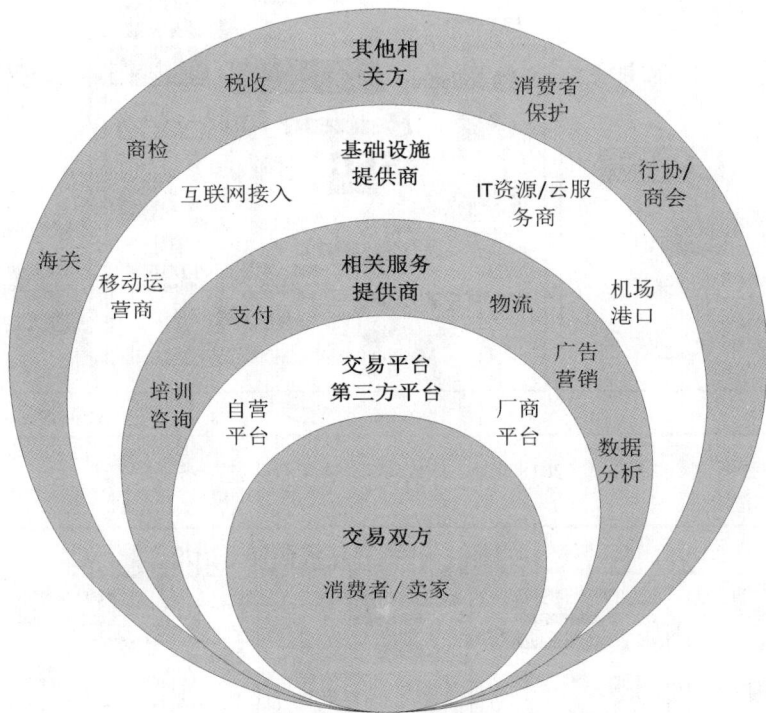

图 1-4 基于交易平台的跨境电商生态系统

第三节 跨境电商的产生和发展

一、跨境电商的产生背景

随着经济全球化、贸易一体化与电子商务的迅猛发展，跨境电商成为全球商品和贸易的一种新型商业贸易方式。近年来，跨境电商发展迅猛，成为"一带一路"倡议的先导和突破点，已经从一种经济现象发展成一种商业模式，固化为一种以跨境电商平台为依托、以大数据为支撑、以数据技术为驱动的新型数字贸易方式。

跨境电商的产生与发展

1. 全球贸易模式的转变成为跨境电商发展的契机

随着国际分工的深化和互联网的发展，外贸领域逐步出现了一种新型贸易方式，它将传统的大额交易转变为小额、多批次、高频次的采购，进口商采购行为的变化促使以互联网为基础的跨境小额批发货外贸零售业务迅速发展起来。同时，个人购买者可以在全球购物网站上进行比价以购买性价比高的产品，贸易主体和购买行为的改变成为推动跨境电商发展的强大引擎。

2. "一带一路"倡议为跨境电商注入新的发展动力

"一带一路"倡议为跨境电商与"中国智造"和"中国制造"走向世界的结合注入新的发展动力。跨境电商模式为中国商品提供了一个无地理界限的平台，使企业和消费者、生产商和经销商、供货商和订货商摆脱了传统贸易模式时间和空间的限制。同时，"一带一路"倡议完善经济合作机制，为跨境电商创造了良好的政治经济合作环境，有助于我国跨境电商产业的全球布局。"一带一路"倡议涵盖 60 多个国家和地区，44 亿人口，经济总量约占全球的 30%，具有巨大的市场潜力。

3. 政策红利和良好的营商环境推动跨境电商发展

2013 年以来，我国密集出台了一系列鼓励和规范跨境电商发展的政策，从监管、支付、税收等方面支持跨境电商的发展。2013 年 2 月，国家外汇管理局下发《国家外汇管理局综合司关于开展支付机构跨境电子商务外汇支付业务试点的通知》，决定在北京、上海、浙江等地开展跨境外汇支付业务试点，17 家支付机构获得跨境支付业务试点资格，有助于跨境电商支付业务顺利开展。在国际物流方面，国际快递和专线物流网络日趋完善，海关通关手续逐步简化，有力地推动了跨境电商的发展。

二、跨境电商的发展历程

跨境电商的发展历程大致分为以下 3 个阶段。

1. 萌芽期：跨境电商风起云涌（1997—2007年）

早在 20 多年前，跨境电子商务的雏形就已经存在，跨境电子商务 B2B 平台开始兴起，我国的外贸 B2B 电子商务网站——中国化工网、中国制造网、阿里巴巴国际站等相继成立。这些跨境电商平台为中小企业的信息及产品提供网络平台展示、交易撮合等基础服务，其主要商业模式是网上展示、线下交易的外贸信息服务模式，在网络上不涉及任何交易环节。此时，第三方平台的盈利模式主要是向进行信息展示的企业收取会员费（如年服务费）。萌芽阶段的跨境电商在发展过程中，逐渐衍生出竞价推广、咨询服务等为供应商提供的信息流增值一条龙服务，代表企业主要有阿里巴巴国际站和环球资源网。其中，阿里巴巴国际站是目前全球最大的跨境 B2B 平台，成立于 1999 年，以网络信息服务为主、线下会议交易为辅，是我国最大的外贸信息黄页平台之一，现已从线上 B2B 信息服务平台逐步发展为 B2B 跨境在线交易平台。

2. 发展期：跨境电商群雄争霸（2008—2013年）

这一阶段，跨境电商 B2C 出口平台起步，同时跨境电商 B2B 平台发展迅猛。随着全球网民渗透率的提高及跨境支付、物流等服务水平的提高，2008 年前后，面向境外个人消费者的中国跨境电商零售出口业务（B2C/C2C）蓬勃发展，DX（2006年）、兰亭集势（2007年）、全球速卖通（2009年）等皆是顺应这一趋势成长起来的跨境电商B2C网站。2010年，速卖通正式上线，行业加速发展。跨境电商零售的发展导致国际贸易主体、贸易方式等发生了巨大变化，我国大量中小企业、网商开始直接深入参与国际贸易。这个阶段，跨境电商平台开始摆脱纯信息黄页的展示方式，将信息展示、线下交易、支付、物流等流程电子化，逐步成为在线交易平台。与萌芽期相比，发展期更能体现电子商务的本质，借助于电子商务平台，通过服务、资源整合可以有效打通上下游供应链。这一阶段盈利模式的特点是收取交易佣金替代了收取会员费。

3. 腾飞期：跨境电商蓬勃发展（2014年至今）

从2014年起，随着一系列促进跨境电商发展政策的出台和监管措施的实施，我国跨境电商的发展进入腾飞期，这是跨境电商发展的重要转折点。这一阶段，跨境电商B2C进口平台开始起步，跨境电商B2C出口平台迎来了良好的发展时机，同时跨境电商B2B出口平台也开始从信息发布展示平台向在线交易平台转型。2014年，我国对跨境电商零售进口进行监管制度创新，促进了我国跨境电商零售进口的迅猛发展，诞生了一大批跨境电商零售进口平台和企业，包括天猫国际、考拉海购、聚美优品、洋码头、小红书等，跨境电商全产业链都出现了商业模式的变化。这一阶段，跨境电商具有大型工厂上线、传统规模型外贸企业陆续登场、B类卖家成规模、中大额订单比例提高、大型服务商加入、移动用户量爆发和移动跨境电商逐渐走向主流等特征。与此同时，跨境电商平台服务全面升级，平台承载能力更强。全产业链服务在线化也是此阶段的重要特征，用户群体由草根创业向工厂、外贸公司转变，且具有极强的生产、设计和管理的能力。平台销售产品由网商、二手货源产品向一手货源的高品质产品转变。

三、跨境电商的未来趋势

1. 跨境电商的新格局

随着全球经济的快速发展，电子商务在国际贸易中的地位越来越重要，已发展成为对外贸易的必然趋势。跨境电商作为电子商务的一个重要分支，也受到了高度重视，2019年中国的商品及服务网络零售总额为3 334.5亿美元，占全球网络零售总额的22.9%。据海关数据统计，全国新增跨境电商企业超6 000家，跨境电商零售进出口总额达1 862.1亿元，对整体外贸增长贡献率达5.0%，而跨境电商在电商市场中占据着举足轻重的地位。目前我国的跨境电商仍处于高速发展时期，政府也提供了各项利好政策，跨境电商的发展潜力巨大。

从国际市场来看，一是经济全球化仍将深入发展，贸易自由化和区域经济一体化继续推进，双边和区域自由贸易协定数量不断增加，国际产业转移从加工制造环节向产业链两端延伸，为中国延伸产业链条、优化要素配置带来机遇；二是新兴经济体和发展中国家工业化、城镇化进程加快，经济有望保持较快发展，为中国开拓市场提供新的支撑；三是科技创新孕育新兴产业，有利于加快产业升级，促进国际分工深化，推动产业发展并扩大国际贸易空间。

从国内市场来看，一是中国产业体系日益完善，基础设施建设明显改善，劳动力素质不断提高，科技创新日益深化，出口产业综合优势进一步增强；二是产业结构升级，城镇化和人民生活水平提高，带动各类生产资料和生活资料进口增长；三是战略性新兴产业快速发展，带动了相关产品和技术的进出口，专业市场开展对外贸易，将为外贸增长提供新的增长点；四是国家加快中西部开发速度，提高沿边开放水平，中西部地区和沿边地区贸易投资环境进一步改善，吸引投资和产业转移的能力增强，使进出口具备了更快发展的基础和条件。

跨境电商产业格局具有以下几个特点。

（1）进口跨境电商迎来"寡头时代"

2019 年 9 月 6 日，网易与阿里巴巴共同宣布，阿里巴巴确认以 20 亿美元的价格收购考拉海购，收购后的考拉海购将保持独立品牌运营，天猫进出口事业群总经理刘鹏兼任考拉海购 CEO。这次巨资收购引发了业内的广泛热议。阿里巴巴收购考拉海购的意义有三。一是获取规模优势。收购考拉海购后，阿里巴巴在进口电商市场的份额接近 60%，相对于其他竞争对手具有明显的规模优势，天猫国际成为国内首个进口商品数超百万的跨境电商平台。二是业务模式互补。考拉海购的业务模式是保税电商+直采自营，天猫国际是开放平台，二者之间的业务模式有很强的互补性，业务模式和客户资源可以相互打通，特别是考拉海购的自营业务，对于阿里巴巴正在进行的线下扩张和新零售整合具有很大帮助。三是业务能力协同。考拉海购的供应链和客服系统可以和阿里巴巴供应链和客服系统相互打通，菜鸟网络可以和考拉海购各地保税仓相互打通，蚂蚁金服能够提供更多供应链金融服务。同时，阿里巴巴强大的数据和信息技术能够为考拉海购赋能，这些都为考拉海购业务的持续快速增长提供了良好的基础。

（2）出口跨境电商的独立站越来越受市场青睐

跨境电商独立站平台如 Shopee、沃尔玛（Walmat）的良好业绩，使得更多的跨境电商卖家向独立站发展。从全球来看，电商市场重心开始发生转移，传统欧美电商市场逐渐变成一片红海，电商增速逐步放缓；与此同时，东南亚、中东、印度、俄罗斯等新兴电商市场正在成为电商创业的热点地区，也是今后资本的重点布局方向。从模式来看，电商平台红利消失，必然导致独立站和私域流量重新得到重视。因此，Shopify 异军突起，在第三方平台和独立站之间保持平衡成为一种新的发展策略。

（3）社媒传播成为跨境电商的重要营销方向

目前，"95 后"消费群体逐渐占据更重要的市场地位。新消费群体追求时尚、潮流化的生活，跨境电商在宣传营销方面，应更多采用符合年轻人审美的元素，使用为年轻人喜爱的方式，如海淘直播、社交电商等，它们将成为未来跨境电商营销的重要方向。在短视频平台崛起的同时，直播行业快速发展，直播是中国社交电商最热、最新的模式。2019 年 3 月，我国第一个电商企业如涵在纳斯达克上市。在美国，美妆 Glossier 为"网红经济"树立了成功的标杆，Glossier 提倡独特的美学理念，拥有更加反映时代和市场需求的品牌定位和营销理念，这是它能够在众多品牌之中杀出重围的根本原因。

（4）跨境电商更重视口碑建设

在消费升级的背景下，正品保障是海淘用户的核心需求，他们更加注重购物体验和品牌价值，也对各大跨境电商平台提出了更严格的要求。用户要求提高、市场监管趋严，促使各大跨境电商平台纷纷采取各项正品保障措施，技术赋能供应链，加强从采购到供应的全流程控制，在保障消费者权益、提升用户购物体验方面取得了一定进展。海淘用户对品牌、品质的重视程度不断提高，平台的社会舆论和口碑对用户的选择日益具有影响力，负面舆论极易导致营业情况的不稳定，因此未来将会有更多跨境电商企业重视舆情监测和预警，积极维护和建设平台口碑，在公共关系方面也会增加投入。

2. 跨境电商的新规则

（1）eWTP 的提出背景

面对跨境电商供应链全球化的新特征，全球小微企业和个人依托电商平台、普惠金融、智能物流、云和大数据、跨境服务等新型商业基础设施，与大型公司一起买全球、卖全球，正在成为新一轮全球化的重要驱动力量。如今，大型采购商和贸易商的采购需求大幅下降，以跨国公司为主导的区域分工体系逐渐瓦解。全球范围内的中小企业，甚至个人卖家正在通过互联网达成交易，大量小而散的参与者进入了国际贸易的价值链分工。

2016 年，时任阿里巴巴集团董事局主席的马云现身博鳌亚洲论坛，并出席"eWTP：互联网时代的全球贸易规则"主题午餐会，代表 B20 中小企业组提出构建 eWTP 世界电子贸易平台的倡议。马云呼吁在全世界建立一个 eWTP，让这个平台专注于服务 80%的没有机会参与全球化的企业，专注于小企业和发展中国家。如果说 WTO 过去都是在帮助跨国企业和发达国家，那么未来 30 年，eWTP 应该专注于帮助那些 80%的中小企业、80%的发展中国家以及 80%的妇女和年轻人，让他们更有机会在这个平台上得到发展。

（2）eWTP 的内涵

eWTP（Electronic World Trade Platform）是电子世界贸易平台，表达的意思是促进公私对话，推动建立相关规则，为跨境电商的健康发展制定切实有效的政策并营造有利的商业环境。其主要目的是帮助发展中国家和中小企业参与全球化，为全世界中小企业打造一个真正属于自己的、可以自由公平开放贸易的平台。这一平台应该由商业驱动，真正设置一套为中小企业解决发展问题，为年轻人解决就业问题的方案。因此，eWTP 能够大幅减少贸易成本，降低中小企业参与全球价值链的门槛。另外，其在线支付工具将提供快捷的支付方式，对中小企业的现金流和营运资本会产生积极的影响。所以，这一模式如若实施良好，将会被应用到更多发展中国家和最不发达国家。

（3）eWTP 的发展

eWTP 是由私营部门引领、市场驱动、各利益相关方共同参与的电子世界贸易平台，主要通过开展公私对话和机制性合作，探讨全球电子贸易的发展趋势、面临的问题，并推广商业实践和最佳范例，孵化全球电子贸易的规则和标准，为全球互联网经济和电子商务发展创造更加有效、充分和普惠的政策和商业环境。eWTP 可帮助全球发展中国家、中小企业、年轻人更方便地进入全球市场、参与全球经济。在未来，eWTP 不仅是个开放的国际交流合作平台，还有望进一步发展成为一个全球性的、繁荣的电子贸易生态体系，而全球中小企业和消费者将在其中发挥重要作用，并从中真正受益，更好地成为全球化的参与者和受益者。

（4）eWTP的实践探索

eWTP杭州实验区建设以"一带一路"倡议为统领，充分利用基础设施互联互通和跨境电商的双重便利优势，积极推进市场层面和制度层面的创新探索与联动发展，促进中小企业和个人通过运用跨境电商更加自由、便利、规范地参与世界贸易，着力建设自由便捷、开放高效的世界电子贸易大通道，加快打造数字丝绸之路枢纽。从市场层面来看，eWTP杭州实验区应重点发展世界电子贸易新模式，培育世界电子贸易新业态，鼓励企业运用互联网、大数据、人工智能等新技术，创新发展跨境电商B2B、B2B2C（Business to Business to Customer，企业对企业对个人）、B2C、O2O（Online to Offline，线上对线下），以及移动电商、社交电商等新模式；大力支持阿里巴巴等本土电商平台国际化发展，积极引进亚马逊等境外知名电商平台；通过构建智能物流网络、完善跨境支付体系、拓展第三方服务，拓宽世界电子贸易进出口双向通道，更好地实现全球卖和全球买。从制度层面来看，eWTP杭州实验区应着力推进政策创新和孵化合作机制，充分发挥杭州互联网创新应用和跨境电商发展的优势，加快建设数字口岸、探索数字认证、创新数据监管、推广数据应用、优化数字服务、发展数字金融，建立适应世界电子贸易发展的政策体系和制度环境。同时，eWTP杭州实验区应充分发挥阿里巴巴等eWTP倡议方的作用，搭建公私对话和交流合作平台，为世界电子贸易发展和全球网络经济增长贡献"杭州力量"。

3. 跨境电商的新趋势

（1）跨境电商的运营合规化

2019年10月26日，国家税务总局发布《关于跨境电子商务综合试验区零售出口企业所得税核定征收有关问题的公告》，出台了跨境电商出口企业所得税核定征收办法，规定应税所得率统一按照4%确定，该公告自2020年1月1日起施行。除此之外，全国各地方政府也在陆续推出各项跨境电商合规业务与服务，包括郑州等城市开通"9610"海关监管条件下的跨境出口通关规范操作，武汉跨境电商综试区"无票无税"平台的运行，深圳沙田海关解决跨境电商出口商品退货进境问题等。而在出口电商方面，巴西邮政要求从2020年1月1日起，开始记录所有通过巴西海关的巴西路向物品的进口方税号；法国在2019年10月通过了《增值税反欺诈法案》，该法案要求网络在线市场应分享卖家信息给法国政府相关部门。

（2）跨境电商的通关便利化

优化营商环境是党中央、国务院的重大决策部署，口岸通关便利化是营商环境的重要组成部分。中国海关把"放管服"改革与优化营商环境结合起来，积极开展促进贸易便利化专项行动，稳步推进"简流程、减单证、提速度、降成本"等重点工作，推出"单一窗口"、海运口岸"两步申报"、进口商品检验第三方采信制度等便利化举措，进一步高质量推进口岸营商环境优化，完善管理制度，解决企业痛点，提高海关监管效能，激发市场活力，为深圳外贸发展创造优质的环境。我国跨境电商将继续借鉴杭州模式，在完善进口电商管理之后继续规范出口电商。我国跨境电商改革试点成果"1210"和"9610"将成为全球跨境电商规范化、便利通关的中国经验、中国标准和中国技术。

（3）跨境电商的供应链体系完整化

供应链体系在跨境电商行业的发展中起到了至关重要的作用。供应链体系不完善的跨境电商平台可能存在商品品质无法保障、跨境物流时效慢、商品价格不实惠、售后服务不好等问题，使发展受到制约。供应链体系完善的跨境电商平台，如 Young boss 洋老板在创立初时就已开始布局海外供应链和仓储物流，采用产地直采模式，使商品经过中国内地、香港双海关监管验证和 CIC 承保。同时，七大海外仓+香港中转仓+内地五大保税仓，不仅从源头确保了商品品质，还大大提升了跨境物流时效，降低了物流成本，同时也让商品价格更加实惠。

本章小结

本章主要介绍了跨境电商的基本概念、生态体系及其产生和发展。通过对本章的学习，我们了解了跨境电商的内涵及其多边化、直接化、小批量、高频率、数字化和全球化的特点；了解了跨境电商的特点和分类；熟悉了基于交易平台的跨境电商生态系统，未来新格局、新规则和新趋势，从而对跨境电商的基本概念、生态体系、发展趋势有了更加全面的了解。

习题

一、名词解释

跨境进口　跨境出口　跨境一般贸易　eWTP　自营型跨境电商　第三方综合服务企业

二、选择题

1. 跨境电商的特征包括（　　）。

   A. 全球性　　　B. 多边化　　　C. 直接化　　　D. 高频率

   E. 小批量　　　F. 数字化

2. 以下属于跨境电商萌芽期特征的是（　　）。

   A. 佣金制　　　　　　　　　B. 服务商加入

   C. 信息展示收取年服务费　　D. 大型工厂上线

3. 跨境电商的基本要素包括（　　）。

   A. 信息流　　　B. 配送流　　　C. 资金流　　　D. 货物流

4. 跨境电商的产业链涉及的业务主体有（　　）。

   A. 跨境电商企业　　　　　　B. 金融支付企业

   C. 物流运输企业　　　　　　D. 第三方综合服务企业

5. 按照交易主体的不同，电子商务可以分为（　　）。

   A. B2B　　　B. B2C　　　C. O2O　　　D. C2C

6. 根据运营方式的不同，跨境电商可分为（　　）。

   A. 平台型　　　B. 第三方开放型　　C. 自营型　　　D. 在线交易型

7. 以下属于跨境电商新趋势的有（　　　　）。

    A．运营合规化　　B．贸易多边化　　C．通关便利化　　D．供应链体系完整化

三、主观题

1. 什么是跨境电商？

2. 简述跨境电商的特征。

3. 请概述跨境电商的发展历程。

4. 简述 eWTP 的内涵。

5. 简述跨境电商的进口流程。

6. 跨境电商与传统国际贸易有何区别？

扩展阅读

知识点 1-1	知识点 1-2	知识点 1-3	知识点 1-4
知识点 1-5	知识点 1-6	知识点 1-7	知识点 1-8

第二章

跨境电商政策法规与监管制度

知 识 结 构 图

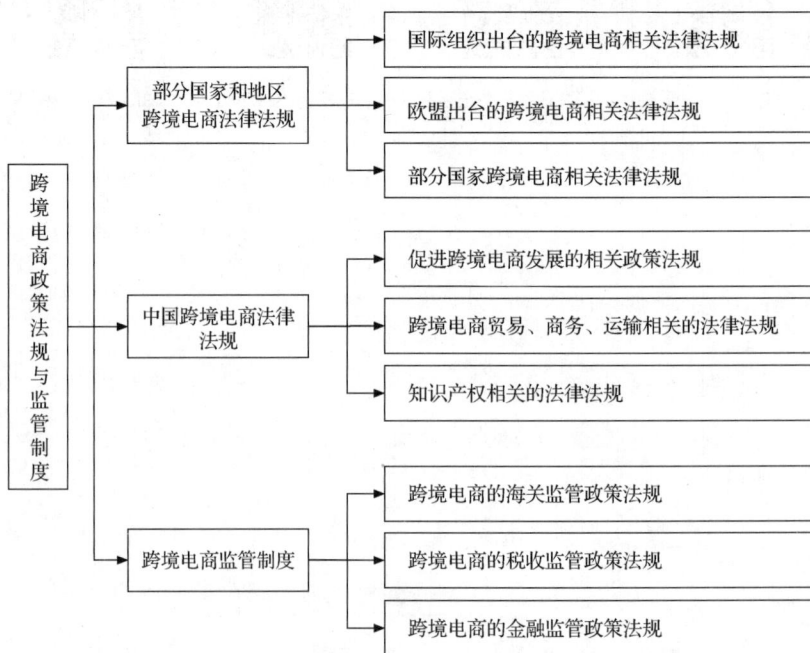

学习目标

1. 了解主要国际组织、部分国家和地区的跨境电商法律法规。
2. 了解我国跨境电商相关法律法规。
3. 了解跨境电商领域中涉及知识产权的侵权行为。
4. 掌握跨境电商的海关监管、税收监管和金融监管的政策法规。

导入案例

跨境电商保税仓"刷单"案

2018年4月，广州市中级人民法院对本案依法公开判决：广州志都供应链管理有限公司（以下简称"志都公司"），被告人冯某某、江某某、刘某某为志都公司的其他直接责任人，伙同被告人梁某某、李某、王某、程某某逃避海关监管，伪报贸易方式报关进口货物，偷逃应缴税额，其行为均已构成走私普通货物罪。志都公司在共同犯罪中处重要地位，是主犯，依法应承担全部罪责。冯某某、江某某、刘某某、梁某某、李某、王某、程某某在共同犯罪中起次要或辅助作用，是从犯，应当从轻或减轻处罚。最终，涉案人员均被判处有期徒刑以上刑罚和不等的罚金，涉案志都公司被没收违法所得并处罚金300余万元。

案件发生在2015年年初，李某（已另案处理）指使志都公司的经理冯某某、业务主管江某某、兼职人员刘某某利用志都公司可从事跨境贸易电子商务业务，对外承揽一般贸易的进口货物，再以跨境电商贸易形式伪报为个人海外购买进口商品，以逃避缴纳或少缴税款。同时，李某指使被告人程某某为广州普云软件科技有限公司（以下简称"普云公司"）申请跨境贸易电子商务业务海关备案、开发正路货网，用于协助志都公司跨境贸易制作虚假订单等资料。2015年9月至11月，志都公司及冯某某、江某某、刘某某、梁某某、李某、王某、程某某利用上述方式走私进口货物共19 085票，偷逃税款共计人民币2 070 384.36元。

（资料来源：电子商务研究中心，跨境电商保税仓"刷单第一案"宣判）

请问：

1. 该类跨境电商走私案为什么会发生？
2. 跨境电商走私为什么会牵扯如此多的主体？
3. 该案件对跨境电商行业有何影响？

第一节　部分国家和地区跨境电商法律法规

一、国际组织出台的跨境电商相关法律法规

国际组织在电子商务的立法方面也做了大量工作。世界贸易组织（WTO）有关电子商务的立法范围涉及跨境交易的税收和关税问题、电子支付、网上交易、知识产权保护、个人隐私、安全保密、电信基础设施、技术标准、普遍服务、劳工问题等，较为典型的法律法规有《服务贸易总协定》《全球电子商务宣言》《电子商务工作计划》等。

1998 年 10 月，经济合作与发展组织（OECD）在加拿大的渥太华召开了题为"一个无国界的世界：发挥全球电子商务的潜力"的电子商务部长级会议，公布了《OECD 电子商务行动计划》《有关国际组织和地区组织的报告：电子商务的活动和计划》《工商界全球行动计划》，并通过了《关于电子商务身份认证的宣言》《电子商务：税收政策框架条件》等报告。

亚太经济合作组织（APEC）的"APEC 电子商务指导组"近年来专门开会讨论了对跨境网络隐私权的保护，提出了《APEC 跨境隐私规则体系（CBPR）》，号召成员经济体应当尽力实施隐私框架，用最适合经济体的各种方法确保个人（信息）隐私保护。

联合国（UN）也出台了一系列政策支持跨境电商发展，其中 1996 年 12 月 16 日在联合国国际贸易法委员会第 85 次全体会议上通过的《电子商务示范法》，2001 年颁布的《电子签名统一规则》均是在国际上颇有影响力的电子商务法律文件，也是世界各国立法的参照文本。

二、欧盟出台的跨境电商相关法律法规

欧盟始终将规范电子商务活动作为发展电子商务的一项重要工作，制定了一系列用以规范和指导各国电子商务发展的"指令"，以保障和促进联盟内部电子商务的发展，并期望建立一个清晰的概括性法律框架，以处理欧盟统一市场内部的电子商务相关法律问题。近年来，欧盟出台的主要法律法规有《欧洲电子商务提案》《关于数据库法律保护的指令》《远程消费保护指令》《电信部门的隐私保护指令》《电子欧洲：为所有人建造的信息社会》等。

三、部分国家跨境电商相关法律法规

1. 美国的电子商务立法

美国制定了一系列与电子商务相关的法律和文件，在整体上构成了电子商务的法律基础和框架。相关法律和文件主要包括以信息为主要内容的《个人隐私保护法》《电子信息自由法案》《公共信息准则》，以基础设施为主要内容的《1996 年电信法》，以计算机安全为主要内容的《计算机保护法》《网上电子安全法案》，以商务实践为主要内容的《统一电子交易法》《国际国内电子签名法》，还有属于政策性文件的《国家信息基础设施行动议程》《全球电子商务纲要》《全球电子商务政策框架》等。

2. 俄罗斯的电子商务立法

俄罗斯主管对外贸易的政府部门包括经济发展部、工业和贸易部、联邦海关署等。经济发展部、工业和贸易部主要负责制定对外贸易的政策和管理对外贸易，签发进出口许可证，制定出口检验制度，管理进出口外汇业务，审批对外贸易协定或公约等；联邦海关署负责执行政府对外贸易管理政策，办理关税和报关等业务。联邦海关署在俄罗斯对外贸易方面制定了一系列的法律法规，包括《对外贸易活动国家调节法》《对外贸易活动国家调节原则法》《俄罗斯联邦海关法典》《海关税则法》《关于针对进口商品的特殊保障、反倾销和反补贴措施联邦法》《外汇调节与监督法》《技术调节法》《在对外贸易中保护国家经济利益措施法》等。

俄罗斯是世界上较早进行电子商务立法的国家，颁布了一系列相关的法律法规，包

括《俄罗斯信息、信息化和信息保护法》《电子商务法》《电子合同法》《电子文件法》《俄联邦因特网商务领域主体活动组织的建议》《电子商务组织和法律标准》《提供电子金融服务法》《利用全球互联网实现银行系统的信息化法》《国际信息交流法》《俄联邦电子商务发展目标纲要》《国家支付系统法》《电子签名法》《电子一卡通法》及电子商务税收有关的法律法规等。

3. 巴西跨境电商相关法律

在跨境贸易关税方面，巴西是南方共同市场（MERCOSUR）的成员。MERCOSUR 由乌拉圭、巴西、阿根廷、巴拉圭等组成，自 2006 年起开始执行包括全部产品的共同对外关税（CET）。共同对外关税在零关税到 35% 的从价税之间浮动（特定地区的几种有限的产品除外）。在南方共同市场内部，除了糖、汽车及其零部件之外，其他商品均可免税流通。

4. 韩国跨境电商相关法律

《大韩民国宪法》是韩国政治和经济的基本法，从宏观上调整和指导对外贸易政策法规的制定。《大韩民国宪法》第三十七条规定了总统与议会在对外贸易的条约和法律制定中具有不同的职权划分，第六条规定了 WTO 的相关规则与国内法具有相同的地位，国内法院同样适用。

韩国关税制度的基本法律是《关税法》，该法规定了关税的种类和税率，并规定了关税调整的负责机构。韩国财政经济部是关税政策的制定机构，关税厅及其下属机构是《关税法》的执行机构。

5. 日本跨境电商相关法律

日本在跨境贸易方面制定了一系列的法律法规，包括《外汇及对外贸易管理法》《进出口交易法》《贸易保险法》《日本贸易振兴会法》等。根据有关进出口的法律，日本政府还颁布了《输入贸易管理令》和《输出贸易管理令》，日本经济产业省则颁布了具体的《输入贸易管理规则》和《输出贸易管理规则》。

《外汇及对外贸易管理法》规定日本的对外交易活动可自由进行，政府部门仅在必要时采取最低限度的管理和调控。《进出口交易法》允许日本的贸易商在价格、数量等贸易条件方面进行协同，以及结成诸如进出口协会之类的贸易组织，必要时政府可以通过行政命令对外贸进行调控。该法同时确立了日本对外贸易的秩序，以实现对外贸易的健康发展。在此基础上，日本政府制定了《输入贸易管理令》和《输出贸易管理令》，从而对货物进行具体的分类并加以管理。

6. 新加坡跨境电商相关法律

新加坡没有基本的贸易法规，其对外贸易政策通过专项法令和条例进行规范实施，关税、贸易禁令等单个贸易政策问题分别由专门的立法机关研究处理。新加坡对外贸易主要涉及的法律包括《进出口贸易规则法令》和《自由贸易区法令》。《进出口贸易规则法令》重点规定了对进出口货物实行登记注册、管制及控制的政府授权，许可证的发放及撤销，计算机服务等，授权官员可以行使的具体权利包括扣押货物，没收货物、运输工具，检查货物及其包装，搜查以及商业秘密保留等。《自由贸易区法令》重点规定了自由贸易区内商品的处理，自由贸易区内的操作和生产，关税的计算以及管理部门的责任和功能。

第二节 中国跨境电商法律法规

一、促进跨境电商发展的相关政策法规

我国相继出台了众多促进跨境电商发展的相关政策法规，如过去 10 年陆续出台了几十项促进电商发展的政策。从 2004—2007 年政策起步期的以规范行业发展为主，到 2008—2012 年政策发展期的以支持和引导为主，再到 2013—2014 年的政策爆发期，直至 2014 年至今的政策红利期，我国跨境电商迎来了高速发展的好时机。根据前瞻产业研究院发布的《2019—2024 年中国电子商务行业发展趋势与投资决策分析报告》，截至 2018 年 11 月，我国近两年已经出台全国范围最新电子商务政策近 20 个，多个省市地区就全国政策给出了相关的指导意见及配套的措施，并陆续出台了具体细化的地方性电子商务政策以扶持行业发展。以下为国家在各时期陆续出台的跨境电商发展政策。

中国跨境电商法律法规

2005 年 1 月 8 日，我国第一个专门指导电子商务发展的政策性文件——《国务院办公厅关于加快电子商务发展的若干意见》颁布。

2012 年 8 月 11 日，中华人民共和国国家发展和改革委员会（以下简称"国家发展改革委"）下发了《关于开展国家电子商务试点工作的通知》，正式批复同意在全国首批 5 个试点城市（郑州、杭州、重庆、上海、宁波）开展跨境贸易电子商务服务试点工作，研究解决跨境贸易电商行业遇到的"三难"问题，拉开了中国跨境电商创新发展的序幕。郑州市针对跨境电商"通关难、退税难、阳光结汇难"问题，率先上报试点方案，率先获批，其试点成功经验被海关总署上升为"1210"模式，并在全国范围内复制推广。

2014 年 7 月 30 日，海关总署 57 号公告增列"保税跨境贸易电子商务"海关监管方式代码"1210"，标志着我国跨境电商发展进入了新的阶段，有着划时代的意义。该公告规定，"1210"监管方式用于进口时仅限经批准开展跨境贸易电子商务进口试点的海关特殊监管区域和保税物流中心（B 型）。截至 2018 年年底，全国有 37 个试点城市可开展"1210"进口业务。此外，海关总署还出台了一系列促进跨境电商通关便利的支持政策。

跨境电商需要国家多个部委的协同共管，除中华人民共和国国务院（以下简称"国务院"）、国家发展改革委、中华人民共和国海关总署（以下简称"海关总署"）外，还涉及中华人民共和国商务部（以下简称"商务部"）、中华人民共和国财政部（以下简称"财政部"）、中华人民共和国工业和信息化部（以下简称"工业和信息化部"）、国家外汇管理局、国家税务总局、中华人民共和国农业农村部、中华人民共和国交通运输部（以下简称"交通运输部"）、国家市场监督管理总局、中华人民共和国国家邮政局、中国人民银行、中国银行保险监督管理委员会、中共中央网络安全和信息化委员会办公室、中华人民共和国濒危物种进出口管理办公室、国家密码管理局等多个部门。

2016 年 3 月 24 日，财政部、海关总署、国家税务总局联合颁布《关于跨境电子商务零售进口税收政策的通知》，之后又相继出台了一系列鼓励跨境电商发展的进口政策，实施新的税收政策并调整行邮税政策。后因政策引起行业熔断而在此进行调整，过渡期内暂不

执行"网购保税进口"通关单和五大类商品的注册、备案与"非首次进口"的要求。此后政策 3 次延期，直到 2018 年 11 月确定跨境电商进出口监管政策。

二、跨境电商贸易、商务、运输相关的法律法规

1. 规范对外贸易主体、贸易规范、贸易监管的一般性法律

跨境电商的参与者大多具有贸易主体的地位，跨境 B2B 电商仍然适用于货物贸易的情形。为规范跨境电商贸易活动，国家提出了一系列指导政策。跨境电商合约除了有电子合同的属性外，还具有贸易合同的性质。当前国际上比较重要的公约是《联合国国际货物销售合同公约》，该公约实际规范的是一般贸易形态内商业主体之间的、非个人使用的、非消费行为的货物销售合同的订立。该公约具体规范了合同订立行为、货物销售、卖方义务、货物相符（含货物检验行为等）、买方义务、卖方补救措施、风险转移、救济措施等。同时，跨境电商合约也需要参照《中华人民共和国民法典》进行规范。

2. 跨境电商商务方面的法律法规（商品质量和消费者权益方面）

在法律实践中，跨境电商常常面临商品质量的责任和纠纷；在贸易过程中，商品质量问题和责任需要通过法律进行规范，消费者权益需要通过法律进行保护。我国相继出台了《中华人民共和国对外贸易法》《中华人民共和国产品质量法》《中华人民共和国消费者权益保护法》等法律法规，对生产者、销售者的责任进行了梳理，对欺诈、侵权的行为进行了规制。

3. 跨境电商运输方面的法律法规

跨境电商交易活动后期会涉及较多的跨境物流、运输问题，涉及海洋运输、航空运输方面的法律。跨境电商运输主要应参照《中华人民共和国海商法》《中华人民共和国民用航空法》《中华人民共和国国际货物运输代理业管理规定》。这些法律法规对承运人的责任、交货提货、保险等事项做了具体规定，同时也对国际贸易中的货物运输代理行为做了规范，理清了代理人作为承运人的责任。这部分的法律规范同时还需要与《中华人民共和国民法典》进行参照，以解决代理合同当中委托人、代理人、第三人之间的责任划分问题。货运代理的代理人身份和独立经营人身份/合同当事人的双重身份也需要参照《中华人民共和国合同法》进行规范。

三、知识产权相关的法律法规

跨境电商交易的商品需要遵守专利、商标、著作权等与知识产权有关的规范。跨境电商作为利用电子数据处理技术进行贸易活动的电子化商务运作模式，其核心是"数据信息"，而这些数据信息的内容大多是一连串的文字、图形、声音、影像、计算机程序等作品，这些客体都涉及商标、专利、著作权等不同种类的知识产权。

WTO 对电子商务知识产权的保护规定主要体现在 1995 年的《与贸易有关的知识产权协议》（TRIPs）之中。对于专利权的期限，各国专利法都有明确的规定，对发明专利权的保护期限自申请日起计算，一般在 10～20 年；对于实用新型和外观设计专利权的保护期限，大部分国家规定为 5～10 年。我国现行《中华人民共和国专利法》规定的发明专利、实用新型专利及外观设计专利的保护期限自申请日起分别为 20 年、10 年和 10 年以下。

我国相继出台了《中华人民共和国专利法》《中华人民共和国商标法》《中华人民共和

国著作权法》，已经成为《保护工业产权巴黎公约》成员及《商标国际注册马德里协定》同盟方。在加入 WTO 之后，我国同时也受到《与贸易有关的知识产权协议》的约束。这些法律及国际公约详细规定了知识产权的性质、实施程序和争议解决机制。

第三节 跨境电商监管制度

一、跨境电商的海关监管政策法规

海关作为跨境电商监管链条的关键环节，在跨境电商政策制定上有着较高的权力。近年来，海关已经通过出台多项举措以保证跨境电商的快速发展。中国海关针对跨境电商零售进出口，在建立适合跨境电商发展的管理制度、监管模式和信息化系统建设等方面进行了有益的尝试，

跨境电商的海关监管政策法规

探索出一系列新理念、新模式和新手段。其内容概括起来是"一个理念，两个平台，三单对比，四种模式，五大举措"：始终坚持一个包容、审慎、创新、协同的理念；联通海关监管平台与跨境电商企业平台两个平台；实现交易、支付、物流三方数据与申报信息三单比对；试点网购保税进口、直购进口、一般出口、特殊监管区域出口 4 种监管模式；实施正面清单管理，征收跨境电商税，实施清单申报，创新退货监管，实现申报信息和扫描图像同屏比对五大举措，以确保有效监管。

自跨境电商发展以来，我国出台了《中华人民共和国海关法》，并通过了《中华人民共和国海关企业分类管理办法》《中华人民共和国海关行政处罚条例》。《中华人民共和国海关法》涉及海关的监管职责和对进出境运输工具、货物、物品的查验及关税等内容。《中华人民共和国海关企业分类管理办法》对海关管理企业实行分类管理，对信用较高的企业采用便利通关措施，对信用较低的企业采取更严密的监管措施。同时，通关环节也加强了对知识产权的海关保护，出台了《中华人民共和国知识产权海关保护条例》及其实施办法。针对目前空运快件、个人物品邮件增多的情况，我国出台了一些专门的管理办法，如《中华人民共和国海关对进出境快件监管办法》《海关总署关于调整进出境个人邮递物品管理措施有关事宜的公告》（海关总署公告 2010 年第 43 号）等。

为加快跨境电商商品的通关速度，中国海关为跨境电商量身打造涵盖"企业备案、申报、征税、查验、放行"等各个环节的无纸化流程，实现了通关手续的"前推后移"。自 2014 年起，海关总署出台了一系列利于跨境电商发展的政策，如 2016 年 4 月 7 日公布的海关总署公告 2016 年第 26 号《关于跨境电子商务零售进出口商品有关监管事宜的公告》，确认了不同参与者向海关发送相关数据的义务。在 B2C 电子商务进口报关前，电子商务平台公司、金融机构、物流公司应当通过海关总署开发的跨境电商进口统一版系统，分别向海关发送交易、支付和物流的"三单"电子数据，以便海关提前对商品名称、价格、运费、购买人实名信息等数据进行比对。

跨境电商试点的创新首先体现在通关环节的监管服务模式方面，我国首创的"1210""9610"模式为外贸进出口打开了新的渠道，尤其是"1210"模式，它已成为跨境电商进口的主通道，也是近几年跨境电商蓬勃发展的基础。

二、跨境电商的税收监管政策法规

1. 跨境电商的税收政策

（1）世界其他国家的税收政策

目前，电子商务的税收政策有两种倾向：一种是以美国为代表的免税派，另一种是以欧盟为代表的征税派。

在关税方面，美国针对不同的国家实行不同的税率，主要包括两大类。第一类包括一般税率和特殊税率。一般税率指享有美国最惠国待遇的税率，特殊税率指享有美国特殊待遇的税率，其税率远低于一般税率。第二类是法定税率，适用于没有取得美国最惠国待遇或特殊待遇的国家。

欧洲电子商务税收政策是初期主张免税、中期主张征收增值税、后期强硬征税。欧盟成员中有 15 个国家普遍实行增值税，增值税对这些国家而言非常重要。欧盟对个人从欧盟境外邮购的商品，价值在 150 欧元以下的免征关税，价值超过 150 欧元的则按照该商品在海关关税目录中规定的税率征收关税，其中关税的税基不是商品价值，而是商品价值和进口增值税的总额。欧盟对企业通过网络购进商品普遍征收增值税。2000 年 6 月，欧盟委员会就网上交易增值税提出新的议案，规定欧盟境外的企业通过互联网向欧盟境内消费者销售货物或提供劳务，金额超过 10 万欧元的，应在欧盟进行增值税纳税登记，并按当地税率缴纳增值税。

与美国和欧盟不同，发展中国家主要从维护本国的国家利益出发制定跨境电商税收的相关政策，保持税收中性原则，既主张对跨境电商进行征税，又期望不因征税而阻碍本国电子商务的发展。

（2）我国的税收政策

我国第一部真正意义上应对信息化浪潮的法律是 2005 年 4 月 1 日正式实施的《中华人民共和国电子签名法》。这部法律首次对电子签名进行了法律上的确认，正式确立了电子签名的法律效力。然而，外贸电子商务的立法，参照的依然是 1981 年颁布的《中华人民共和国外商投资企业和外国企业所得税法》及其实施细则、2011 年颁布的《中华人民共和国个人所得税法》及其实施细则、2015 年修订的《中华人民共和国税收征收管理法》及其实施细则等法律法规。

近年来，我国政府部门一直高度关注电子商务的发展，也在为规范市场秩序进行相应的努力。2013 年 8 月 21 日，商务部等部门联合颁发《关于实施支持跨境电子商务零售出口有关政策的意见》，其中第六条规定要求财政部和国家税务总局制定相应的支持跨境贸易电子商务发展的税收政策。2014 年 1 月 26 日，国家工商行政管理总局令第 60 号文件《网络交易管理办法》发布，自 2014 年 3 月 15 日起施行，该办法第七条规定了从事网络交易及相关服务的经营者也应当办理工商登记。至此，为加强对网络虚拟交易的管理，我国已经开始要求网络经营者进行工商登记，下一步进行税务登记应该也在意料之中。

跨境电商涉及的税收法律法规主要有《中华人民共和国进出口关税条例》和退税阶段的各类规章制度。《中华人民共和国进出口关税条例》在《中华人民共和国海关法》和国务院制定的《中华人民共和国进出口税则》的基础上具体规定了关税征收细则，包括货物关税税率设置和适用、完税价格确定、进出口货物关税的征收、进境货物的进口税征收等。针对新出现的跨境电商企业的征税和退税问题，国家税务总局也出台了一系列文件，如《税务登记受理办法》《网络发票管理办法》等。

2. 跨境电商进口税收监管

（1）进口税收政策

海关总署在 2014 年 3 月，针对上海、杭州、宁波、郑州、广州、重庆 6 个地方的保税区试行保税进口模式的情形，出台了《海关总署关于跨境贸易电子商务服务试点网购保税进口模式有关问题的通知》，对保税进口模式的商品范围、购买金额和数量、征税、企业管理等做出了相应的规定。

试点网购商品按照《关于调整进出境个人邮递物品管理措施有关事宜》（海关总署公告 2010 年 43 号），以"个人自用、合理数量"为前提，个人邮寄进境物品，海关依法征收进口税，但应征进口税税额在人民币 50 元（含 50 元）以下的，海关予以免征。个人寄自或寄往港、澳、台地区的物品，每次限值为 800 元人民币；寄自或寄往其他国家和地区的物品，每次限值为 1000 元人民币。个人邮寄进出境物品超出规定限值的，应办理退运手续或者按照货物规定办理通关手续。但邮包内仅有一件物品且不可分割的，虽超出规定限值，经海关审核确属个人自用的，可以按照个人物品规定办理通关手续。邮运进出口的商业性邮件，应按照货物规定办理通关手续。

2016 年 3 月 24 日，财政部、海关总署、国家税务总局联合颁布《关于跨境电子商务零售进口税收政策的通知》，确定自 2016 年 4 月 8 日起，我国将实施跨境电商零售（企业对消费者，即 B2C）进口税收政策（"四八新政"），跨境电商零售进口商品将不再按邮递物品征收行邮税，而是按货物征收关税和进口环节增值税、消费税。

该通知将单次交易限值由行邮税政策中的 1 000 元（港澳台地区为 800 元）提高至 2 000 元，同时设置个人年度交易限值为 20 000 元。限值以内进口的跨境电商零售进口商品，关税税率暂设为 0%；进口环节增值税、消费税取消免征税额，暂按法定应纳税额的 70%征收。超过单次限值、累加后超过个人年度限值的单次交易，以及完税价格超过 2 000 元限值的单个不可分割商品，均按照一般贸易方式全额征税。

（2）"正面清单+负面清单"

2016 年"四八新政"后，财政部、国家发展改革委等 11 部门发布《跨境电子商务零售进口商品清单》（以下简称"正面清单"）。此后，只有清单上列出的税号商品，才能按照跨境电商的税制进口和通过跨境电商平台进行销售，正面清单外的其他商品则需要按一般贸易税收政策进口。该清单共包括 1 142 个 8 位税号商品，主要是国内有一定消费需求、可满足相关部门监管要求且客观上能够以快件、邮件等方式进境的生活消费品，其中包括部分食品饮料、服装鞋帽、家用电器以及部分化妆品、纸尿裤、儿童玩具、保温杯等。

2016 年 4 月 18 日，财政部、国家发展改革委等 13 个部门发布《跨境电子商务零售进口商品清单（第二批）》。第二批清单共涉及 151 个 8 位税号商品，包括食品（如新鲜水果）、特殊食品（如维生素）及医疗器械（如血压测量仪器）等。

2018 年 11 月 20 日，财政部、国家发展改革委、工业和信息化部等 13 个部门联合发布了《关于调整跨境电商零售进口商品清单的公告》（财政部公告 2018 年第 157 号），公布了调整后的跨境电商零售进口商品清单，共计 1 321 个商品。

2019 年 12 月，财政部等 13 部门发布《关于调整扩大跨境电子商务零售进口商品清单的公告》。该公告指出，为落实国务院关于调整扩大跨境电子商务零售进口商品清单的要求，促进跨境电子商务零售进口的健康发展，现将《跨境电子商务零售进口商品清单（2019 年版）》予以公布，自 2020 年 1 月 1 日起实施。清单（2019 年版）纳入了部分近年来消费需求比较旺盛的商品，增加了冷冻水产品、酒类等 92 个商品。同时，清单备注和尾注中的监管要求得到了进一步规范。

（3）跨境电商进口税收政策

① 行邮税

2013 年 7 月至 2016 年 4 月 8 日，我国消费者通过跨境电商平台购买境外商品，海关总署以"个人自用且数量合理"为原则，单次订单购买多个商品但订单金额在 1 000 元以下的，海关按行邮税办理通关；若金额超出 1 000 元限值，需要按一般贸易进出口办理通关手续。行邮税的税率比一般贸易进口税率（包括关税、增值税、消费税）低，且应征进口税额在 50 元以下的，海关予以免征。

2016 年 3 月 16 日，国务院关税税则委员会发布了《关于调整进境物品进口税有关问题的通知》，对行邮税进行了调整。行邮税率由原来的 10%、20%、30%、50% 四档，调整为 15%、30%、60% 三档。

② 跨境电商综合税

2016 年 3 月 24 日，财政部、海关总署、国家税务总局联合发布《关于跨境电子商务零售进口税收政策的通知》，对跨境电商零售进口税收政策进行了调整，并从 4 月 8 日开始执行。在新政策下，跨境电商零售进口商品的单次交易限值为 2 000 元并增设个人年度交易限值 20 000 元。对跨境电商零售进口商品不再征收行邮税，改为征收跨境电商综合税（包括关税、增值税、消费税）。"四八新政"前，跨境电商进口按行邮税办理清关并有 50 元免征税额；"四八新政"后，跨境电商进口改征综合税，大部分商品的综合税税率约为 11%，低于调整后的行邮税税率和一般贸易进口税率。

2018 年 11 月 30 日，财政部发布《关于完善跨境电子商务零售进口税收政策的通知》（财关税〔2018〕49 号），规定从 2019 年 1 月 1 日开始，将跨境电商零售进口商品的单次交易限值由 2 000 元提高至 5 000 元，年度交易限值由 20 000 元提高至 26 000 元。完税价格单次交易超过 5 000 元限值但低于 26 000 元年度交易限值，且订单下仅一件商品时，可以通过跨境电商零售渠道进口，按照货物税率全额征收关税和进口环节增值税、消费税，交易额计入年度交易总额；但年度交易总额超过年度交易限值的，应按一般贸易管理。本次税收政策提高了消费限额，让国内消费者享受到更大的税收优惠，有利于满足消费升级的需求，同时可以刺激消费者在轻奢、电器、美妆等价值较高商品领域的跨境电商进口消费。

实行跨境电商进口税收新政，对跨境电商的发展产生了积极的影响：一是设定年度个人消费额度，通过有效设定贸易准入门槛，避免了对一般贸易的冲击，并兼顾了国内消费者消费升级的需求；二是取消免征，实现了单单征税，降低商家拆单偷逃税的可能性；三是实行综合统一税率，与国际接轨，提高贸易便利性；四是不断调整和降低进口增值税的征收税率，从17%降低至16%，2019年4月下调至13%，相当于进一步降低了跨境电商综合统一税率。如表2-1所示，这让国内消费者以更低的价格购买到海外商品，增加了国内民众的幸福感和获得感。

表2-1　　　　　　　　　　　跨境电商零售进口征税政策对比

	行邮税	跨境电商综合税 2016年4月	跨境电商综合税 2018年5月	跨境电商综合税 2019年1月	跨境电商综合税 2019年4月
单次交易限值	1 000元	2 000元	2 000元	5 000元	5 000元
年度交易限值	无	20 000元	20 000元	26 000元	26 000元
单件不可分割且超出单次交易限值的商品	按行邮税征税	按一般贸易方式全额征税	按一般贸易方式全额征税	按一般贸易方式全额征税	按一般贸易方式全额征税
应征税率	视商品种类分为15%、30%和60%	关税：暂设为0% 增值税：11.9% （17%×70%） 消费税：商品种类的税率×70%	关税：暂设为0% 增值税：11.2% （16%×70%） 消费税：商品种类的税率×70%	关税：暂设为0% 增值税：11.2% （16%×70%） 消费税：商品种类的税率×70%	关税：暂设为0% 增值税：9.1% （13%×70%） 消费税：商品种类的税率×70%
应征税额50元以下	免征	不免征	不免征	不免征	不免征

3. 跨境电商出口税收监管

（1）跨境电商零售出口的政策

2013年8月，商务部、国家发展改革委等9部门出台了《关于实施支持跨境电子商务零售出口有关政策的意见》，在该意见中首次针对跨境零售出口出台了支持政策，将跨境电子商务零售出口纳入海关的出口贸易统计，提出了确定零售出口的经营主体和专项统计、检验监管模式、收结汇、支付服务、税收政策、信用体系6项措施。

2013年12月30日，财政部和国家税务总局又出台了《关于跨境电子商务零售出口税收政策的通知》（财税〔2013〕96号），规定了跨境电子商务出口企业出口货物适用增值税、消费税退（免）税政策的条件。

国家税务总局经商财政部、商务部同意，发布出口货物的退（免）税事项。外贸综合服务企业以自营方式出口国内生产企业与境外单位或个人签约的出口货物，在规定情形下，可由外贸综合服务企业按自营出口的规定申报退（免）税。

（2）针对跨境电商零售出口退税的政策

① 实行"免征不退"

跨境电商零售出口的商品种类繁多，跨境电商卖家在市场采购时，无法取得每一类、每一批次商品的增值税购货发票。根据国家现行的出口税收管理政策，"无票"商品在"阳光化"出口后，不仅不能享受出口退税，反而要加征增值税，出现"不退反征"的问题，造成跨境电商卖家的海量包裹以行邮物品方式向邮政交运，或交由有资质的贸易企业按

"市场采购"（1039）方式申报出境后再向其他国家邮政交运，或交由物流企业以"边境小额贸易"（4019）方式申报出境后再向其他国家邮政交运。在现阶段及未来较长的一段时间里，"无票"是我国跨境电商零售出口的普遍现状，对跨境电商零售出口"无票"商品免征增值税，成为市场的最大诉求。

2015年年底，国家税务总局曾给予杭州为期一年的跨境电商出口"免征不退"试点政策，对试点地区符合监管条件的跨境电商零售出口企业，如不能提供增值税购货发票，按规定实行增值税"免征不退"政策。但由于缺乏切实可行的操作办法，政策落地效果不佳。

2018年9月28日，财政部、国家税务总局、商务部、海关总署联合发布了《关于跨境电子商务综合试验区零售出口货物税收政策的通知》（财税〔2018〕103号），对所有跨境电商综试区内的跨境电子商务出口未取得有效进货凭证的货物，同时符合下列条件要求的，试行增值税、消费税免税政策。

条件1　跨境电子商务出口企业在综试区注册，并在注册地跨境电子商务线上综合服务平台登记出口日期、货物名称、计量单位、数量、单价、金额；

条件2　出口货物通过综试区所在地海关办理电子商务出口申报手续；

条件3　出口货物不属于财政部和国家税务总局根据国务院决定明确取消出口退（免）税的货物。

跨境电商零售出口"免征不退"由个惠变成普惠政策，跨境零售出口企业实现税收"阳光化"，"9610"模式将得到进一步的发展。"9610"出口"免征不退"流程如图2-1所示。

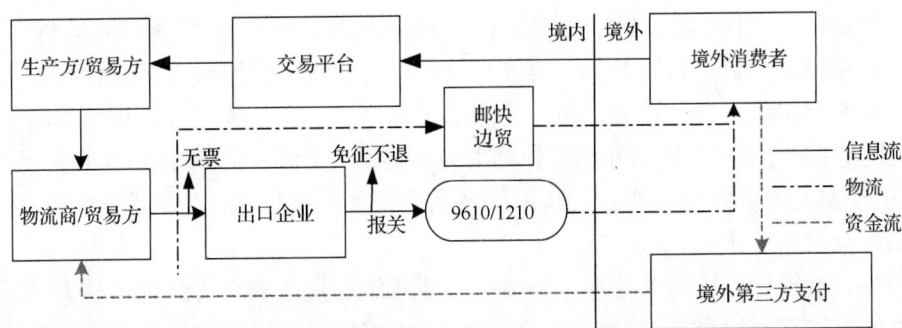

图2-1　"9610"出口"免征不退"流程

② "9610/1210"阳光模式

未来跨境电商（B2B2C+集结仓+监管仓+海外仓+综服平台）"9610/1210"模式将成为主流阳光模式，即积极探索试点境内制造企业至其境外分支机构至境外消费者（M2B2C）业务模式，境内外贸企业至其境外分支机构至境外消费者（B2B2C）业务模式，努力在跨境电商B2B2C出口业务模式认定规范、业务流程、技术标准和监管模式等方面取得突破；支持本地有条件的制造企业和传统外贸企业从"产品走出去"转向"服务走出去、品牌走出去"，依托海外保税仓积极布局全球供应链，开展跨境电商M2B2C出口和B2B2C出口模式试点，以新渠道抢占新市场；与邮政合作，致力打破境外"最后一公里"的发展瓶颈，快速抢占全球消费市场。"9610/1210"出口通关流程与其他方式的对比如图2-2所示。

传统一般贸易	生产商	贸易出口商	一般贸易通关	目的地进口商	批发商	零售商	消费者	不适合跨境电商B2C进出口
跨境电商（B2C）	生产商	贸易商	邮快/边贸通关		邮快		消费者	贸易商产品不可控，无报关单，无法退税结汇
跨境电商（M2C）	生产商		邮快/边贸通关		邮快		消费者	生产商产品可控，无报关单，无法退税结汇
跨境电商（M2B2C）	生产商贸易商	代传输企业	9610通关（免征不退）		邮快		消费者	政府数据统计，无报关单，无法结汇
跨境电商（B2B2C+集结仓+综服平台）	生产商贸易商	集结仓→综服平台→监管仓	9610/1210通关（报关单可退税）	海外仓（FBA仓）	邮快		消费者	产品可控，退税结汇，数据还原

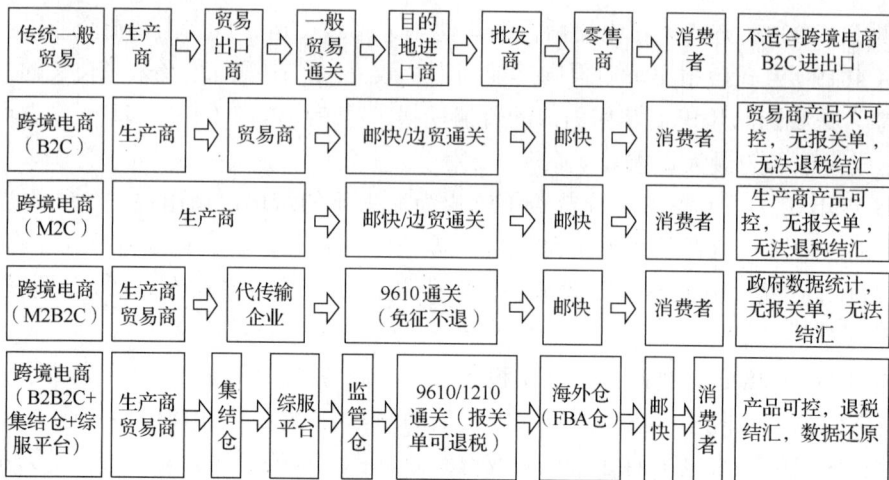

图 2-2 "9610/1210" 出口通关流程与其他方式的对比

三、跨境电商的金融监管政策法规

1. 跨境电商的支付结算相关政策法规

根据联合国国际贸易法委员会 1992 年颁布的《国际贷记划拨示范法》第一条的规定："本法适用于任何发送银行和接收银行位于不同国家时的贷记划拨。"长期以来，该法被认为是跨境电子支付范围界定的核心规则。依据该条款的定义，跨境电子支付的核心内容应当是发送银行和接收银行不在同一主权国家，分行和单独的办事处也视为单独的银行。随着全球化的发展与深化，跨境电子支付的界定不应该局限于"银行的地理差异特征"，而应结合支付体系相关主体，特别是第三方支付平台的特性来界定跨境电子支付服务。

我国没有制定统一的（涉外）电子商务法，现有的、相关的法律法规主要有《中华人民共和国民法典》《中华人民共和国涉外民事关系法律适用法》《互联网信息服务管理办法》《关于网上交易的指导意见（暂行）》《网络商品交易及有关服务行为管理暂行办法》《第三方电子商务交易平台服务规范》等。

近年来，我国出台的有关跨境电商支付结算政策法规主要有《跨境贸易人民币结算试点管理办法》《非金融机构支付服务管理办法》《跨境贸易人民币结算试点管理办法实施细则》《支付机构客户备付金存管暂行办法》《支付机构跨境电子商务外汇支付业务试点指导意见》《支付机构跨境电子商务外汇支付业务试点管理要求》《关于加强商业银行与第三方支付机构合作业务管理的通知》《支付机构跨境外汇支付业务试点指导意见（7号文）》等。

2. 第三方支付行业的金融法规

中国人民银行早在 2010 年 6 月就出台了第三方支付管理办法，2011 年 5 月，支付宝等 27 家企业获得支付牌照，解决了第三方支付的法律障碍。这是监管部门首次推出的和第三方支付相关的政策，它对第三方支付企业提出了更高的要求。第三方支付最大的成就在于推动了互联网应用走向深入，改变了人们支付结算的方式。

目前，国内第三方支付企业主要通过与境外机构合作开展跨境网上支付服务，包括购汇支付和收汇支付两种模式。其中，购汇支付是指第三方支付企业为境内持卡人的境外网上消费提供人民币支付、外币结算的服务；收汇支付是指第三方支付企业为境内外商企业在境外的外币支付收入提供人民币结算支付服务。根据《非金融机构支付服务管理办法》的相关规定，其中涉及的货币兑换和付款流程由其托管银行完成。

近年来，国内以电子商务和网络支付为核心的现代数字化商业模式发展迅猛，催生了一些规模较大、发展较为成熟的支付机构。这些支付机构随着业务扩展，产生了进入跨境联网支付服务领域的迫切需求。为规范和便利个人和机构进行跨境外汇互联网支付，帮助培育我境外贸新的增长点，2013 年 2 月，国家外汇管理局发布了"5 号文（已废止）"，决定在北京、上海、杭州、深圳和重庆 5 个城市先行开展支付机构跨境电商外汇支付业务试点。9 月，随着国内 17 家支付机构获得国家外汇管理局核准，跨境电商外汇支付业务正式拉开帷幕。

截至 2015 年年底，国家外汇管理局共发放 27 张跨境支付许可证，业务区域主要集中在北京、上海、浙江等地，如北京的易宝支付、钱袋宝、银盈通、拉卡拉、网银在线、爱农驿站、首信易支付、资和信、联动优势；上海的支付宝、汇付天下、环迅支付、富友、盛付通、银联在线、通联支付、东方付通；浙江的连连支付、贝付、网易宝等企业。

本章小结

通过对本章的学习，我们了解了国内外跨境电商立法的概况，熟悉了跨境电商贸易、商务、运输、知识产权等相关政策法规，掌握了跨境电商的海关监管、税收监管和金融监管政策制度，深入了解了跨境电商的政策法规。

习题

一、名词解释

海关监管　税收监管　进口税收　出口税收　跨境电商支付　第三方跨境支付　金融监管

二、选择题

1. 下列选项中跨境电商人必须承受的试炼有（　　）。

　　A. 外语交流　　B. 外贸实务　　C. 国际营销

　　D. 人文地理　　E. 法律法规　　F. 性格试练

2.《电子商务示范法》是（　　）于 1996 年通过的，这将促进协调和统一国际贸易法。

　　A. 联合国国际贸易法委员会　　　　B. 国际商会

　　C. 欧盟贸易法委员会　　　　　　　D. 美国贸易法委员会

3. 在跨境电商出口税收新政策出台之前，跨境电商零售出口商品一直征收行邮税，执行（　　）4 档税率。

　　A. 10%、20%、30%和 50%　　　　　B. 10%、30%、40%和 50%

C. 20%、30%、40%和50%   D. 10%、20%、30%和60%

4. 企业（包括商家）对企业的电子商务，即企业与企业之间通过互联网这种电子工具来进行产品、服务及信息的交易属于的电子商务模式是（   ）。

    A. B2B   B. B2C   C. C2C   D. C2B

5. 电子商务任何一笔交易都包含（   ）。

    A. 物流、资金流、事务流   B. 资金流、物流、信息流

    C. 资金流、物流、人才流   D. 交易流、信息流、物流

6. 下列选项中不属于跨境电商支付风险的是（   ）。

    A. 汇率变动风险   B. 监管缺少风险

    C. 企业管理风险   D. 网络支付安全风险

7. 我国跨境电商的支付机构影响力最强的是（   ）。

    A. 银联   B. 第三方支付机构

    C. 银行   D. 人民币跨境支付系统

三、主观题

1. 概述国际组织的电子商务立法概况。

2. WTO 有关电子商务的法律法规有哪些？

3. 简述我国为促进跨境电商发展而出台的主要政策法规。

4. 海关的"一个理念，两个平台，三单对比，四种模式，五大举措"指的是什么？

5. 简述跨境电商海关监管的基本内涵。

6. 跨境电商进口税与行邮税、一般贸易下的进口关税有什么区别？

7. 现行的跨境电商税收法律制度有哪些？

8. 为了支持和规范跨境电商支付机构跨境业务发展，试点政策在一定程度上突破了现行外汇管理规定，具体体现在哪几个方面？

扩展阅读

知识点 2-1

知识点 2-2

知识点 2-3

知识点 2-4

知识点 2-5

知识点 2-6

知识点 2-7

知识点 2-8

II　跨境电商运作篇

第三章

跨境电商物流

▶ 知 识 结 构 图

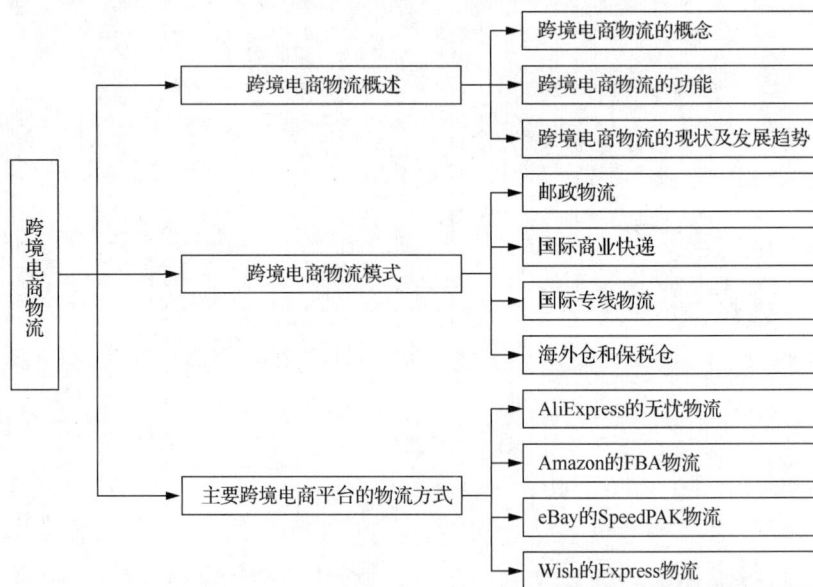

▶ 学 习 目 标

1. 掌握跨境电商物流的概念及流程。

2. 了解跨境电商的物流模式。

3. 掌握跨境电商的仓储模式。

4. 了解各大跨境电商平台的物流方式。

> ▶ 导入案例

日均处理30万件，考拉海购智慧保税仓开仓

2019年6月5日，考拉海购1号仓在宁波出口加工区举行开仓仪式。作为考拉海购全国规模最大、自动化程度最高的跨境智慧保税仓，考拉海购1号仓总计容面积达34万平方米，可满足超过6000万件商品的存储需求，跨境订单处理能力可达每日30万件，1年可处理超过1亿件跨境订单。

1. 考拉海购1号仓不仅意义重大，还能助力宁波保税区产业结构升级

考拉海购1号仓项目于2015年启动，也是考拉海购在国内保税区布局中投入最多、规模最大、自动化水平最高的战略级项目。跨境电商是宁波保税区扩大开放的重要发力点，高标准、自动化的考拉海购1号仓，为跨境智慧保税仓储建立了新的行业标杆，也将积极促进宁波保税区内物流仓储行业的高质量发展。考拉海购1号仓4年来的建设，离不开浙江省政府、宁波市政府、宁波保税区的大力支持和殷切指导；考拉海购1号仓不仅对考拉海购意义重大，也肩负着助力宁波保税区产业结构升级，加速宁波跨境电商业务规模化、品质化发展的重任。

考拉海购1号仓相关负责人介绍，该仓由4个可分可合的独立仓库和1个办公区域组成。这4个仓库通过环形穿梭车系统和托盘式提升机，实现水平和垂直方向的物流自动化输送。通过部署包括多层穿梭车、环形穿梭车、自动化包裹分拣机、箱式输送设备等智能自动化仓储物流设备，仓储效率相较普通跨境仓库可提高30%。

另外，考拉海购1号仓全面采用自主研发的WMS管理系统。作为整个跨境智慧仓的"大脑中枢"，该系统涵盖了电商业务的全流程，可调度六大子系统，涵盖30多种类型，3400余台设备，结合物联网IoT+大数据的智能算法，动态调整仓内各工位的任务分配。

2. 考拉海购跨境仓储布局加速

2019年以来，考拉海购加快了跨境仓储布局速度，已率先在福州、合肥、唐山等跨境电商综试区布局跨境仓储，帮助更多终端消费者更加便捷地享受到了全球正品好货。截至目前，考拉海购已在原有的15个跨境电商综试区和试点城市中的绝大多数城市进行了仓网布局，拥有总面积超过100万平方米的保税仓资源。

同时，2019年6月4日，在以"跨境新机遇　外贸新发展"为主题的中国（宁波）跨境电商高峰论坛上，考拉海购副总裁王晓分享了他对跨境电商的见解：不断探索与发展，好事多磨，终是拨开云雾见青天。

（1）跨境电商改变了境外品牌垄断的局面，给海外优质品牌进入中国提供了机会，同时也给中国品牌带来重新洗牌的机会。

（2）要实现我国的消费升级，必须要解决消费者的痛点问题，如选择正品的成本比较高；信息太多，导致选择的成本比较高。

（3）消费升级的总趋势还未改变，考拉海购自营建立了重资产的供应链，与全球顶级品牌进行合作，在综试区建立保税区，所提供的一站式服务带给了用户更好的体验。

（资料来源：网经社）

请问：考拉海购1号仓对考拉海购提高跨境物流服务水平有什么优势？阐述考拉海购在跨境物流战略方面的部署对其在跨境电商方面的影响。

第一节　跨境电商物流概述

一、跨境电商物流的概念

随着经济和信息技术的发展，跨境电商已然成为中国对外贸易的新业态、新渠道和新功能，日益扩大的跨境电商交易规模给跨境电商物流带来了巨大的潜在市场。

跨境电商物流概述

跨境电商物流是指以跨境电商平台为基础，在两个或两个以上的国家之间进行的物流服务。由于跨境电商的交易双方分属不同的国家，商品需要从供应方所在国家通过跨境电商物流方式实现空间位置的转移，再到需求方所在国家实现最后的物流与配送。

根据跨境商品的位置移动轨迹，跨境电商物流可以分为3段：发出国国内段物流、国际段物流及目的地国内段物流。跨境电商商品种类繁多，应使用小批量、多频次的运输方式；商品体积重量差别很大，不同品类的商品所需运输和仓储解决方案各异。因此，跨境电商物流要实现一站式、门到门的服务，各段物流的有效衔接就显得尤为重要。

实现物品所有权转移的过程即商流。为了顺利实现商流，信息流是跨境电商供应链各环节使用价值畅通的重要保障。跨境电商物流活动的过程如图3-1所示。

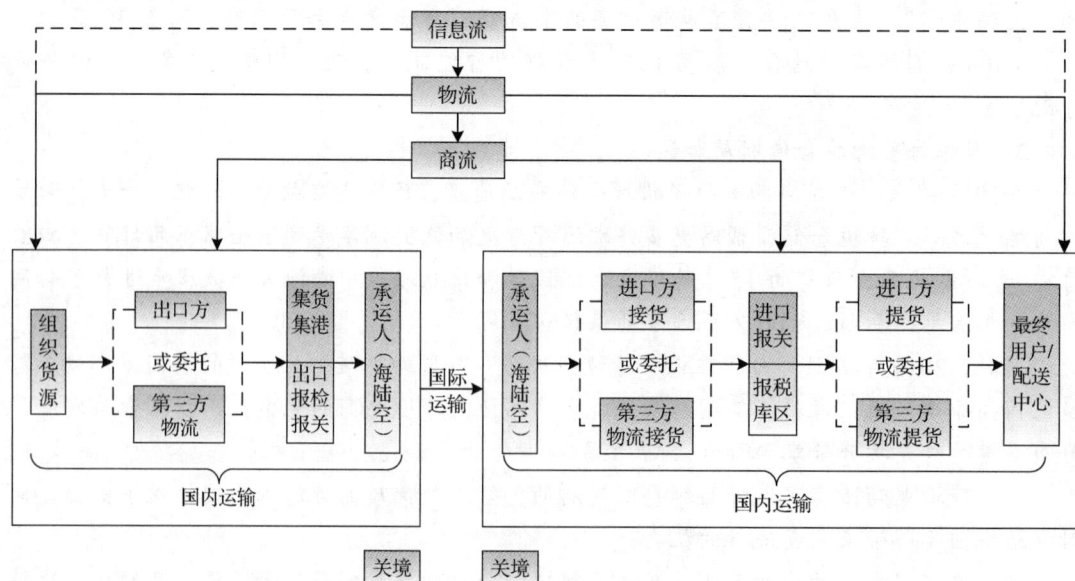

图 3-1　跨境电商物流活动的过程

二、跨境电商物流的功能

跨境电商正处于 2.0 时代，相关行业标准、准入标准、监管保障日益完善，全世界逐渐成为一个自由流通的 B2C 市场。随着跨境电商产业逐步成熟，跨境电商竞争的焦点已经转移到物流供应链的解决方案上。跨境电商物流的功能具体表现在仓储管理、运输配送、附加价值 3 个方面。

1. 仓储管理——规范化、智能化、定制化

跨境电商的物流仓储属于第三方外包仓储物流。以联邦转运为例，该公司在全世界各货源地建设货仓，搭建了一张覆盖全球的仓储网络，建立了标准化管理仓库和一套科学的仓储管理办法。仓库与使用者在地理上也许相隔万里，因此使用者必须通过现代通信技术对库存进行实时监控管理，这就要求跨境电商企业配套智能且易于操作的库存管理系统，以便各个非物流专业的使用者方便地管理库存，实现信息流、物流的无缝对接。总结起来，跨境电商物流企业的仓储建设投资比重很大，在整个物流解决方案中占重要地位。

2. 运输配送——强化风控能力，精简中转环节，严选合作伙伴

跨境电商整个配送流程最少经过"三转两关"，在货物经过层层转手转包，风险呈几何倍数增加的同时，层层转包产生的溢价必然转嫁到用户身上。货物一旦出现丢失、损毁，常常会发生权责不清、互相推诿的事情。以联邦转运为代表的试点企业将独立面对终端用户，承担运输合同规定的相应责任和义务，这就要求跨境电商物流企业强化风控能力，提高选择合作伙伴的标准，剔除层层转包环节，独立运营整个流转过程。

3. 附加价值——开拓市场、大数据、采购与供应链管理

物流服务的本质是利用资源来满足用户的需求，因此物流服务的质量对用户价值的产生具有推动作用。优质、高效、用户体验好的物流伙伴会极大地提高品牌竞争力，名牌物流合作伙伴如今已经成为品牌商打开市场的重要砝码。同时电商物流拥有大数据属性，充分利用跨境电商平台和用户大数据，将对跨境电商的发展产生极大的推动作用。联邦转运建设了一个专业的货源地采购团队并配套供应链管理，将跨境电商物流的触角前伸，为跨境电商伙伴提供一站式物流服务，促进了跨境电商行业的快速发展。

三、跨境电商物流的现状及发展趋势

1. 我国跨境电商物流的发展现状

跨境电商的发展离不开物流业的支持。随着跨境电商物流的不断完善，跨境电商物流在整体上获得了较大发展。但是，跨境电商物流业产值增长速度整体较缓慢，远低于跨境电商产值的增长速度，还存在一定的滞后性。

（1）物流基础设施不完善

传统的国内物流业基础设施相对完善，但跨境电商物流体系仍有待改善。跨境电商由于涉及报关等事务，所以物流运输周期长、物流运输方式复杂等问题突出。因此，建立更加完善的跨境电商物流体系，引入更加先进的物流设施成为解决此问题的主要办法。

（2）跨境电商物流发展速度与跨境电商需求吻合度较低

我国跨境电商虽起步晚，但跨境电商的发展速度和发展规模，都已达到较高的水平。与从事传统国内物流服务的企业相比，从事跨境电商物流服务的企业数量较少，跨境电商物流的配送服务大多由国际快递公司完成。但是，如此巨大的国际物流市场仅依靠国际快递公司是远远不够的，还需不断完善和加强。

（3）物流专业化水平不高

跨境电商是跨境交易，其交易流程和运输方式都比国内电子商务更复杂，涉及国际快递运输、报关、报税、报检等程序。我国现有的物流企业主要是第三方物流企业，主要为国内电子商务服务，尚缺乏大型的、专业的具备高水平物流服务经验和动力的跨境物流企业。

（4）政府政策支持不足

我国现已出台了一些支持跨境电商发展的政策，使跨境电商的发展逐渐受到人们的重视。但是，由于还没有出台扶持相关企业的政策，这在一定程度上阻碍了跨境电商企业及相关物流企业的快速发展。

2. 我国跨境电商物流的发展趋势

（1）构建跨境电商物流网络

跨境电商物流涉及境内物流、出境清关、国际物流、目的地清关与商检、目的地物流、目的地配送等多个环节。我国物流企业需要与国际物流企业建立稳定的合作关系，搭建多层次、多元化、高效率的物流服务平台，这样才能够逐渐向全球物流网络进行渗透，解决不同物流配送环节间的衔接、协同问题。

（2）重视物流风险监测

对于物流企业来说，跨境电商物流配送的复杂性使得众多物流风险难以避免，要想将各种物流风险的发生概率与影响降到最低，就必须重视对物流风险的监督与预测，利用信息化手段建立完善的物流风险监测体系，以有效应对各种物流风险。

（3）建立海外仓与边境仓

针对当前跨境电商物流模式的基础设施问题，物流企业可以从海外仓与边境仓的建设入手。物流企业需要对自身跨境电商物流配送区域内各地区的货物需求进行调查，并通过对配送距离、交通情况、物流水平、配送时间、货物需求量等因素的综合考虑，在各地区设置专门的海外仓，为当地需求量较大的商品货物提供阶段性的仓储服务，从而降低物流成本、缩短发货周期与配送时间。边境仓在功能上与海外仓类似，通常建在本国边境处，并根据目的地的商品需求存储货物，同样能够缩短配送距离与时间、降低物流成本。

（4）推动物流模式多元化

跨境电商物流模式在流程与合作关系上都十分复杂，因此在合作方不同、目的地不同、配送货物不同的情况下，对于物流配送的要求往往会存在较大的差异。为满足多样化的物流配送要求，物流企业必须引入多种物流模式，并结合各种物流模式的特点与优势进行灵活组合、搭配，从而设计出最为合理的综合物流模式。

（5）加大政策支持力度

政府需要对跨境电商物流模式的创新发展给予强有力的政策支持，从而解决当前跨境电商物流在政策规定与法律体系等方面存在的诸多问题。例如，在海关、商检环节中，可以对监管数据标准进行全面创新，坚持以开放性的原则开展进出口报关、检验检疫等工作，对出口货物信息、货物检验建议情况等数据进行公布，充分发挥社会监管的作用，提高监管效率。

（6）强化信息技术应用

信息化管理对于跨境电商物流模式的发展有着非常重要的意义，在大数据时代，国内物流企业必须将各种先进的大数据及信息技术应用到跨境电商物流体系中去，以提高自身的跨境电商物流配送能力。首先，物流企业需要对整个跨境电商物流配送流程的业务操作进行全面规范，为信息化管理创造良好的基础。其次，通过自身业务系统与电商网站之间的无缝对接，实现信息资源共享，让物流企业、商家、消费者都可以精准地掌握物品的物流状态，这样既可以加强商家与物流企业间的协同合作，也能够提高消费者的满意度。最后，物流企业还可以利用大数据，通过综合运用精准定位、云计算和云存储等信息技术，对用户需求、消费者偏好等展开预测性分析，从而为企业发展决策提供参考。

第二节　跨境电商物流模式

在跨境电商交易中，跨境电商物流一直是制约整个跨境电商行业发展的关键性因素，配送速度和配送质量都会直接影响消费者的购物体验。随着跨境电商的迅速崛起，跨境电商物流模式逐步向正规化、合法化、多样化发展，从原先单一的传统物流模式演变成邮政物流、海外仓、国际专线物流等多元模式并存的新模式。

跨境电商物流模式

一、邮政物流

在介绍邮政物流之前，跨境电商经营者需先了解一个组织，即万国邮政联盟（Universal Postal Union，UPU），简称"万国邮联"或"邮联"。它是商定国际邮政事务的国际组织，宗旨是组织和改善国际邮政业务，发展邮政方面的国际合作，以及在力所能及的范围内给予会员所要求的邮政技术援助。万国邮联规定了国际邮件转运自由的原则，统一了国际邮件处理手续和资费标准，简化了国际邮政账务结算办法，确立了各国（地区）邮政部门争讼的仲裁程序。截至 2014 年 12 月，万国邮政联盟有 192 个成员方，其中包括中国。正是由于这个组织的存在，我们可以通过万国邮政系统将一个包裹或信件从中国寄送到其他国家或地区。

在跨境电商邮政物流中，国际邮政包裹又以国际邮政小包居多。在万国邮政联盟中，跨境电商使用较多的有中国邮政、新加坡邮政等。国际邮政小包的优势较明显，其价格便宜且方便个人操作实现通关；但其劣势也较为显著，主要有递送时间久、包裹丢失率高、非挂号件难以查看进度等。国际邮政包裹适合轻、小型商品，在货物体积、重量、形状等方面限制性较高。在一些国家通关政策变化的影响下，国际邮政小包的优势受到挑战，如俄罗斯宣布 2015 年 1 月 15 日起停收邮政平常小包，美国自 2014 年 11 月起逐渐停止扫描国际邮政小包。

1. 中国邮政大包、小包

（1）中国邮政大包

中国邮政航空大包，即 China Post Air Parcel，俗称"航空大包"或"中邮大包"。中国邮政大包除了航空大包外，还包括水陆运输的大包。本书所提及的"中邮大包"仅指航空大包。中邮大包可寄达全球 200 多个国家和地区，其价格低廉，清关能力强，时效性要求不高而稍重的货物，可选择使用此方式发货。

① 中邮大包的资费标准

中国邮政大包运费根据包裹重量按 kg 计费，1kg 起重。中邮大包的相关资费及体积和重量限制因运输物品的重量及目的地的不同而有所不同，其详细资费标准可参见中国邮政网站。

② 中邮大包的重量和体积限制

a. 重量限制：0.1kg≤重量≤30kg（部分国家不超过 20kg，每票快件不能超过 1 件）。

b. 体积限制：

- 单边≤1.5m，长度+长度以外的最大横周≤3m；
- 单边≤1.05m，长度+长度以外的最大横周≤2m；
- 中国邮政大包最小尺寸限制为最小边长不小于 0.24m，宽不小于 0.16m。

③ 中邮大包的优点

中邮大包拥有中国邮政的大部分优点，主要包括如下内容。

- 成本低，价格比 EMS 低，且和 EMS 一样不计算体积重量，没有偏远附加费。
- 通达地多，中邮大包可通达全球大部分国家和地区，且清关能力非常强。
- 运单操作简单，中邮大包的运单简单，操作方便。

④ 中邮大包的缺点

- 部分国家限重 10kg，最重不能超过 30kg。
- 妥投速度慢。
- 查询信息更新慢。

（2）中国邮政小包

中国邮政小包，即 China Post Air Mail，俗称"中邮小包""空邮小包""航空小包"，包括其他以收寄地市局命名的小包（如"北京小包"），是指重量在 2kg 以内（阿富汗为 1kg 以内），外包装长、宽、高之和小于 90cm，且最长边小于 60cm。通过邮政空邮服务寄往境外的小邮包，也可以称为国际小包。国际小包可以分为中国邮政平常小包+（China Post Ordinary Small Packet Plus）和中国邮政挂号小包（China Post Registered Air Mail）两种。二者的主要区别在于，利用挂号小包提供的物流跟踪条码能实时跟踪邮包在大部分目的地内的实时状态，而平常小包只能通过面单条码以电话查询形式查询邮包在目的地的状态。

① 中邮小包的资费标准

中国邮政挂号小包运费根据包裹重量按 g 计费，1g 起重，每个单件包裹限制重量在 2kg 以内。挂号服务费每单（包裹）8 元。

中国邮政平常小包运费根据包裹重量按 g 计费，1g 起重。重量在 30g 及以下的包裹按照 30g 的标准计算运费，重量在 30g 以上的包裹按实际重量计算运费。每个单件包裹限制重量在 2kg 以内，免挂号费。挂号服务费每单（包裹）8 元。

② 中邮小包的参考时效

正常情况下：15～35 天到达目的地。

特殊情况下：36～60 天到达目的地（巴西为 90 天左右）。特殊情况包括节假日、政策调整、旺季运力不足、因暴风雪延误、目的地偏远等。

③ 中邮小包的重量和体积限制

中邮小包的重量和体积限制如表 3-1 所示。

表 3-1 　　　　　　　　　　　　中邮小包的重量和体积限制

包裹形状	重量限制	最大体积限制	最小体积限制
方形包裹	小于 2kg（不包含）	长+宽+高≤90cm	至少有一面的长度≥14cm
		单边长度≤60cm	宽度≥9cm
圆柱形包裹		2 倍直径及长度之和≤104cm	2 倍直径及长度之和≥17cm
		单边长度≤90cm	单边长度≥10cm

④ 中邮小包的优点

• 运费比较便宜是中邮小包最大的优点，此外，它送达部分国家和地区的时间并不长，属于性价比较高的物流方式。

• 邮政包裹在海关操作方面比快递简单很多，享有"绿色通道"，因此中邮小包的清关能力很强，且其派送网络的覆盖面非常广。

• 中邮小包本质上属于"民用包裹"，不属于商业快递，因此能邮寄的物品种类比较多。

⑤ 中邮小包的缺点

• 限重 2kg，阿富汗限重 1kg。如果包裹重量超出 2kg，部分卖家就要将其分成多个包裹寄递，甚至只能选择其他物流方式。

• 运送时间总体比较长，俄罗斯、巴西等国家超过 40 天才显示买家签收都是正常现象。

• 许多国家和地区不支持全程跟踪，而且邮政官方网站也只能跟踪境内部分，境外部分不能实现全程跟踪，因此卖家需要借助社会公司的网站或登录寄达地的查询网站进行跟踪，信息查询很不方便。

2. 境外邮政国际小包

境外邮政国际小包是指其他国家或地区的邮政航空国际小包，主要提供平邮和挂号两种服务类型。境外邮政国际小包（邮政小包）一般以国家或地区名称作为名称开头，如比较常用的有荷兰邮政小包、新加坡邮政小包、瑞典邮政小包等。境内的跨境电商商户通常会去掉"邮政"二字，使其名称简单易读，如荷兰邮政小包简称"荷兰小包"。

境外邮政国际小包是使用较多的一种国际物流方式，依托万国邮政联盟网点覆盖全球，其在重量、体积、禁限寄物品要求等方面的特点在不同国家和地区存在很多共同点，同时也或多或少有一些区别，主要体现在不同区域会有不同的价格和时效标准，对于承运物品的限制也不同。境外邮政国际小包在带电产品、纯电池、液体及固体化妆品等寄送限制方面比中国邮政国际小包更加宽松，从而成为我国跨境电商出口零售领域非常重要的跨境物流渠道。

下面对常用的境外邮政国际小包的特点做简要介绍。

（1）新加坡小包：价格适中，服务质量高于邮政小包一般水平，并且是目前常见的手机、平板等含锂电池产品的运输渠道。

（2）瑞士小包：时效较快，但价格较高，通关能力强，欧洲申根国家免报关。

（3）瑞典小包：时效较快，通关及投递速度较快，且价格较低，它是俄罗斯首选的物流方式，而且在某些时段安检对带电池的产品管制不太严格，可用于寄递带电产品。

3. 国际e邮宝

国际e邮宝又称ePacket，是中国邮政为适应国际电子商务寄递市场的需要，为电商卖家量身定制的全新经济型国际邮递服务。国际e邮宝主要提供针对轻小件物品的空邮服务，为我国电商卖家提供发向美国、加拿大、英国、法国、澳大利亚等超过32个国家和地区的包裹寄递服务。

国际e邮宝隶属中国邮政速递物流股份有限公司，与中邮小包所属官方网站不同。

（1）国际e邮宝的资费标准

对于不同的国家和地区，国际e邮宝的资费标准不同，对包裹的重量限制也不同。其资费标准可参见中国邮政速递物流官网。

（2）国际e邮宝的参考时限

一般情况下，国际e邮宝可在7～10个工作日内完成妥投，节假日、政策调整、旺季运力不足、因暴风雪延误、目的地偏远等特殊情况除外。

（3）国际e邮宝的重量和体积限制

国际e邮宝的重量和体积限制如表3-2所示。从表中可以看出，国际e邮宝的寄送限制与中邮小包有差异。

表3-2　　　　　　　　　　　国际e邮宝的重量和体积限制

包裹形状	重量限制	最大体积限制	最小体积限制
方形包裹	小于2kg（不包含）	长+宽+高≤90cm	宽度≥11cm，长度≥14cm
		单边长度≤60cm	宽度≥9cm
圆柱形包裹		2倍直径及长度之和≤140cm	2倍直径及长度之和≥17cm
		单边长度≤90cm	单边长度≥11cm

4. 国际EMS

国际EMS是指全球邮政特快专递，属于国际快递的一种，是不同的国家和地区的邮政合办的一项特殊邮政业务，主要提供递送国际紧急信函、文件资料、金融票据、商品货样等各类文件资料和物品服务。国际EMS清关能力强，妥投时效快，无须加收燃油附加费。

国际EMS业务是不同的国家和地区邮政合办的，因而在各个国家和地区的邮政、海关、航空等部门均享有优先处理权，这也是国际 EMS 与 UPS、FedEx、DHL、TNT 等国际商业快递的重要区别。

一般而言，EMS 包括国内 EMS（国内特快专递）和国际 EMS，二者的资费不同，面单不同，配送服务也不同，但通常统称为 EMS。本书主要介绍国际 EMS。

（1）国际 EMS 的资费标准

国际 EMS 的资费标准可参见中国邮政速递物流官网。

（2）国际 EMS 的参考时效

国际 EMS 的投递时间通常为 3～8 个工作日，不包括清关的时间。由于各个国家和地区的邮政、海关处理的时间长短不一，有些国家和地区的包裹投递时间可能会长一些，各个国家和地区的承诺妥投时间以 EMS 官方网站公布的为准。

（3）国际 EMS 的重量和体积限制

- 重量限制：单个包裹的计费重量不得超过 30kg，不同地区略有差异。
- 体积限制：单个包裹长、宽、高任一边必须小于 1.5m，最短面周长+最长单边必须小于 3m。

（4）国际 EMS 的优点

- 投递网络强大，覆盖面广，价格比较合理，不算抛重，而是以实重计费。
- 不用提供商业发票就可以清关，而且具有优先通关的权利，即使通关不过，货物也可以免费运回境内，其他快递则一般都要收费。
- 适用于小件及对时效要求不高的货物。
- 寄往南美洲及俄罗斯等国家，在运费、清关等方面有绝对优势。

（5）国际 EMS 的缺点

- 相对于商业快递来说速度偏慢。
- 查询网站信息滞后，一旦出现问题只能做书面查询，查询的时间较长。
- 不能一票多件，且大件货物价格偏高。

二、国际商业快递

国际商业快递是跨境电商中使用率仅次于邮政小包的另一种物流模式。全球性国际快递公司主要有 UPS、FedEx、DHL 和 TNT，这 4 家快递公司在全球已经形成较为完善的物流体系，几乎覆盖全球的各个重点区域。此外，我国的本土快递公司也在逐步开展跨境电商物流业务，如顺丰速运、申通快递、韵达速递等，对跨境电商物流的发展起到了实际的促进作用。

国际商业快递对信息的提供、收集与管理有较高的要求，以全球自建网络及国际化信息系统为支撑，其显著优点在于货物运输时效性高，能够提供实时的物流信息，运输过程中丢包率较低。国际商业快递全球网络较完善，能够实现报关、保险等辅助业务，支持货物包装与仓储等服务，可以实现门到门服务及货物跟踪服务。但是，国际商业快递成本较高，因为其在各国的计费依据、计费标准、服务时限、售后服务方面的标准均不一样，操作模式也不相同，这些因素都在一定程度上提高了国际商业快递业务的成本。另外，国际商业快递也有一些限制，如在一些国家和地区，某些货物会成为禁运品或限运品。在美国，一些货物被列入国际（地区间）快递的禁运目录，如新鲜、罐装的肉类与肉制品，植物种子等。

1. UPS

UPS 全称是 United Parcel Service，即联合包裹服务公司。1907 年，它作为一家信使公司成立于美国华盛顿州西雅图，其总部位于美国佐治亚州亚特兰大，是一家全球性的公司。作为世界上最大的快递承运商与包裹递送公司，它也是运输、物流、资本与电子商务服务的提供者。UPS 每天都在世界上 200 多个国家和地区管理着货物流、资金流与信息流。通过结合货物流、资金流和信息流，UPS 不断开发供应链管理、物流和电子商务的新领域。如今，UPS 已发展为拥有 300 亿美元资产的大公司。

（1）UPS 的快递服务

大部分 UPS 的货代公司均可提供 UPS 旗下主打的以下 4 种快递服务。

- UPS Worldwide Express Plus——全球特快加急，资费最高。
- UPS Worldwide Express——全球特快。
- UPS Worldwide Saver——全球速快，也就是所谓的红单。
- UPS Worldwide Expedited——全球快捷，也就是所谓的蓝单，相比前 3 种，它的速度最慢，资费最低。

在 UPS 的运单上，前 3 种快递服务都是用红色标记的，最后一种是用蓝色标记的，但是，人们通常所说的红单是指 UPS Worldwide Saver。

（2）UPS 的资费标准

UPS 的资费标准以 UPS 官方网站公布的信息或以 UPS 的服务热线信息为准。我国 UPS（除海南省、广东省、广西壮族自治区、云南省、福建省、江西省、湖南省和重庆市以外地区）资费标准可参见 UPS 官网。

（3）UPS 的参考时效

- UPS 国际快递参考派送时间为 4 个工作日。
- 派送时间为快件上网到收件人收到此快件为止。
- 如遇海关查车等不可抗拒的因素，派送时间就要以海关放行时间为准。

（4）UPS 的重量和体积限制

UPS 国际快递小型包裹服务一般不递送超过重量和体积标准的包裹，若接收该类货件，则将对每个包裹收取超重超长附加费 378 元。规定的重量和体积标准如下。

- 每个包裹最大重量为 70kg。
- 每个包裹最大长度为 270cm。
- 每个包裹最大尺寸为：长度+周长=330cm，周长=2×（高度+宽度）。

> ▌ **注意** ▌
> 每个包裹最多收取一次超重超长费。

（5）UPS 的优点

- 速度快，服务好。
- 在美洲等线路具有优势，特别是美国、加拿大、英国、日本等，适合发快件。

- 一般 2～4 个工作日可送达。将货物送往美国时，差不多 48 个小时可送达。
- 货物可送达全球 200 多个国家和地区，可以在线发货，在全国 109 个城市有上门取货服务。
- 查询网站信息更新快，遇到问题解决及时。

（6）UPS 的缺点
- 价格较贵，要计算产品包装后的体积重量，适合递送 6～21kg，或者 100kg 以上的货物。
- 对托运物品的品类限制比较严格。
- 香港 UPS 代理停发澳大利亚件，但内地 UPS 可以发件。

2. FedEx

FedEx 全称 Federal Express，即联邦快递，是全球最具规模的快递运输公司，隶属美国联邦快递集团，是集团快递运输业务的中坚力量。FedEx 成立于 1973 年 4 月，公司的亚太区总部设在我国香港，同时在上海、东京、新加坡均设有区域性总部。联邦快递为顾客和企业提供涵盖运输、电子商务和商业运作等一系列的全面服务。联邦快递集团通过相互竞争和协调管理的运营模式，提供了一套综合的商务应用解决方案。

（1）FedEx 的快递服务

FedEx 分为 FedEx IP（International Priority/IP，中国联邦快递优先型服务）和 FedEx IE（International Economy/IE，中国联邦快递经济型服务）。

① FedEx IP
- 时效快，递送时效为 2～5 个工作日。
- 清关能力强。
- 可为全球 200 多个国家和地区提供服务。

② FedEx IE
- 价格更加优惠，相对于 FedEx IP 更有价格优势。
- 时效比较快，递送时效一般为 4～6 个工作日，通常比 FedEx IP 慢 1～3 个工作日。
- 清关能力强，FedEx IE 和 FedEx IP 用同样的团队进行清关处理。
- 为全球 90 多个国家和地区提供快捷、可靠的快递服务，FedEx IE 和 FedEx IP 使用同样的派送网络，只有少部分国家和地区的运输路线不同。

（2）FedEx 的资费标准

联邦快递的资费标准以 FedEx 官方网站公布的为准。我国 FedEx（适用于广东省及福建省以外的地区）资费标准可参见 FedEx 官网。

联邦快递的体积重量（kg）计算公式为：长（cm）×宽（cm）×高（cm）/5 000。如果货物体积重量大于实际重量，则按体积重量计费。

（3）FedEx 的参考时效
- FedEx IP 的派送正常时效为 2～5 个工作日（此时效为快件上网至收件人收到此快件），需根据目的地海关通关速度决定。
- FedEx IE 的派送正常时效为 4～6 个工作日（此时效为快件上网至收件人收到此快件），需根据目的地海关通关速度决定。

（4）FedEx 的重量和体积限制

联邦快递单件最长边不能超过 274cm，最长边+其他两边的长度的两倍不能超过 330cm；一票多件（其中每件都不超过 68kg）的，单票的总重量不能超过 300kg，超过 300kg 需提前预约；单件或者一票多件中单件包裹有超过 68kg 的，需提前预约。

（5）FedEx 的优点

- 适宜递送 21kg 以上的大件，到南美洲的价格更有竞争力。
- 一般 2～4 个工作日可送达。
- 网站信息更新快，网络覆盖全，查询响应速度快。

（6）FedEx 的缺点

- 价格较贵，需要考虑物品体积重。
- 对托运物品的限制比较严格。

3. DHL

DHL 是全球著名的邮递和物流集团 Deutsche Post DHL 旗下公司，主要包括以下几个业务部门：DHL Express、DHL Global Forwarding、Freight 和 DHL Supply Chain。DHL 国际快递是全球快递行业的佼佼者，可寄达 220 个国家和地区，拥有涵盖超过 120 000 个目的地（主要邮递区码地区）的网络，可向企业及私人买家提供专递及速递服务。

（1）DHL 的资费标准

内地 DHL 按起重 500g，续重 500g 计费，单件包裹的重量在 21kg 以下的资费标准可参见 DHL 官方网站。

DHL 的体积重量（kg）计算公式为：长（cm）×宽（cm）×高（cm）/5 000。将货物的实际重量和体积重量相比，取较大者计费。

（2）DHL 的参考时效

- 上网时效：上网时效从客户交货之后的第二天开始计算，1～2 个工作日后会有上网信息。
- 妥投时效：妥投时效通常为 3～7 个工作日（不包括清关时间），特殊情况除外。

（3）DHL 的重量和体积限制

DHL 对寄往大部分国家和地区的包裹要求为：单件包裹的重量不超过 70kg，单件包裹的最长边不超过 1.2m。但是部分国家和地区的要求不同，具体以 DHL 官方网站公布的信息为准。

（4）DHL 的优点

- 在西欧、北美路线更有优势，适宜递送小件，可送达国家和地区网点比较多。
- 一般 2～4 个工作日可送达，送达欧洲一般需要 3 个工作日，送达东南亚一般需要 2 个工作日。
- 查询网站货物状态更新比较及时，遇到问题时解决速度快。

（5）DHL 的缺点

- 递送小件价格较贵，适合递送重量在 21～100kg 的货物。
- 对托运物品的限制比较严格，拒收许多特殊物品，且在部分国家和地区不提供 DHL 包裹寄送服务。

4．TNT

TNT 集团总部设于荷兰，是全球领先的快递服务供应商，为企业和个人客户提供全方位的快递服务。TNT 快递成立于 1946 年，其国际网络覆盖世界 200 多个国家和地区，提供一系列独一无二的全球整合性物流解决方案。TNT 快递在亚洲、欧洲、南美洲和中东等地区拥有航空和公路运输网络。从 2020 年 8 月 1 日起，TNT 在中国的服务将由 FedEX 提供。

（1）TNT 的资费标准

TNT 快递的运费包括基本运费和燃油附加费两部分，其中，燃油附加费每个月都会发生变动，具体以 TNT 官方网站公布的数据为准。

（2）TNT 的参考时效

全程时效为 3～5 个工作日，TNT 经济型时效为 5～7 个工作日。

（3）TNT 的重量和体积限制

TNT 快递对包裹的重量和体积限制为：单件包裹重量不能超过 70kg，长、宽、高分别不能超过 2.4m、1.5m、1.2m；体积重量超过实际重量时需按照体积重量计费，体积重量（kg）的算法为：长（cm）×宽（cm）×高（cm）/5 000。

（4）TNT 的优点

- 速度快，通关能力强，提供报关代理服务。
- 可免费、及时、准确地追踪查询货物。
- 在欧洲、西亚、中东及政治、军事不稳定的国家和地区有绝对优势。
- 2～4 个工作日内可送至全球，特别是到西欧只需 3 个工作日左右，可送达的国家和地区比较多。
- 网络覆盖广，查询网站信息更新快，遇到问题响应及时。
- 纺织品类大件送至澳大利亚、新西兰等国家和地区有优势。
- 可以送达沙特阿拉伯，但需提供正版发票。

（5）TNT 的缺点

- 需要计算体积重量，对所运货物的限制也比较多。
- 价格相对较高。

三、国际专线物流

国际专线物流是主要跨境电商的物流模式之一，过去通常指特定地区间专门负责国际段运输的代理和组织。现在，国际专线物流指针对特定国家或地区推出的跨境专用物流线路，具有"五固定"的特征，即物流起点、物流终点、运输工具、运输线路、运输时间基本固定。国际专线物流主要包括航空专线、港口专线、铁路专线、大陆桥专线、海运专线及固定多式联运专线，如郑欧班列、中俄专线、渝新欧专线、中欧班列（武汉）、国际传统亚欧航线等。

1．国际专线物流的优势

（1）时效快

国际专线物流公司拥有自主专线，可控性非常强，一般采取固定航班，所以不会出现淡旺季配送时效差别大的情况，时效比邮政小包快。

（2）成本低

国际专线物流能够集中大批量到某一特定国家和地区的货物，通过规模效应降低单位成本。国际专线物流目的地配送整体成本可有效控制，服务比邮政小包更稳定，物流成本也较国际商业快递低。

（3）安全性高

国际专线物流一般有额外赔偿和保险，丢包率较低，因为其在目的地有合作物流商负责单件配送，且配送距离相对近，所以丢包率远远低于邮政小包。

（4）可追踪

目前，国内提供的专线物流服务都可以在国内获得目的地配送物流商的单号，实现从国内到境外妥投的全过程追踪。

（5）易清关

国际专线物流运输批量货物至目的地，对货物进行统一清关并有专业人员跟进，这样就减少了清关时可能出现的问题。由于不需要买家来解决清关环节，因此大大提升了买家服务体验和清关效率。

2. 国际专线物流的劣势

（1）国际专线物流通达地区有限，只有物流体量较大的国家和地区才有专线物流可以选择，可选择的物流方案也受限制。同时，其在国内的揽件范围相对有限，目前国内只有几个重点城市提供上门揽件服务，服务市场覆盖面有待扩展。

（2）相对于中邮小包来说，其运费成本略高。

（3）国际专线物流可托运的产品有限。目前，我国可提供跨境专线物流服务的公司虽然逐渐增多，但是其可托运的产品种类较为有限，影响了国内外消费者的消费体验。我国已开通国际专线物流的公司，由于受航空运输方式的影响，仍然有大部分物品禁止托运，这使得一些大宗商品的批发商只能采用邮政包裹或其他方式将物品运往境外。

3. 常用的国际专线物流

常用的国际专线物流有如下几个。

（1）Special Line-YW

Special Line-YW 即航空专线燕文，俗称燕文专线，是北京燕文物流公司旗下的一项国际物流业务。燕文专线目前已开通南美专线和俄罗斯专线。

燕文南美专线小包：通过调整航班资源一程直飞欧洲，再根据欧洲到南美洲航班货量少的特点，实现快速中转，既避免旺季爆仓，又大大缩短了妥投时间。

燕文俄罗斯专线小包：与俄罗斯合作伙伴系统内部互联，实现全程无缝、可视化跟踪。包裹在国内快速预分拣，快速通关，并快速分拨派送。正常情况下，俄罗斯全境派送时间不超过 25 天，人口 50 万以上的城市派送时间通常低于 17 天。

① 燕文专线的资费标准

燕文专线的资费标准可参见燕文物流公司官网。

② 燕文专线的参考时效

正常情况：16～35 个工作日到达目的地。

特殊情况：36～60 个工作日到达目的地。特殊情况包括节假日、特殊天气、政策调整、目的地偏远等。

③ 燕文专线的重量和体积限制

燕文专线重量和体积限制如表 3-3 所示。

表 3-3　　　　　　　　　　　　　　燕文专线重量和体积限制

包裹形状	重量限制	最大体积限制	最小体积限制
方形包裹	小于 2kg（不包含）	长+宽+高<90cm，单边长度<60cm	至少有一面的长度>14cm，宽度>9cm
圆柱形包裹		2 倍直径及长度之和<104cm，单边长度<90cm	2 倍直径及长度之和>17cm，单边长度>10cm

（2）中欧班列

中欧班列（China Railway Express，CRexpress）是由中国铁路总公司组织，按照固定车次、线路等条件开行，往来于中国与欧洲及"一带一路"沿线国家和地区的集装箱国际铁路联运班列。目前，中欧班列铺划有西、中、东 3 条通道：西部通道由我国中西部经阿拉山口（霍尔果斯）出境，中部通道由我国华北地区经二连浩特出境，东部通道由我国东南部沿海地区经满洲里（绥芬河）出境。

① 主要线路班列开行情况

● 中欧班列（重庆—杜伊斯堡）。从重庆团结村站始发，由新疆阿拉山口出境，途经哈萨克斯坦、俄罗斯、白俄罗斯、波兰至德国杜伊斯堡站，全程约 11 000km，运行时间约 15 天。

● 中欧班列（成都—罗兹）。从成都城厢站始发，由新疆阿拉山口出境，途经哈萨克斯坦、俄罗斯、白俄罗斯至波兰罗兹站，全程 9 965km，运行时间约 14 天。

● 中欧班列（郑州—汉堡）。从郑州圃田站始发，由新疆阿拉山口/内蒙古自治区二连浩特口岸出境，途经哈萨克斯坦/蒙古国、俄罗斯、白俄罗斯、波兰至德国汉堡站，全程 10 245km，运行时间约 15 天。

● 中欧班列（苏州—华沙）。从苏州始发，由满洲里出境，途经俄罗斯、白俄罗斯至波兰华沙站，全程 11 200km，运行时间约 15 天。

● 中欧班列（武汉—汉堡/帕尔杜比采）。从武汉吴家山站始发，由新疆阿拉山口出境，途经哈萨克斯坦、俄罗斯、白俄罗斯到达波兰、捷克、斯洛伐克等国家的相关城市，全程约 10 700km，运行时间约 15 天。

● 中欧班列（义乌—马德里）。从义乌铁路西站始发，是铁路中欧班列的重要组成部分、中欧班列（义乌—马德里）的首发线路，贯穿新丝绸之路经济带，从义乌铁路西站到西班牙马德里，通过新疆阿拉山口口岸出境，途经哈萨克斯坦、俄罗斯、白俄罗斯、波兰、德国、法国、西班牙，全程 13 052km，运行时间约 21 天，是目前我国历史上行程最长、途经城市和国家最多、境外铁路换轨次数最多的班列。

● 中欧班列（长沙—汉堡）。从长沙霞凝货场始发，由满洲里出境，途经俄罗斯、白俄罗斯、波兰至德国汉堡站，全程 12 521km，运行时间约 16 天。

- 中欧班列（广州—卡卢加）。从广州大朗站始发，由满洲里出境，至俄罗斯卡卢加州沃尔西诺站，全程 11 398km，运行时间约 12 天。
- 中欧班列（合肥—汉堡）。从合肥北站始发，由新疆阿拉山口出境，途经哈萨克斯坦、俄罗斯、白俄罗斯、波兰至德国汉堡，全程 10 647km，运行时间约 15 天。

② 中欧班列的资费标准

中欧班列详细资费标准请参考中欧铁运物流有限公司官网。中欧班列运输到波兰及其他不同目的地的费用可参见中欧班列运输网。

③ 中欧班列的优点

- 直达班列，相对于国际联运省去了换装的时间，更加安全便捷。
- 全程使用标准海运集装箱，箱源优先保障。
- 运输时间短，经济便捷。
- 政府扶持力度大。

④ 中欧班列的缺点

- 地方无序竞争激烈。
- 班列回程货源不足。
- 班列运营成本偏高。
- 地方财政负担加重。

（3）Russian Air

Russian Air 即中俄航空专线，是通过国内快速集货、航空干线直飞，在俄罗斯通过俄罗斯邮政或当地落地配进行快速配送的物流专线的合称。截至 2015 年 6 月，中俄航空专线下已有 Ruston 专线，后续还会上线更多中俄航空专线。

Ruston 俗称俄速通，是由黑龙江俄速通国际物流有限公司提供的中俄航空小包专线服务，是针对跨境电商客户物流需求的小包航空专线，渠道时效快速稳定，并提供全程物流跟踪服务。

① Ruston 的资费标准、重量和体积限制

Ruston 的资费标准为 85 元每千克加 8 元挂号费，重量和体积限制参照中邮小包的重量和体积限制。

② Ruston 的参考时效

- 正常情况：15～25 个工作日到达俄罗斯目的地。
- 特殊情况：30 个工作日内到达俄罗斯目的地。

③ Ruston 的优点

- 经济实惠。Ruston 以 g 为单位精确计费，无起重费，替卖家将运费降到最低。
- 可邮寄范围广。Ruston 是联合俄罗斯邮政推出的服务产品，其境外递送环节全权由俄罗斯邮政承接，递送范围覆盖俄罗斯全境。
- 运送时效快。Ruston 开通了哈尔滨—叶卡捷琳堡中俄航空专线货运包机，大大提高了配送效率。
- 全程可追踪。48 小时内上网，货物全程可视化追踪。

四、海外仓和保税仓

1. 海外仓

海外仓是指建立在海外的仓储设施。海外仓是指国内企业将商品通过大宗运输的形式运往目标市场国家或地区，在当地建立仓库、储存商品，然后再根据当地的销售订单第一时间做出响应，直接从当地仓库进行分拣、包装和配送。

（1）海外仓的种类

① 自营海外仓

自营海外仓模式是指由出口跨境电商企业建设并运营的海外仓库，仅为本企业销售的商品提供仓储、配送等物流服务的物流模式，即整个跨境电商物流体系是由出口跨境电商企业自己控制的。

② 第三方公共服务海外仓

第三方公共服务海外仓模式是指由第三方物流企业建设并运营的海外仓库，可以为众多的出口跨境电商企业提供清关、入库质检、接受订单、订单分拣、多渠道发货、后续运输等物流服务的物流模式，即整个跨境电商物流体系是由第三方物流企业控制的。

（2）海外仓的优缺点

优点：用传统外贸方式走货到仓，可以降低物流成本；相当于销售发生在本土，可提供灵活可靠的退换货方案，提高了海外用户的购买信心；发货周期缩短，发货速度加快，可降低跨境电商物流缺陷交易率。此外，海外仓可以帮助卖家拓展销售品类，突破"大而重"的发展瓶颈。

缺点：不是任何产品都适合使用海外仓的，选择海外仓物流渠道的产品最好是库存周转快的热销单品，否则容易压货。同时，海外仓对卖家在供应链管理、库存管控、动销管理等方面提出了更高的要求。

（3）海外仓的运营

① 租用还是合作建设

跨境电商卖方与第三方公共服务海外仓的合作方式有两种，一种是租用，另一种是合作建设。租用方式存在操作费用、物流费用、仓储费用，而合作建设则只产生物流费用。

② 产品选择

海外仓在降低成本方面具有独特的优势。标准化、库存单位（SKU）不多、较重且方便卖家进行管理的产品，通过海运批量运到海外仓，可以大大降低物流成本。然而，有些产品需要进行研究和库存分析，把握好库存和销售周期，才能更好地使用海外仓。

③ 市场调研

借助第三方公共服务海外仓，卖家需要备好货后联系海外仓的运营方，运营方会帮助卖家把货物送到海外仓上架，这样卖家就可以进行销售了。第一批产品到海外仓后可以先行销售，一段时间后分析某个产品的 SKU 情况、销售情况及走势，再根据分析预测进行补货。

④ 发货

海外仓的订单生成后，卖家可以通过 Excel 或应用程序接口（Application Programming

Interface，API）的方式通知第三方进行发货。有一定信息技术实力的卖家建议使用 API 的方式，这样可以保证数据的实时性。卖家也可以考虑使用平台开发的系统。

⑤ 补货

第三方公共服务海外仓会把实时的库存信息共享给卖家，如果发现货物卖得很好，卖家就需要提前准备往海外仓发货。一般情况下需要设定一个库存预警值，如当库存低于 10 个之后，就需要通知卖家准备补货。

⑥ 滞销品处理

使用海外仓时，一定要集中销售资源，一旦销售资源分散，海外仓的产品就容易出现滞销。此外，如果产品在海外仓长期存放，会导致成本的上升。卖家需要制定合适的销售策略，提升销售速度，促进当地市场增长。同时，卖家也要注意产品的生命周期，把握好库存量。

⑦ 清关认证

卖家需要对海外仓的发货进行监控，中小卖家还要重视物流方式的选择。例如，借用海外仓批量发货时，走海运属于大宗货物清关方式，清关检查严格，会要求卖家提供相关证明，如欧盟 CE 认证等；借助第三方公共服务海外仓的物流输送会涉及多个合作方，在周转的过程中，卖家可委托第三方服务公司做好监管，以保证产品安全送达。

2. 保税仓

保税仓是经由海关批准设立的专门存放保税货物的仓库，具体是指预先将商品送至保税仓库，通过跨境电商平台实现商品的销售后，商品直接从保税区发出。一般而言，消费者能够在下单后 3 天之内收到货物，其物流速度在众多跨境电商物流模式中是首屈一指的。

（1）保税仓的种类

• 公用型保税仓：由主营仓储业务的中国境内独立企业法人经营，专门向社会提供保税仓储服务。

• 自用型保税仓：由出口跨境电商企业自建，仅供本企业自用，如聚美优品使用的保税仓就为自用型保税仓。

• 专用型保税仓：专门用来存储具有特定用途或特殊种类商品的保税仓，包括液体危险品保税仓、备料保税仓、寄售维修保税仓和其他专用型保税仓。

（2）保税仓的特征

保税仓最显著的特征是仓储前置，用位移换时间，然后通过选择更经济的运输方式降低干线运输成本。同时，这种物流模式可以有效利用保税区的各类政策、综合优势与优惠措施，尤其是在物流、通关、商检、收付汇、退税等方面提供便利，从而简化跨境电商的业务操作，实现促进跨境电商交易的目的。通过这种新型的"保税备货模式"，用户只需承担商品价格和国内物流费用，其他风险都由卖家承担，用户的购物风险被极大程度地降低了，有利于企业大订单集货，降低商品价格，提高用户满意度，避免传统模式下的种种不利因素。当然，保税仓也具有缺点，如商品的品类单一，多品种的商品容易造成库存积压等。

（3）保税仓的运营

图 3-2 所示为保税仓储管理业务设计示意图，包括电商供应链管理系统、仓储管理系

统、智能化物流系统集成等模块。保税仓储管理系统的重点在海关报关系统的对接，包括备案系统、申报管理、报关管理和税单查询系统。

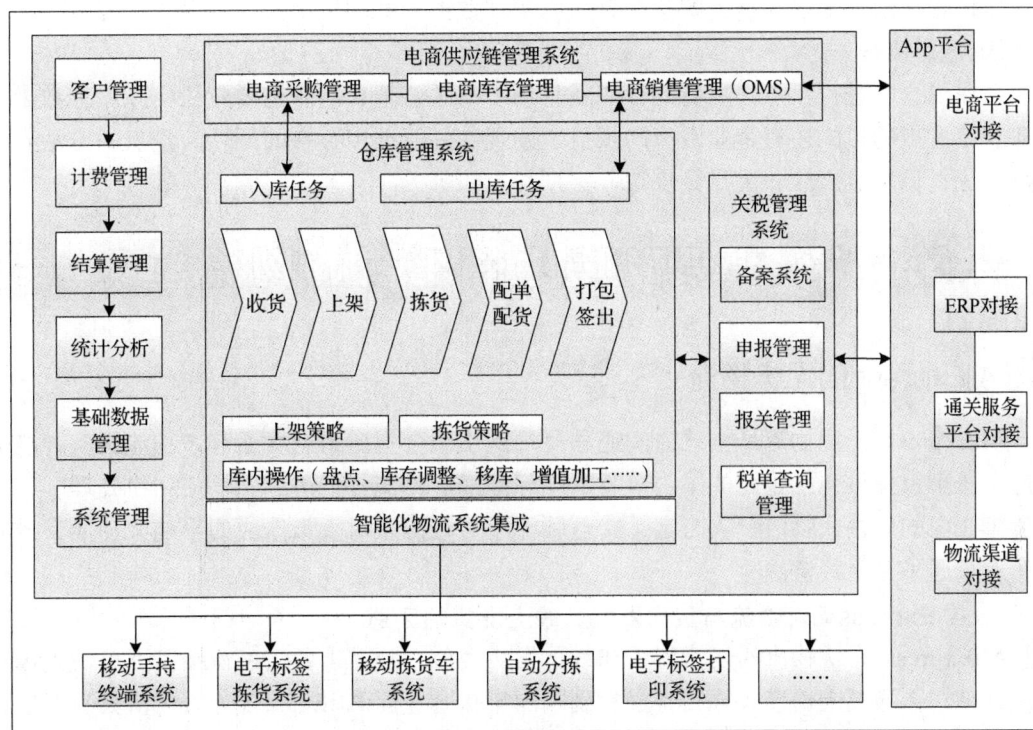

图 3-2 保税仓储管理业务设计示意图

① 整体业务流程

保税仓整体业务流程如图 3-3 所示。

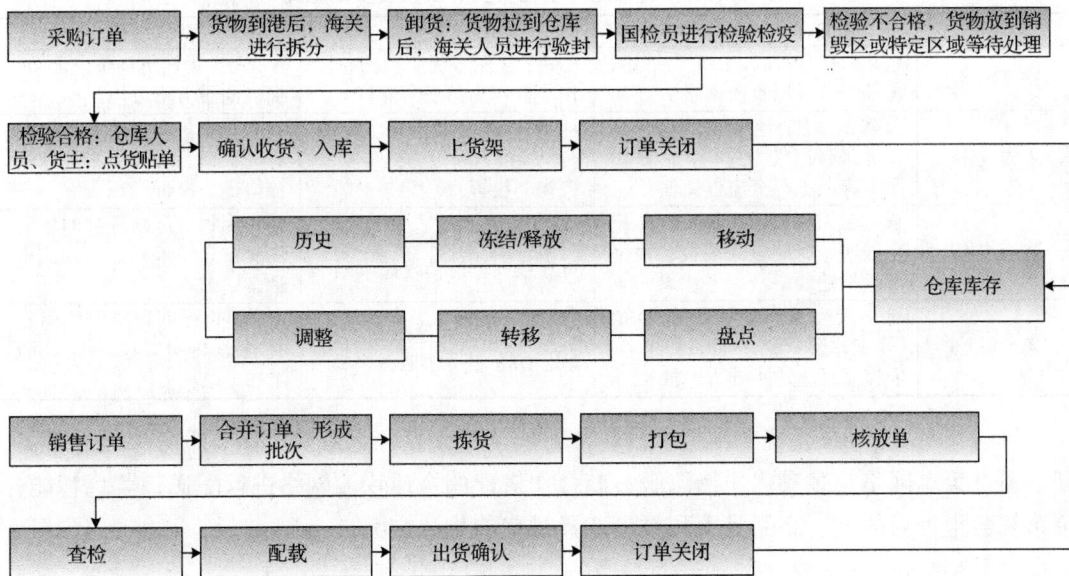

图 3-3 保税仓整体业务流程

② 基础管理

在保税仓内做基础实体（仓库、库房、库位等）管理的时候需要注意一点，即一定要有操作日志，便于管理人员了解整个仓库内实体数据的处理历史。

③ 盘点流程

在保税仓中进行盘点最主要的目的就是用于海关监管，同时也要查清实际库存数量，其他仓储盘点的目的还有企业资产的损益、发现商品管理中存在的问题。盘点的方法有永续盘点法、循环盘点法、重点盘点法、定期盘点法等。

第三节　主要跨境电商平台的物流方式

一、AliExpress的无忧物流

AliExpress 无忧物流是全球速卖通和菜鸟网络联合推出的速卖通官方物流服务，能够为速卖通卖家提供包括稳定的国内揽收、国际配送、物流详情追踪、物流纠纷处理、售后赔付等在内的一站式物流解决方案，降低物流不可控因素对卖家造成的影响，让卖家放心地在速卖通平台上经营。

1. AliExpress无忧物流与货代发货、线上发货的区别

AliExpress 无忧物流的发货流程和线上发货类似，都是需要卖家在买家下单后先创建物流订单，再通过上门揽收或自寄交货到国内集货仓。而 AliExpress 无忧物流具有渠道稳定、时效性强、运费优惠、操作简单、平台承担售后和商品赔付等优势，与货代发货、线上发货相比，AliExpress 无忧物流能够大大减少物流给卖家造成的困扰。

AliExpress 无忧物流与线上发货、货代发货的对比如表 3-4 所示。

表 3-4　　　　　　　　AliExpress 无忧物流与线上发货、货代发货的对比

对比项	AliExpress 无忧物流	线上发货	货代发货
物流服务	稳定：官方物流，由菜鸟搭建，覆盖全球优质物流网络	稳定：第三方优质物流商合作平台作为第三方监管	不确定：货代市场鱼龙混杂，提供的服务不可控
人力成本	节省：一旦产生物流纠纷，卖家无须付出人力成本，而是由平台介入进行全流程处理	耗费：卖家需要花费大量的时间、财力和人力处理物流咨询、投诉	耗费：卖家需要花费大量的时间、财力和人力来处理物流咨询、投诉
资金成本	低：若因物流原因导致订单超出限时达时间还未妥投，由平台承担赔款	高：因物流问题导致的损失可在线向物流商发起索赔	低：因物流问题导致的损失由卖家自己承担，向物流申请索赔困难
卖家保护	有：因物流问题导致的 DSR（卖家评级）低分、仲裁提起率、卖家责任率均不计入考核	有：因物流问题导致的纠纷、DSR 低分不计入考核	无：因物流问题导致的纠纷将会影响卖家服务等级的考核

目前，AliExpress 无忧物流提供的物流方案类型包括简易服务、标准服务和优先服务，都是通过菜鸟网络与多家优质物流服务商合作搭建的全球物流网络进行配送，菜鸟智能分单系统会根据目的地、商品品类和重量选择最优的物流方案。

（1）AliExpress 无忧物流——简易服务

AliExpress 无忧物流——简易服务（AliExpress Saver Shipping），是专门针对速卖通卖

家运送至俄罗斯、乌克兰的重量小于 2kg 的包裹，以及运送至西班牙的重量小于 0.5kg 的包裹，且订单成交金额不超过 5 美元的小包货物推出的简易挂号类物流服务。

（2）AliExpress 无忧物流——标准服务

AliExpress 无忧物流——标准服务（AliExpress Standard Shipping），是速卖通平台推出的标准类物流服务。

（3）AliExpress 无忧物流——优先服务

AliExpress 无忧物流——优先服务（AliExpress Premium Shipping），是速卖通平台推出的快速类物流服务。

2．AliExpress无忧物流的发货流程

卖家使用 AliExpress 无忧物流进行发货的流程非常简单，如图 3-4 所示。

在卖家账户设置运费模板 → 买家下单 → 卖家创建物流订单 → 卖家发货至境内仓库 → AliExpress无忧物流发货到目的地

图 3-4　AliExpress 无忧物流发货流程

二、Amazon的FBA物流

亚马逊物流（Fulfillment by Amazon，FBA）是指亚马逊提供的仓储及代发货业务。2007年，亚马逊引入 FBA，即亚马逊将自身平台开放给第三方卖家，将其库存纳入亚马逊全球的物流网络，为其提供拣货、包装及终端配送的服务，亚马逊则收取服务费用。自投入使用以来，FBA 一直被誉为亚马逊最有保障的物流服务体系。

1．FBA的优缺点

（1）FBA 的优点

- 能够提高 listing 排名，提高用户的信任度，帮助卖家成为特色卖家，进而提高销售额。
- 物流经验丰富，仓储遍布全球，管理职能化。
- 仓库大多靠近机场，配送速度快。
- 拥有亚马逊专业客服，能够帮助卖家减轻客服压力。
- 由 FBA 引起的中差评，如果符合亚马逊的相关政策，则可以移除中差评，有助于改善卖家的账户表现。
- 单价超过 300 美元的商品可免运费。

（2）FBA 的缺点

- 费用通常偏高。
- 灵活性差，其他第三方海外仓可以由中文客服处理一些问题，而 FBA 只能用英文与用户沟通，且邮件回复通常不太及时。
- FBA 仓库不为卖家的头程发货提供清关服务。
- 如果前期工作没有做好，标签扫描出现问题就会对货物入库造成影响，甚至无法入库。
- 使用美国站点的 FBA，退货只支持美国地区。

2．服务流程

FBA 是由亚马逊提供的包括仓储、拣货打包、派送、收款、客服与退货处理的一条龙物流服务，其服务流程如图 3-5 所示。

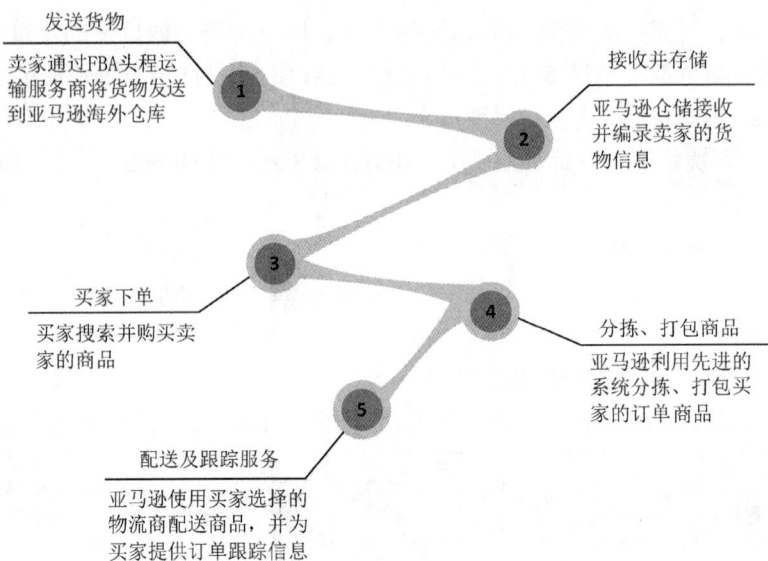

图 3-5　FBA 服务流程

一般来说，卖家选择 FBA 除节省人工费和运费之外，还能提高 listing 的排名，增加获得黄金购物车（Buy Box）的概率，从而提高销量；强大的物流系统使亚马逊在配送时效上具有优势，而优化物流系统也是提高用户体验的主要环节。另外，如果交易过程中出现因 FBA 引起的中差评，亚马逊也会做出相应的处理。

FBA 也存在一些问题。

（1）清关问题

FBA 不提供任何的清关协助，因此如果选择了 FBA，目的地的清关问题容易令卖家头疼。亚马逊并不是"进口商"（Importer of Record）而只是"最终收货人"（Ultimate Consignee），所以它不会负责卖家的货物清关。但是，清关是 FBA 头程中相当重要的一环，如果处理不好，货物将面临被目的地海关强制退回到发货地的尴尬局面，且退运费用昂贵，大大增加了额外成本。

因此，卖家可以挑选专业的清关公司或是在 FBA 头程中将清关工作交由有经验的货代公司负责。运营多站点的卖家在选择与货代公司合作时，最好结合覆盖的线路范围和清关能力考量货代公司，若货代公司支持多个站点的 FBA 头程，且清关能力强，就可以省去许多麻烦，也能规避风险。

（2）头程物流渠道选择

亚马逊头程运输方式目前主要有 3 种，分别是海运、空运和快递。当然，不同的方式适合有不同特点的卖家，卖家要根据成本及自身经营的情况来选择合适的物流渠道。

3．FBA费用

FBA 涉及的相关费用如下。

（1）订单配送费

FBA 配送费取决于商品包装后的重量和尺寸。

（2）库存仓储费

FBA 库存仓储费分为月度库存仓储费和长期库存仓储费。库存仓储费因商品尺寸和月份而异。

（3）移除订单费

移除订单费按移除的每件商品收取。

（4）退货处理费

退货处理费是指某个指定的商品的总配送费用。该费用适用于在亚马逊上出售的，属于亚马逊为其提供免费退货配送的选定分类（服装、钟表、珠宝首饰、鞋靴、手提包、太阳镜和箱包类商品），并且实际被退回至亚马逊某个运营中心的商品。在单个订单中向买家配送了多件商品时，单件商品要支付的退货处理费可能要高于总配送费用。

（5）计划外预处理服务费

如果运送到亚马逊的商品没有经过妥善预处理或贴标，就需要在亚马逊运营中心实施计划外预处理服务，如进行贴标或塑料袋包装，这些服务都需要收取一定的费用。

三、eBay的SpeedPAK物流

SpeedPAK 物流管理方案是 eBay 联合其物流战略合作伙伴橙联科技股份有限公司共同打造的以 eBay 平台为基础，为我国 eBay 跨境出口电商卖家量身定制的直邮物流解决方案。SpeedPAK 整合了目前市场上各项优质的国内揽收、国际空运及境外"最后一公里"派送资源，提供了高效的门到门国际派送服务。

1. SpeedPAK的物流方案类型

（1）SpeedPAK 标准型服务

SpeedPAK 标准型服务（Standard Shipping）已实现北美、欧洲、大洋洲的多方位覆盖，可到达的目的地包括美国、英国、德国、法国、意大利、西班牙、奥地利、比利时、瑞士、捷克、丹麦、匈牙利、爱尔兰、荷兰、波兰、葡萄牙、俄罗斯、瑞典、澳大利亚和加拿大。SpeedPAK 标准型服务提供门到门全程追踪服务，平均物流时效为 8～12 个工作日。

（2）SpeedPAK 经济型服务

SpeedPAK 经济型服务（Economy Shipping）可到达英国、德国、法国、意大利、西班牙、葡萄牙、摩洛哥、爱尔兰、荷兰等 49 个国家。SpeedPAK 经济型服务提供门到目的地入境半程追踪的服务，平均物流时效为 10～15 个工作日。

（3）SpeedPAK 经济轻小件

目前，SpeedPAK 已推出了英国路向的经济轻小件（SpeedPAK Lite）服务。英国轻小件只接受重量小于 750g，厚度小于 2.5cm，且体积限制在 35.3cm×12cm×2.5cm 之内的包裹，在无压缩、无按压的状态下，英国路向经济产品包裹的价格会调整为轻小件价格。SpeedPAK 经济轻小件的平均物流时效为 10～15 个工作日。

2. SpeedPAK的特点

（1）平台保护

SpeedPAK 与 eBay 平台对接，推出的物流服务高度契合 eBay 的平台政策，因此享受相应的平台保护。

（2）合规

SpeedPAK 物流管理方案采取完全合法、合规的物流渠道进行货物运输，这就需要在国内分拣中心就对包裹进行安全扫描，并且拦截和退回违反进出口国海关规定或不符合航空运输安全规定的商品。这个合规操作流程虽然会导致小部分包裹被退回，但是确保了SpeedPAK 在海关等各个渠道获得良好的信用记录，保障了绝大多数合规包裹可以获得稳定的通关效率及较低的查验率。

（3）稳定

SpeedPAK 使用大数据系统对物流服务质量进行实时监控，建立了有效的预警机制，可以保障全年服务时效稳定。

四、Wish的Express物流

Wish Express（简称 WE）是 Wish 为了更好地满足平台用户对配送时效的要求而发起的极速达项目，需要卖家提前将产品运到目的地国家的海外仓，当卖家收到订单时，产品从海外仓直接配送至目的地国家的用户手中，从而实现快速配送。Wish Express 项目俗称"海外仓产品项目"，对于 Wish Express 项目中的产品，卖家要承诺在规定的时效之内交付给用户。

1. Wish海外仓介绍

Wish Express 是单个产品配送单个国家的解决方案，是 Wish 平台推出的旨在支持平台商户开展海外仓业务的一种配送模式，是以用户体验为中心的标准化物流服务产品，承诺5 个工作日妥投，可实现全程物流追踪。

FBW（Fulfillment By Wish）是 Wish 平台提供的升级版海外仓仓储及物流服务，由Wish 来履行订单。目前 FBW 在美国有 2 个认证仓，在欧洲有 1 个认证仓。FBW 也是 Wish Express 海外仓项目中的一部分，因此所有的 FBW 产品均享受 Wish Express 海外仓政策。

FBW 和 Wish Express 作为 Wish 的重点项目，正在获得 Wish 平台越来越多的政策和流量倾斜。两者的不同之处在于，Wish Express 侧重于用户端，卖家可以选择 Wish Express来妥投所选购的产品；FBW 是侧重于卖家端的海外仓服务工具。

FBW 的运作流程如图 3-6 所示（本图以 FBW-US 为例）。

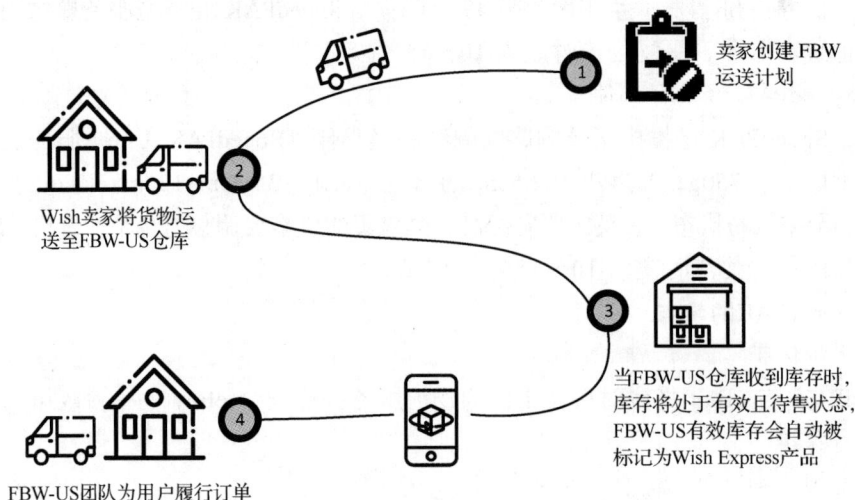

图 3-6　FBW 的运作流程

2. 加入Wish Express项目的优点

（1）加入 Wish Express 项目，产品平均会获得 3 倍多的流量，同时会有一些差异化的流量入口，如 App WE Tab、Search WE Tab、详情页产品推荐栏等。

（2）产品会带有 Wish Express 徽章标识，此标识将告知用户能快速地收到产品，从而极大地提高转化率。

（3）加入 Wish Express 项目的卖家将获得 Wish 退货项目的资格，其产品可以退至设定的海外仓（目前只针对美国，其他市场正在开发该功能），从而降低退款率。

（4）加入 Wish Express，产品将会快速到达用户手中，从而提升用户对产品的整体评分并能很快获得评价，能够缩短产品成长周期和回款周期。

（5）平台会针对 Wish Express 项目提供更多的产品支持，如营销、客服权限等。

本章小结

通过本章的学习，我们掌握了跨境电商物流的基本概念、功能和发展现状；了解了邮政物流、专线物流、商业快递、海外仓和保税仓等物流模式；熟悉了四大电商平台的物流方式。

习题

一、名词解释
跨境电商物流　万国邮政联盟　国际专线物流　海外仓　保税仓

二、选择题

1. 跨境电商物流的功能有（　　）。

　A. 运输配送　　B. 仓储管理　　C. 生产控制　　D. 附加价值

2. 我国跨境电商物流的发展现状是（　　）。

　A. 物流专业化水平不高

　B. 跨境电商物流发展速度与跨境电商需求吻合度较低

　C. 物流基础设施不完善

　D. 政府政策支持不足

3. 跨境电商物流模式有（　　）。

　A. 邮政物流　　B. 海外仓模式　　C. 国际专线物流　D. 国际商业快递

4. 以下不是国际快递业务特点的选项是（　　）。

　A. 业务流程更加复杂，影响因素多

　B. 交付速度比传统的航空货运业慢

　C. 过程更加安全可靠

　D. 统一信息网络，即时信息反馈

5. 国际专线物流是针对特定国家或地区推出的跨境专用物流线路，（　　　）都基本固定。

  A. 物流起点 B. 运输工具 C. 运输线路 D. 运输时间

6. 海外仓是指建立在海外的（　　　）。

  A. 物流公司 B. 仓储设施 C. 配送中心 D. 物流中心

7. 海外仓的优点有（　　　）。

  A. 降低物流成本   B. 加快物流时效

  C. 灵活可靠的退换货方案   D. 帮助卖家拓展销售品类

8. 保税区最显著的特征是（　　　）。

  A. 有效利用保税区的各类政策、综合优势与优惠措施

  B. 消费者只需承担商品价格和国内物流费用，其他风险都由卖家承担

  C. 仓储前置，用位移换时间，然后通过选择更经济的运输方式降低干线运输成本

  D. 用传统外贸方式走货到仓，可以降低物流成本

9. AliExpress 无忧物流的优点有（　　　）。

  A. 时效性强   B. 平台承担售后和商品赔付

  C. 运费优惠   D. 渠道稳定

10. Amazon 的 FBA 物流提供（　　　）服务。

  A. 仓储   B. 拣货打包   C. 派送   D. 客服与退货处理

三、主观题

1. 描述跨境电商物流流程。

2. 简述跨境电商物流模式，并分析比较不同模式的优缺点。

3. 简要阐述四大国际快递公司快递业务的优缺点。

4. 境外建仓会有哪些机遇和挑战？如何运营海外仓？

5. 简述 AliExpress 的无忧物流的相关内容。

6. 简述 Amazon 的 FBA 物流的相关内容。

扩展阅读

知识点 3-1   知识点 3-2   知识点 3-3   知识点 3-4

知识点 3-5   知识点 3-6   知识点 3-7   知识点 3-8

第四章

跨境电商支付

知 识 结 构 图

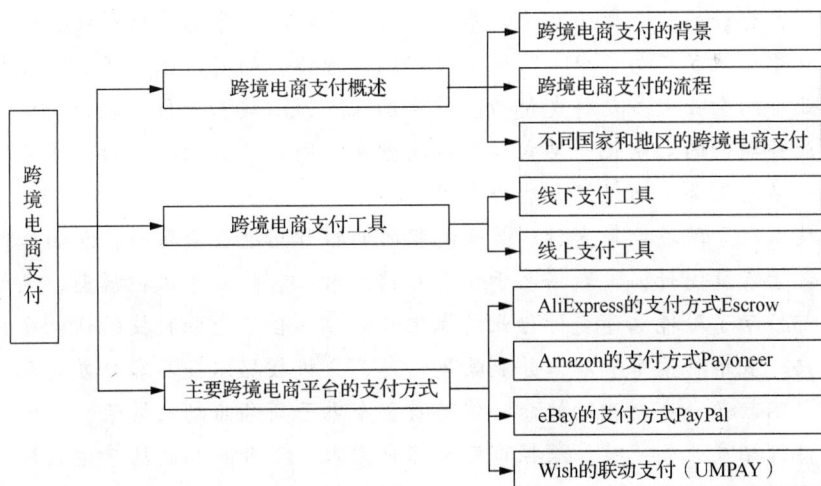

学 习 目 标

1. 掌握跨境电商支付的流程。
2. 了解不同国家和地区的跨境电商支付方式。
3. 了解跨境电商的支付工具。
4. 了解主要跨境电商平台的支付方式。

导入案例

首信易支付副总裁梅岭：以"支付+"赋能跨境电商

2018年12月21日9时，第四届全球跨境电子商务大会进行了最后一个环节——跨境电商出口峰会，来自Google、Shopee等多家国内外知名企业的行业精英，从不同角度对跨境电商出口环节的各个问题阐述了各自的想法。首信易支付副总裁梅岭先生受邀作为演讲嘉宾参加了此次峰会，并根据自身多年的跨境电商支付经验和对支付市场的积累，发表了以"支付+"赋能跨境电商为主题的精彩演说。

自2013年提出"一带一路"倡议之后，我国的跨境电商发展迎来了一段黄金时期。《2018年（上）中国跨境电商市场数据监测报告》显示，2018年上半年我国跨境电商交易规模为4.5万亿元，同比增长25%。埃森哲数据显示，预计到2020年，中国跨境电商B2B交易额将达到1.24万亿美元，交易额全球占比超过50%

与此同时，跨境电商支付市场也随之发展壮大。数据显示，2017年，我国第三方支付机构跨境互联网交易金额约为3 200亿元，交易数达12.56亿笔，较2016年增长114.7%。有业内人士预计，随着跨境电商支付需求增多，跨境电商支付规模或将保持年化逾50%的增速。其中，2015年开始试点的跨境外汇业务也获利颇丰。国家外汇管理局发布的数据显示，截至2017年年末，全国33家跨境支付机构累计办理跨境外汇收支438亿美元；2015—2017年，试点支付机构办理跨境外汇收支金额分别为67亿美元、133亿美元、222亿美元。

梅岭认为，我国跨境电商支付相关监管政策已较为完善，大部分跨境电商的支付功能也已架设完毕，曾经的蓝海变为红海，牌照公司和依托于场景的金融科技公司优势明显，激烈的市场竞争压低了交易费率，跨境支付"躺着挣钱"的时代已经结束。如今，从事跨境电商支付业务的企业大多是将支付功能作为切入点，以接入支付功能为契机，为目标企业提供基于业务场景的定制化一站式综合解决方案，同时集成数据分析、市场营销、清关报送、风控等多元服务，通过综合能力取胜。

此外，技术对于跨境电商支付环节全流程的助推作用也在金融科技层面体现得淋漓尽致。区块链之于跨境支付，大数据之于精准营销，人工智能之于风控模型，生物识别之于支付验证，都推动了跨境电商支付行业的优化升级。融合了金融科技的钱包账户体系，能够实现多账户、多币种集中管理，并能收集信息、分析数据以提高客户复购率。

"支付+"不只是一个新兴的概念，伴随着整个电子商务市场的繁荣，支付行业将在合规的前提下持续拓宽业务范畴，深挖市场和客户需求，提升产品的场景适应性，切实助力我国跨境电商的蓬勃发展，为祖国"一带一路"倡议和"引进来、走出去"政策提供坚实的技术基础。

（资料来源：美通社）

请问："一带一路"倡议对于我国跨境电商支付行业的影响是什么？我国跨境电商支付行业目前的发展现状和面临的机遇是什么？

第一节　跨境电商支付概述

一、跨境电商支付的背景

跨境电商支付是指国际经济活动中的当事人以一定的支付工具和方式，清偿因各种经济活动而产生的国际债权债务，并产生资金转移兑换的行为。它通常是在国际贸易中发生的、当事人履行金钱给付义务的一种行为。

1. 跨境电商支付的发展现状

（1）传统跨境贸易更多选用直接支付方式

传统跨境贸易更多选用直接支付方式，如汇付、托收、信用证、国际保理等。常用的汇付一般用于金额较小的场合，而信用证方式由于对买卖双方而言都有可靠的保证，所以在大额支付场景中使用较多。

直接支付方式之一的汇付主要由银行完成。银行收到汇款人申请后，以环球银行金融电信协会（Society for Worldwide Interbank Financial Telecommunications，SWIFT）等多种形式将钱由境外汇入行解付给收款人。

在国际贸易活动中，买卖双方可能互相不信任：买方担心预付款后，卖方不按合同要求发货；卖方也担心发货或提交货运单据后，买方不付款。因此，就需要两家银行作为买卖双方的保证人。由于信用证方式对买卖双方都有保护，因此成为传统跨境贸易中主要且常用的支付方式。

（2）第三方支付机构众多

由于综合型跨境 B2C 贸易参与者众多、单价较低且数量众多，所以直接支付方式已经不适用于此种跨境贸易模式。目前，国内持有跨境支付牌照的第三方支付机构、跨境收款企业及境外持牌支付机构，均已建立稳定且有效的渠道并形成稳定的模式。对于关键的换汇环节，国内持牌第三方支付机构可根据跨境电商平台数据对单换汇。

（3）自营跨境电商 B2C 平台的支付方式主要为借助国内持牌第三方支付机构为平台换汇

自营跨境电商 B2C 平台一般拥有境外账户，方便境外第三方支付等金融机构为其办理收单业务。国内持牌第三方支付机构主要为此类电商平台办理换汇转账等业务，将电商平台的资金从境外账户转入电商平台境内银行账户。跨境收款企业也可以通过连接各方通道完成此过程，最后电商平台再通过国内第三方支付机构将账款分发给制造企业。

（4）小额跨境电商 B2B 贸易直面众多海外小商家，大大降低跨境电商支付与结算成本

近年来，小额跨境电商 B2B 贸易发展迅速，海外小商家众多。相对于传统大商家来说，小商家客单价较低，多直接通过分销商采购商品。此种模式可大大减少人力和贸易成本。

（5）第三方支付机构普遍持有外汇和人民币支付牌照

境内企业要想开展跨境电商支付业务，一方面必须是支付机构，并持有中国人民银行颁发的支付业务许可证，另一方面需要具有国家外汇管理局准许其开展跨境电商外汇支付

业务试点的批复文件。如果不涉及换汇，第三方支付机构只需持有各地中国人民银行分支机构颁发的人民币跨境支付牌照即可，不再需要国家外汇管理局的批复。

（6）第三方支付机构更加适应新兴跨境电商贸易小额、高频的需求

传统跨境贸易以大额、低频为主，对支付的安全性要求较高，对时效性要求不高，因此，传统B（企业）端大额跨境贸易更愿意选择银行汇付和信用证等方式作为支付手段。但跨境贸易的发展，特别是跨境电商平台的兴起，对支付的便捷性和及时性都提出了更高的要求，监管部门也在此时放宽了第三方支付机构的准入限制。

（7）手续费和支付解决方案是第三方跨境电商支付的主要收入来源

目前，第三方支付机构的主要收入来自支付的手续费、增值服务和汇兑差异。手续费收费方式一般按照交易规模流水收费或按照支付笔数收费。增值服务主要体现在B端支付解决方案，是支付机构对不同行业不同需求所提供一体化产品支持，收取项目开发费用。汇兑差异主要是支付机构换汇时锁定费率和实时汇率的价差以及离岸在岸的汇率价差。

2．跨境电商支付与结算的前景

（1）第三方跨境电商支付结算服务将逐渐摆脱单一通道模式

第三方跨境电商支付经过近年来的发展，特别是国家外汇管理局和中国人民银行发牌以后，已逐步打通市场渠道，从单一的基础通道服务，发展到逐渐满足跨境电商贸易平台中更多的需求。部分卖家开始和跨境电商产业链中的服务机构合作，实现从出口退税到报关的三单合一，再到跨境电商仓储物流解决方案，争取解决跨境电商贸易中存在的普遍性难题。

（2）小额B2B跨境电商支付结算或将成为下一个行业"蓝海"

传统跨境贸易由于积压资金多、风控压力大，正在被以在线交易为核心，便捷、及时的跨境电商小额批发及零售业务取代。第三方支付基于大数据云计算，更加能满足小额B2B跨境电商贸易的小额、快捷、灵活的支付要求和风控需求。

（3）行业规范化进程加快，第三方跨境电商支付结算行业发展潜力巨大

平台层：经过多年的发展，跨境电商平台逐渐规范化，交易规模不断扩大，在培养稳定用户群体的同时，平台运营日趋成熟。

政策层：监管部门不间断地对国内跨境电商贸易进行调研，其中，与最关键的支付和物流有关的、更加细致合理的支持政策或将密集出台，行业规范化进程将会继续加速。

用户层：在消费升级的带动下，国内用户对跨境电商商品的需求日渐增加，海淘规模、跨境旅游/购物规模、出国留学人数连创新高。

机构层：第三方支付机构经过前期的市场培育阶段，正在逐渐摆脱仅作为支付通道的行业价格战，各机构开始打造专属的行业解决方案，在掌握更多用户的基础上逐渐进行差异化运营。

（4）传统跨境支付与结算方式和跨境电商支付与结算方式互补共存

传统跨境贸易B2B的市场主导地位暂时不会改变，同样，传统跨境支付与结算方式仍会在市场中占据重要地位，但新的跨境电商模式和平台的出现，也会促使传统跨境电商支付与结算方式进行改革。市场中，传统跨境支付与结算方式和跨境电商支付与结算方式将互补共存。

（5）金融科技技术推动跨境支付行业发展，云计算、区块链等金融科技可有效改善传统跨境支付速度慢、成本高、信息不透明等问题，在反洗钱、反欺诈、信息安全等多个领域更好地赋能跨境支付行业的发展。

二、跨境电商支付的流程

跨境电商的出现，促使以信用证、托收和汇付为代表的传统跨境支付方式发生了改变。跨境电商支付除了沿用传统的商业银行汇款模式外，第三方支付机构参与下的互联网支付模式也开始在国际结算领域崭露头角。

一般而言，跨境电商支付包括境外收单和外卡收单。从进口角度看，跨境电商支付表现为境外收单业务。境内消费者通过跨境电商平台从境外卖家处购买商品，支付机构为境内买家购置外币并支付给境外卖家。跨境电商进口支付过程如图4-1所示。

图 4-1　跨境电商进口支付过程

从出口角度看，跨境电商支付表现为外卡收单业务。境内卖家通过跨境电商平台将商品销售给境外买家，支付机构为境内卖家收取外币并代理结汇。跨境电商出口支付过程如图4-2所示。

图 4-2　跨境电商出口支付过程

由此可见，支付机构是跨境贸易的资金通道。从跨境电商支付的过程来看，支付机构主要有第三方支付机构和商业银行两种。

1. 第三方支付机构

第三方支付机构是指具备一定实力和信誉保障的独立机构，通过与银联或网联对接而促成交易双方进行交易的网络支付模式。通过第三方支付机构交易时，买方选购商品，不直接将款项打给卖方而是付给第三方支付机构，第三方支付机构通知卖方发货；买方收到商品后，通知中介付款，第三方支付机构将款项转至卖方账户。第三方支付机构是买方和卖方之间的一个安全的、可以信任的"中间平台"，可以对双方进行监督和约束，可以满足双方对信誉和安全的需求。第三方支付机构的运作实质是在收付款人之间设立中间过渡账户，使汇转款项实现可控性停顿。第三方支付机构具有中介保管及监督的职能，但并不承担相应的风险，通过支付托管实现支付保证。

在我国，第三方支付机构针对跨境电商提供的跨境支付主要包括购付汇和收结汇两类业务。其中，购付汇是指境内买家通过跨境电商平台购买商品时，第三方支付机构为买家提供的购汇及跨境付汇业务。购付汇主要针对进口跨境电商平台，具体流程如图4-3所示。

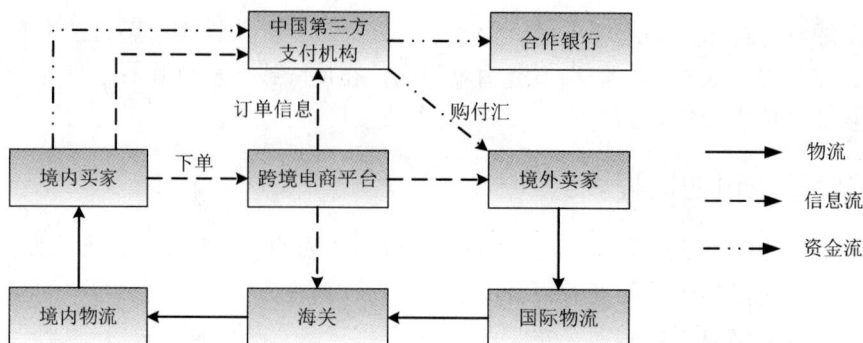

图 4-3　进口跨境电商平台第三方支付机构购付汇业务流程

当境内买家在跨境电商平台下单后，选择中国第三方支付机构进行支付，如支付宝、财付通等。订单信息在发到境外卖家的同时，也会发到中国第三方支付机构，中国第三方支付机构会通过境内买家所使用的与其合作的银行，将商品款项以购付汇模式支付给境外卖家。境外卖家收到中国第三方支付机构的支付信息后，通过跨境电商物流将商品运至境内买家手中。

收结汇是指第三方支付机构帮助境内卖家收取外币并兑换成人民币进行结算的业务，其主要针对出口跨境电商平台，具体流程如图 4-4 所示。

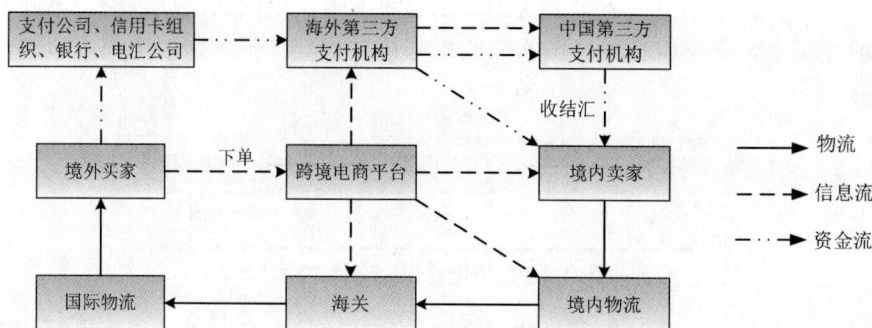

图 4-4　出口跨境电商平台第三方支付机构收结汇业务流程

境外买家通过跨境电商平台下单后，订单信息会同时发至境内卖家及境外第三方支付机构。境外买家通过支付公司、信用卡组织、银行、电汇公司等将商品款项支付给海外第三方支付机构，如 PayPal 等。境外第三方支付机构通过与其合作的中国第三方支付机构，以收结汇模式将商品款项支付给境内卖家，再通过跨境电商物流将商品送至境外买家手中，从而完成跨境电商交易活动。

2. 商业银行

很多跨境电商网站都支持维萨（VISA）、万事达（Master）、美国运通（American Express）、JCB、银联等银行卡，买家只需在网上输入银行卡号、姓名等信息即可进行支付。例如，海淘者可以直接使用双币卡进行支付，境外买家也可以通过 VISA 信用卡来购买兰亭集势上的商品。此外，买家也可以去银行的线下网点进行转账汇款支付。外卡收单业务中的信用卡收款的具体流程如图 4-5 所示。

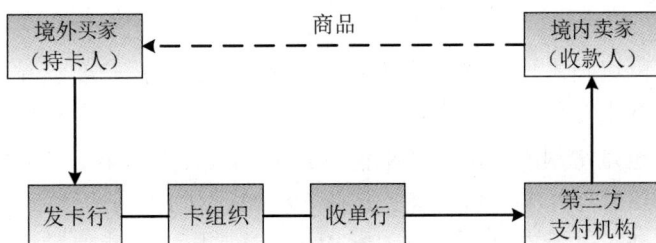

图 4-5 外卡收单业务中的信用卡收款的具体流程

图 4-5 中的发卡行是指发行信用卡的金融机构,一般为商业银行;收单行是指帮助卖家接收来自买家的不同信用卡付款款项的机构,可以是银行,也可以是其他非金融机构;卡组织是为发卡行和收单行提供结算服务的机构,如 VISA、万事达等。一般而言,卖家可以直接与收单行合作,满足买家用信用卡进行支付的需求。然而,在跨境电商中,收单行在境外,卖家在境内,境内卖家绝大多数都不具备足够的、与收单行对接的能力。这便催生了提供跨境电商支付服务的第三方支付机构,如北京的首信易支付等。第三方支付机构作为一种支付通道,可与境外银行合作,帮助境内卖家收取外汇。在境外买家下单并支付后,货款从发卡行通过卡组织流向收单行,之后再通过第三方支付机构流向境内卖家。第三方支付机构拥有较为成熟的网络支付技术,且非常熟悉电商行业,但其并非金融机构;而商业银行作为金融机构,虽然拥有买家和卖家的账户资源,但其网络支付技术不够成熟,对电商行业不够了解。

因此,第三方支付机构与商业银行之间通常是合作关系。此外,跨境电商支付还涉及不同的币种、不同的语言和不同的金融法规政策,这些都进一步促使第三方支付机构与商业银行加强合作。从另外一个角度看,两者也存在一定的竞争关系:没有第三方支付机构时,买家一般只能通过银行进行跨境电商支付;第三方支付机构出现后,买家可以绕开银行完成跨境电商支付。因此,第三方支付机构和商业银行实际上是一种"竞争与合作"关系。这种"竞争与合作"关系,一方面使得跨境电商支付变得更加安全便捷,从而提升买家的跨境购物体验;另一方面,两者的激烈竞争必然带来支付成本的降低,广大的跨境企业也将因此受惠。可以说,第三方支付机构和商业银行是跨境电商支付产业链的核心。

三、不同国家和地区的跨境电商支付

1. 中国

我国主流的支付平台是以支付宝、财付通为代表的非独立第三方支付机构。这些支付机构一般采用充值模式进行支付,实际上拥有大部分银行的网上银行功能。所以,无论是信用卡还是借记卡,只要开通了网上银行功能,就可以实现跨境电商支付。信用卡在我国的普及率还有待提高,大部分用户仍习惯使用借记卡进行支付。不过,信用卡目前在我国发展得非常快,其普及率也在剧增,城市年轻白领群体使用信用卡进行跨境电商支付的方式尤其普遍。在一些经济发达的城市,VISA 与万事达信用卡支付已非常普遍,PayPal 支付的使用率也比较高。此外,QQ 钱包、微信支付等基于社交网络的支付方式也逐渐普及。

2. 北美地区

在信息技术、网络技术成熟发展的背景下，北美地区的用户熟悉并习惯了各种先进的电子支付方式，对网上支付、电话支付、邮件支付、手机支付等各种新兴的支付方式并不感到陌生。信用卡也是常用的跨境电商支付方式之一。美国的第三方支付机构能够处理支持 158 种货币的 VISA 与万事达信用卡、支持 79 种货币的美国运通卡、支持 16 种货币的大来卡（Diners Club）进行支付。同时，PayPal 也是美国人异常熟悉的电子支付工具。此外，还有 Twitter、Instagram 等社交网络支付工具，以及亚马逊钱包等跨境电商企业自有的支付工具。

3. 欧洲地区

欧洲地区跨境电商用户习惯使用的电子支付方式除了 VISA 与万事达等国际信用卡外，还有一些当地的信用卡。在英国等跨境电商市场比较发达的国家，包括 PayPal 在内的第三方支付工具使用率也较高。德国的 Elektronisches Lastschrift Verfahren（ELV）是流通性非常强的一种电子直接支付方式，绝大多数的德国银行支持这种支付方式，利用网络，根据用户提供的商业银行账户号码和授权信息即可处理付款。Giropay 是一种在线支付方式，超过 1 500 家德国银行支持该支付方式，通过 Giropay，用户可实现网上支付；Sofortuberweisung 是一种简便的在线支付方式，用户无须在线注册，通过银行提供的凭证与交易验证码即可进行操作；Prepaid Voucher 是以货币价值储存的付款卡。

4. 东亚地区

日本用户以信用卡支付与手机支付为主。日本的本土信用卡为 JCB 卡，支持 20 种货币，是日本常用的跨境电商支付方式。日本用户普遍都还会有一张 VISA 或万事达信用卡，可以用于跨境电商支付。目前，日本手机网购消费群体的规模已超过个人计算机网购消费群体的规模，所以，日本用户习惯使用手机进行网购与支付。索尼、移动通信运营商 NTT DOCOMO 和交通运营商 JR-EAST 组成的联盟推进着日本手机支付系统的发展。中国的支付宝在日本的使用率也较高。在韩国，跨境电商市场非常发达，其主流购物平台多是 C2C 平台，如 Auction、Gmarket、11ST 等，另外还有众多的 B2C 平台。但是，韩国的在线支付方式比较封闭，一般只支持韩国国内银行的银行卡进行跨境支付，VISA 与万事达信用卡的使用率较低，虽然也有不少的韩国消费者在使用 PayPal，但它仍不是主流的支付方式。

5. 拉美地区

以巴西、墨西哥、阿根廷为代表的拉美地区跨境电商市场的支付方式及其使用率的差异非常显著。巴西的信用卡普及率较高，全国拥有约 8 260 万张使用活跃的信用卡，其中 VISA 与万事达主导着巴西的信用卡市场。巴西网民常用的支付方式比较多，包括 Boleto Bancário、DineroMail、Mercado Pago、Moip、Oi Pago、PagSeguro、PayPal、SafetyPay、Ski 等。其中，Boleto Bancário 是第二受欢迎的支付方式，也是那些没有信用卡的消费者经常使用的支付方式。此外，电子钱包（如 PayPal、Mercado Pago 等）、充值卡、礼品卡、预付卡、虚拟卡等的使用率也较高。墨西哥的跨境电商消费者偏好现金支付。而在阿根廷，货到付款的支付方式较为普遍，此外，还有 Pago Facil、Rapi PagoAlternative Payments、Mercado Pago、PayPal。Dinero Mail 等支付方式。

第二节　跨境电商支付工具

一、线下支付工具

1. 西联汇款

西联汇款（Western Union）是西联国际汇款公司的简称，是有名的特快汇款公司，迄今已有 150 年的历史。它拥有目前全球最大的电子汇兑金融网络，代理网点遍布全球近 200 个国家和地区。Western Union 是美国财富 500 强之一的第一数据公司（First Data Corporation，FDC）的子公司。中国光大银行、中国邮政储蓄银行、中国建设银行、浙江稠州商业银行、吉林银行、哈尔滨银行、福建海峡银行、烟台银行、龙江银行、温州银行、徽商银行、浦发银行等多家商业银行是 Western Union 的中国合作伙伴。目前，Western Union 在中国的合作网点逾 280 001 个，服务覆盖全国 31 个省、自治区、直辖市。

（1）优点

- 汇出金额等于汇入金额，无中间行扣费。
- 西联全球安全电子系统确保每笔汇款的安全，并有操作密码和自选密码供核实，使汇款安全地交付到指定的收款人账户。
- 手续简单，利用先进的电子技术和独特的全球电子金融网络，使收款人可在几分钟内如数收到汇款。
- 手续费由买家承担，卖家无须支付任何手续费。
- 公司的代理网点遍布全球各地，代理网点包括银行、邮局、外币兑换点、火车站和机场等，方便交易双方进行汇款和收款。

（2）缺点

- 汇款手续费按笔收取，小额收款手续费高。
- 买家难以在第一次交易时信任卖家，若需在发货前打款，买家容易因此而放弃交易。
- 买家和卖家需要进行线下柜台操作。
- 汇款属于传统型的交易模式，不能很好地适应跨境电商支付的发展趋势。

（3）适用范围

Western Union 适用于 1 万美元以下的中等额度支付。

2. MoneyGram

速汇金国际汇款是国际速汇金公司——MoneyGram 推出的国际汇款方式，是通过其全球网络办理的一种境外快速汇款业务，为个人用户提供快捷简单、安全可靠的国际汇款服务。国际速汇金公司在全球 194 个国家和地区拥有超过 275 000 个代理网点，是一家与 Western Union 相似的汇款机构。目前，中国银行、中国工商银行、中国交通银行、中信银行等代理了速汇金收付款服务。

（1）费用

速汇金汇入汇款业务不收费，卖家无须支付手续费。速汇金汇出汇款业务费用包括佣金和手续费两个部分：佣金按办理汇款业务时，国际速汇金公司速汇金系统自动生成的金额为准扣收；手续费根据国际速汇金公司提供的费率执行。

（2）优点

- 汇款速度快，在速汇金代理网点（包括汇出网点和解付网点）正常营业的情况下，速汇金汇款在汇出后十几分钟内即可到达收款人账户。
- 速汇金的收费采用的是超额收费标准，汇款金额不高时，费用相对较低。
- 无其他附加费用和不可知费用，无中间行费，无电报费。
- 手续简单，无须填写复杂的汇款路径，收款人无须预先开立银行账户即可实现资金划转。

（3）缺点

- 国际速汇金公司仅在工作日提供服务，节假日不提供相应的服务，而且办理速度较慢。
- 汇款人及收款人均必须为个人。
- 必须为境外汇款，国际速汇金公司不提供境内汇款业务。
- 用户如持现钞账户汇款，还需缴纳一定的现钞变汇手续费；速汇金的合作伙伴银行对速汇金业务部不提供 VIP 服务。
- 买家和卖家需要进行线下柜台操作，不能很好地适应跨境电商支付的发展趋势。

（4）适用范围

速汇金国际汇款适用于境外留学、旅游、考察、工作，亦适用于年汇款金额不超过 5 万美元的中等额度支付。

3. 香港离岸账户

离岸账户，也叫 OSA 账户，在金融学上指存款人在其居住国家（地区）以外开设的银行账户。相反，位于存款人所居住国家（地区）的银行则称为在岸银行或境内银行。境外机构按规定在依法取得离岸银行业务经营资格的境内银行离岸业务部开立的账户，属于境外账户，如中国内地的公司在香港开立的账户，即香港离岸账户。境内卖家通过在香港开设离岸银行账户，接收境外买家的汇款，再将汇款从香港账户汇到内地账户。离岸账户只针对公司进行开户，对个人开户是不支持的。相较于境内外汇账户（NRA 账户），离岸账户受外汇管制更少，从资金的安全性角度来看，离岸账户也更安全。

（1）费用

香港离岸账户开设的费用主要包括开户费用和后续维护费用。不同的银行开户费用略有不同，亲临香港办理时费用约为 1 150 港元，内地视频开户费用为 1 750～3 150 港元，不方便还可以选择委托代理。后续维护费用包括年审费用（不包括雇员申报等费用）、香港公司满 18 个月的报税费用、汇款的费用以及资金量不到会员每月最低标准时的账户管理费用。

（2）优点

- 资金调拨自由，香港离岸账户等同于在境外开设的银行账户，用户可以从香港离岸账户上自由调拨资金，不受内地外汇管制。
- 存款利率、品种不受内地监管限制，特别是大额存款，可根据用户需要在利率、期限等方面为用户量身定做，灵活方便。

- 我国对香港离岸账户免征存款利息税。
- 加快了境内外资金周转，降低了资金的综合成本，提高了资金的使用效率。
- 利用香港离岸账户来收款，企业可以在税务方面进行合理安排，对企业以后的发展有极大的好处。
- 接收电汇（通过电报办理汇兑）无额度限制，不同货币可直接自由兑换。

（3）缺点

- 开设香港离岸账户的起点储蓄金额一般较高，至少需要 1 万港元作为激活资金。
- 若低于规定的资金量，每月需要缴纳一定的账户管理费。
- 香港离岸账户内资金转到内地账户的手续较为麻烦。

（4）适用范围

香港离岸账户对传统外贸及跨境电商支付都适用，且更适合已有一定交易规模的卖家。

二、线上支付工具

1. 国际信用卡

国际信用卡收款，即通过第三方信用卡支付公司提供的支付通道完成收款。目前国际信用卡收款是支付网关对支付网关模式（类似于网银支付）。信用卡消费是当今国际流行的一种消费方式，尤其在欧美地区，由于信用体系非常完善，人们早已习惯使用信用卡进行提前消费，基本实现人手一张信用卡。购物时使用信用卡进行在线支付，早已在欧美地区成为主流。

（1）支付流程

信用卡支付是"先用钱，后还款"，其支付流程如下。

- 买家从自己的信用卡上发出支付指令给发卡银行。
- 银行先行垫钱支付给卖家银行。
- 银行通知买家免息期满的还款日期和金额。

虽然卖家已经完成交易，但只有当买家做出如下行动时，货款才能保证到达卖家手中：买家在还款日期前还款，交易顺利完成后，卖家收货款成功；买家先还部分（一般大于银行规定的最低还款额），其余部分向银行贷款，并确认同意支付利息，以后再逐步偿还本息，最终买家得到融资便利，银行得到利息收入，卖家及时得到货款。

（2）优点

- 用户群巨大，VISA、万事达信用卡拥有超过 20 亿用户。特别是在欧美地区，信用卡因符合用户的提前消费习惯、支付方便，所以使用率很高。
- 增加潜在用户。只要买家持有信用卡就能完成付款，所以信用卡持有人数相较在支付公司注册的人数更多。信用卡支付是大多数人都接受，也乐意使用的一种支付方式。
- 减少拒付。信用卡拒付是属于银行对银行模式的拒付，买家需要到发卡行进行操作。同时发卡行也会会对该笔拒付进行核查，看是否属于恶意拒付（如果是恶意拒付，银行就会在买家的信用记录上进行记录，会给买家以后的生活、学习和工作带来很大的不便，所以买家一般不会随意拒付）。账号对账号模式的拒付对买家的信用记录没有任何影响，所以信用卡支付的拒付率相对于账号对账号模式的拒付率更小。根据国际卡组织的统计，使用信用卡消费的拒付率通常不超过 5‰。

- 不会冻结账号。以信用卡支付时，如果某笔交易存在争议，该笔交易就会被冻结，但又不影响整个账户。信用卡通道注重买家和卖家双方的利益，会根据货品的发货情况及买家的态度来进行处理，不会因关闭通道造成卖家资金冻结，因此其对拒付的处理无疑更加公平。

- 买家付款过程简单方便。买家在页面选定相应的物品后直接进入信用卡验证页面，从而简化付款步骤，方便买家付款，付款过程仅需 3～5 秒。

（3）缺点

- 需要开户费和年服务费，使用门槛较高。

- 仍可能存在拒付。国际信用卡本身有 180 天的拒付期，个别信用卡甚至 180 天后还可以拒付。

所谓拒付，是指信用卡持卡人主动将已付货款要回的行为，拒付的原因可能是买家没有收到货，卖家发错货或货物存在质量问题等。

（4）适用范围

国际信用卡支付一般适用于外贸中的 1 000 美元以下的小额收款，比较适合网店零售，主要交易商品有服装、鞋饰、生活用品、电子产品、保健品、虚拟游戏等。

2. WebMoney

WebMoney（以下简称"WM"）是由 WebMoney Transfer Technology 公司开发的在线电子商务支付系统，是俄罗斯主流的电子支付方式，WebMoney 在俄罗斯各大银行均可自主充值取款，其支付系统在包括中国在内的全球 70 个国家和地区均可以使用。

WebMoney 使用前需要先开通一个 WMID，利用此 ID 可以即时与别人聊天，像 ICQ（即时通信软件）、MSN 一样。此 ID 里设有多种货币的钱包，如以美元来计的 Z 钱包里的货币就是 WMZ。它有多个版本，应用得比较多的是 Mini 版本，用户只需要注册和设置账户就可以转账，但 Mini 版本的转账有日限额和月限额；其次就是 Keeper Classic 版本，用户需要下载软件进行安装，注册最新版本的 Keeper Classic 需要用 Mini 账号转换并进行二次注册。

国际上越来越多的企业和网络商店开始接受 WebMoney 支付方式，它已经成为人们进行电子商务交易的强有力的工具。用户只需花 3 分钟就可以免费申请一个 WebMoney 账号，账号之间互相转账只需 10 秒，且可以把账号里的资金转到全球任何一个人的账户里。目前，许多国际性网站都在使用 WebMoney 向用户收款或付款，如一些外汇交易网站和投资类站点，它们都接受利用 WebMoney 存取款。

目前，WebMoney 支持中国银联卡取款，但手续费高、流程复杂，所以国内用户充值和提现一般都通过第三方网站来进行，可找信誉度高的兑换站卖出自己的 WMZ、WME，并买入需要的电子货币。

（1）优点

- 安全，具有转账需要手机短信验证，异地登录 IP（网络之间互连的协议）保护等多种保护功能。

- 迅速，到账即时。
- 稳定，作为俄罗斯主流的电子支付方式，在俄罗斯各大银行均可自主充值取款。
- 国际性，用户可在网上匿名免费开户，并可以零资金运行。
- 方便，只需要知道对方的钱包号即可进行转账汇款，不需要去银行办理烦琐的手续。
- 匿名申请，保护双方隐私。
- 通用，全球许多外汇交易网站、投资类站点、购物网站都接受 WebMoney 收付款。

（2）缺点

WebMoney 支持中国银联卡取款，但手续费高、流程复杂。

3. 连连支付

连连银通电子支付有限公司（以下简称"连连支付"）是专业的第三方支付机构，是我国领先的行业支付解决方案提供商。该公司于 2003 年在杭州高新区成立，注册资金为 3.25 亿元人民币，是连连集团旗下的全资子公司。连连支付是中国（杭州）跨境电子商务综合试验区首批战略合作伙伴。

连连支付于 2011 年 8 月 29 日获得了中国人民银行颁发的支付业务许可证，业务类型为互联网支付、移动电话支付，覆盖范围为全国，并于 2016 年 8 月 29 日完成支付业务许可证续展。同时，连连支付于 2015 年 1 月 12 日获得了中国人民银行杭州中心支行许可，准许开展跨境电子商务人民币结算业务；于 2015 年 2 月 13 日获得了国家外汇管理局浙江省分局许可，准许开展跨境外汇支付业务。

基于跨境电商贸易及移动支付高速发展的现状，为满足企业在交易环节中不断提高的收付款需求，连连支付打造了以跨境支付、移动支付、O2O 支付、大数据风控为业务核心的全球化支付解决方案，极大地缩短了跨境电商贸易企业的资金汇兑周期，提高了全球跨境电商贸易企业的货币处理效率，助推了互联网交易产业的进一步完善。

（1）连连支付的跨境电商支付与结算模式

连连支付的跨境电商支付与结算模式目前主要包括帮助卖家在亚马逊店铺的跨境收款、提现及 PayPal 账户提现。

① 帮助卖家在亚马逊店铺的跨境收款、提现

近年来，在我国外贸市场总体趋于平稳的大环境下，跨境出口电子商务一枝独秀。不少卖家纷纷进入跨境电商这片蓝海，选平台、选品类、选产品、选物流，好不容易大卖了，却又碰到跨境收款这只拦路虎——开户难、开户贵、收款慢、费率高、管理麻烦。连连支付的跨境收款就是连连支付专门为我国的跨境电商卖家打造的一款产品。连连支付的跨境收款支持亚马逊北美站、日本站、欧洲站等五大站点，一次性打通美元、日元、欧元、英镑四大主流币种，为跨境电商卖家真正提供国际化的服务。无论在亚马逊哪个站点销售产品，连连支付的跨境收款都能提供高效安全的收款服务，真正助力卖家们"卖全球"。

在亚马逊上开店，境外买家不可能将货款直接打到境内卖家的境内银行账户，因此境内卖家定要用境外银行账户去收款，这样就有 3 种方式。第一种是境内卖家自己去境外开立银行账户，用这个账户收款。采用这种模式的，主要是华东一带转型做跨境业务的一些制造业和房地产贸易公司。一般的正规做法是先在境内成立公司（类似于母公司），然后在

境外成立一家子公司，如境内公司叫 A 公司，境外的公司叫 B 公司，B 公司在亚马逊上开店，所得货款会直接打到 B 公司的账户中，然后 B 公司再以传统贸易的方式将资金转给 A 公司，这样就形成了一个闭环，属于 B2B、B2C 的模式。第二种是离岸账户，这也是很多传统贸易公司的做法。它们在境外有一些离岸账户，而这些离岸账户也可以直接从亚马逊收款，但亚马逊会收取 3.5%的货币损耗费，如用美国的账户去收欧洲的货款，亚马逊就会收取 3.5%的货币损耗费，这个比例是相当高的。现在，90%以上的卖家都是通过第三方支付来开设境外银行账户，这样做有以下优点：一是操作简便，二是成本较低，三是不需要办理太多手续，收款速度非常快，一两天就可能到账。

在亚马逊所有站点，连连支付的币种涉及美元、欧元、英镑、日元等多个币种，而且提现到账速度很快，提现手续费低，真正做到了为跨境电商卖家提供专业、灵活、高效、便捷的国际跨境收款服务。

② PayPal 账户提现

连连支付和 PayPal 合作，推出了可选择性人民币提款服务，使卖家能将账户中的余额以人民币的形式提取出来，从而大大减轻了卖家的现金流压力，提升了交易的便捷性。它的特点如下。

- 没有外汇人均每年 5 万美元的限制。
- 该业务只面向中国公民和中国企业注册的 PayPal 账户。
- 兑换汇率依照中国银行当天美元现汇牌价。
- 该项人民币提款业务手续费仅为 1.2%，到账时间为 3～4 天，且无其他任何费用。
- 最低提现额为 150 美元，单笔最高提现额为 1 万美元；每日提现不超过 5 笔；每日提现限额为 3 万美元。

（2）连连支付的跨境电商支付特点

① 方便快捷

国内亚马逊卖家通过连连支付提现，最短的到账时间是 6 秒，一般 2 个小时之内就能提现到账。PayPal 账户提现的到账时间为 3～4 天，仍比提现到银行卡快。

② 成本低

连连支付的亚马逊提现手续费是 0.7%，在与亚马逊官方合作的企业里费用是最低的。通过连连支付，用户将 PayPal 中的外币提现为人民币，手续费仅为 1.2%，且无其他费用。

③ 安全可靠

连连支付在跨境电商支付业务上的规模仅次于支付宝和微信支付，并获得中国人民银行和国家外汇管理局的支付业务许可、跨境电子商务人民币结算业务许可和跨境外汇支付业务许可。有中国人民银行和国家外汇管理局双重许可和权威认证，用户的资金会更加安全。

4. PingPong

杭州呯嘭智能技术有限公司（以下简称"PingPong"）是一家总部位于杭州的国内知名的全球收款公司，主要为我国跨境电商卖家提供低成本的跨境收款服务。

成立之初，PingPong 就郑重承诺，其跨境收款的所有服务费率绝对不超过 1%，且没有隐性费用和汇损。除颠覆性的低费率外，PingPong 还以"双边监管、100%阳光透明"的安全和合规标准引领跨境电商支付行业。

PingPong 与国内跨境出口企业建立了紧密的合作关系，并成为中国（杭州）跨境电子商务综合试验区管委会的官方合作伙伴，以及上海自贸区跨境电商服务平台的战略合作伙伴。

在中国，PingPong 按照中国人民银行和国家外汇管理局的监管要求开展业务，符合中国清算业务的监管要求。在美国，PingPong 拥有注册于全球金融中心纽约的全资子公司 PingPong Global Solutions Inc.，接受美国金融犯罪执法局（FinCEN）的监管，遵循相关法律法规及美国监管机构对货币服务企业的要求。

PingPong 按照国际支付行业的高标准建立了反洗钱及反恐融资合规体系，对用户及最终受益人进行严格的身份认证和尽职调查，认证用户的银行信息和收集详细的交易信息，用以监控和防范洗钱或其他金融犯罪行为。Ping Pong 及其依法设立的 PingPong US、PingPong EU 和 PingPong JP 等子公司在对应各监管区域接受金融监管部门的监督，合法开展业务。PingPong 的境内资金由中国人民银行授予资质的境内第三方支付及跨境支付机构处理。

2017 年 9 月，PingPong 获得卢森堡政府颁发的欧洲支付牌照，成为首家获得该牌照的中国金融科技企业；2017 年 9 月 18 日，PingPong "创变者集会"在深圳召开，会上发布了具有颠覆性的跨境收款产品"光年"。

（1）PingPong 的跨境电商支付与结算模式

PingPong 的跨境电商支付与结算模式目前主要包括帮助亚马逊、Wish、新蛋（Newegg）等卖家提供跨境收款、提现业务，后续 PingPong 还会与更多的平台合作。

（2）PingPong 注册操作流程

- 申请注册。在注册使用的电子邮箱里打开激活邮件，并单击链接激活。
- 按照"免费创建收款账号—企业实名安全认证—激活全球多平台收款"的操作步骤，填写注册表格中的各个栏目，完成信息登记后上传相关证件的复印件，等待审核并完成实名安全认证。
- 激活多账号平台收款，单击"下一步"按钮，直至出现"信息已提交等待审核"。
- 等待 1～3 个工作日，如果申请通过，你会收到 PingPong 发来的欢迎邮件及美国银行收款账号；如果申请存在问题，PingPong 客服会主动与你联系。

第三节　主要跨境电商平台的支付方式

一、AliExpress 的支付方式 Escrow

Escrow 服务是阿里巴巴国际站针对国际贸易提供的交易资金安全保障服务。它联合第三方支付机构支付宝提供在线交易资金支付的安全保障，同时保护买卖双方从事在线交易，并解决交易中的资金纠纷问题。

1．Escrow服务的流程

Escrow 服务即国际支付宝服务，主要为在线交易提供资金安全保障，是在交易双方的快递订单/在线批发订单中提供资金安全的担保服务。其业务流程如图 4-6 所示。

| 买家下单 | 买家付款Escrow账户 | 卖家发货 | 买家确认收货 | 放款至卖家Escrow账户 |

图 4-6　Escrow 服务的业务流程

（1）买家通过阿里巴巴国际站下单。

（2）买家通过阿里巴巴 Escrow 账户付款。

（3）买家付款后，平台会通知卖家发货，卖家看到买家的付款信息后通过 EMS、DHL、UPS、FedEx、TNT、顺丰速运、邮政航空包裹等 7 种运输方式发货。

（4）买家在阿里巴巴国际站确认收货。

（5）买家收到货物或者买家收货超时时，平台会自动放款给卖家。

2．费用

仅开通阿里巴巴国际站平台的 Escrow 服务不需要支付额外费用，但使用该服务的过程中会产生交易手续费和提现手续费。

（1）交易手续费为 5%，须包含在产品价格中，可根据交易手续费平衡交易产品价格。

（2）提现手续费：美元提现每次需支付 15 美元的手续费，由银行收取；人民币提现无手续费。

3．优点

（1）支持信用卡、银行汇款、第三方钱包等多种支付方式。

目前，国际支付宝支持的支付方式有信用卡、借记卡、QIW、Yandex. Money、WebMoney、Boleto、TEF、Mercado Pago、DOKU、Western Union 和 T/T 银行汇款，更多符合各地买家支付习惯的支付方式还在不断加入中。

（2）安全保障：全面保障卖家的交易安全。

国际支付宝是一种第三方支付服务，而不只是一种支付工具。对于卖家而言，它的风控体系可以保护其在交易中免受信用卡被盗卡的风险，同时也可以避免在交易中使用其他支付方式导致的交易欺诈。

（3）方便快捷：线上支付，直接到账，用户足不出户即可完成交易。

使用国际支付宝收款无须预存任何款项，速卖通会员只需绑定国内支付宝账户和美国银行账户就可以分别进行人民币和美元的收款。

（4）品牌优势：背靠阿里巴巴和支付宝两大品牌，境外潜力巨大。

4．国际支付宝支持哪些产品的交易

产品只需满足以下条件，即可通过国际支付宝进行交易。

（1）产品可以通过速卖通平台支持的物流方式进行发货。

（2）每笔订单金额（产品总价加上运费的总额）小于 1 万美元。

5．国际支付宝单笔订单的最大额度

为降低国际支付宝用户在交易过程中产生的交易风险，目前国际支付宝支持单笔订单金额在（产品总价加上运费的总额）10 000 美元以下的交易。

二、Amazon的支付方式Payoneer

1. 亚马逊收款方式选择分析

目前市面上重要的 5 种亚马逊收款方式分别是 Payoneer、World First、PingPong 卡、美国银行账户、中国香港银行账户卡。亚马逊收款方式的对比如表 4-1 所示。

表 4-1 亚马逊收款方式的对比

名称	Payoneer	World First	PingPong 卡	美国银行账户	中国香港银行账户
提现人民币	√	√	√	×	×
注册费	免费	免费	免费	1 万元～3 万元（注册美国公司）	500～5 000 元（注册中国香港公司）
入账费	无	无	无	无	3%～5%×兑换成港币的费用（亚马逊资金需要强制换成港币）
提现费用	费率最高 2%，根据累积入账金额可调低至 1%	1%～2.5%	费率最高 1%，提现越多，费用越便宜	45 美元/笔	与具体银行有关
年费	有	无	无	有	有
直接收取	是	是	是	否	否
美元、欧元、英镑、加元、日元支持情况	美元、欧元、英镑、日元	美元、欧元、英镑、日元	仅支持美元	仅支持美元	需要先兑换成港币
提现速度	1～3 个工作日	1～3 个工作日	1 个工作日，最快可当天到账	7 个工作日内	7 个工作日内
备注	最低费率 1%	最高费率仅 2.5%	最高费率 1%，无任何汇损	需要注册美国公司	强制兑换成港币，有美元账户时也需先兑换成港币

2. Payoneer

Payoneer 成立于 2005 年，总部设在美国纽约，是万事达卡组织授权的具有发卡资格的机构。其主要业务是帮助其合作伙伴将资金下发到全球，同时也为全球用户提供美国银行或欧洲银行收款账户，用于接收欧美电商平台和企业的贸易款项，为支付人群提供简单、安全、快捷的转款服务。

Payoneer 的合作伙伴所涉及的领域众多，同时，其服务也已遍布全球。需要支付的对象不管是偏远区域的雇员、自由职业者、联盟成员还是其他人群，都可以通过收款人申请获得 Payoneer 预付万事达卡并为其提供安全、便利、灵活的收款方式。Payoneer 预付万事达卡可在全球任何接受万事达卡的刷卡机（POS 机）刷卡、在线购物或者在自动柜员机取出当地货币。

（1）收费标准

- 转账到全球各个国家和地区的当地银行账户，收取 2%的手续费。
- 使用 Payoneer 万事达卡内的资金，自动柜员机取款每笔取现手续费为 315 美元；在我国使用自动柜员机直接取出人民币时，有不高于 3%的汇率损失，每日取款限额为 2 500 美元；POS 机消费不收取费用。
- 对于超市、商场消费（每日限额为 2 500 美元），Payoneer 不收取手续费。
- 合作联盟不同，以上费用会有所不同。
- Payoneer 万事达预付卡的年费为 2 995 美元，每年收取一次。
- 美国银行账户转账收取转账金额的 1%作为手续费，每笔进账都要收取手续费。

（2）优点

- 便捷。凭中华人民共和国居民身份证即可完成 Payoneer 账户的在线注册，并可自动绑定美国银行账户和欧洲银行账户。
- 合规。可接收欧美地区公司的付款，并通过 Payoneer 和中国支付公司的合作完成线上的外汇申报和结汇，这样可避开每年 5 万美元的个人结汇额度限制。
- 安全。对于欧美地区用户的入账，可在提供一定文件的基础上为卖家进行审核并提供全额担保服务。

（3）缺点

- Payoneer 账户之间不能互转资金，无法通过银行卡或信用卡充值，无法从 Payoneer 收款。
- 手续费较高。

（4）适用人群

适合单笔资金额度小但是用户群分布广的跨境电商网站或卖家。

三、eBay的支付方式PayPal

PayPal（贝宝）是美国 eBay 公司的全资子公司，于 1998 年 12 月由彼得·蒂尔（Peter Thiel）及马克斯·莱文（Max Levchin）建立，其总部位于美国加利福尼亚州圣荷西。PayPal 致力于提供普惠金融服务，帮助人们和企业参与全球经济并获得成功。PayPal 电子支付平台让 2.27 亿 PayPal 活跃用户通过强大的新方式，完成线上移动端 App 及面对面的连接与交易。通过技术创新与战略合作，PayPal 为资金的管理和移动提供了更好的方法，为人们转账、付款和收款提供了更多灵活的选择。目前，PayPal 电子支付平台遍及全球 200 多个国家和地区，支持用户使用 100 多种货币付款、56 种货币提现，并可在 PayPal 账户中拥有 25 种不同货币的余额。

PayPal 在使用电子邮件来标识身份的用户之间转移资金，避免了传统的邮寄支票或汇款的方法的弊端。PayPal 也和一些电子商务网站合作，成为它们的货款支付方式之一。但是，电子商务网站使用这种支付方式转账时，PayPal 会收取一定数额的手续费。

2017 年 4 月，Android Pay 与 PayPal 合作，使 PayPal 成为 Android Pay 用户可以使用的移动支付平台。

2018 年 2 月 3 日，eBay 正式宣布，于 2020 年停止使用 PayPal 作为其后端支付服务平台，同时还公布了新的合作伙伴——成立于 2006 年的阿姆斯特丹支付公司 Adyen。从 2018 年下半年开始，eBay 将一部分支付业务交给 Adyen。这对于已经与 eBay 合作了 15 年的 PayPal 来说将是一个痛点。

1. PayPal账户详解

PayPal 账户分为 3 种类型：个人账户、高级账户和企业账户。用户可以根据实际情况进行注册，个人账户可以升级为高级账户，进而升级为企业账户；反之，企业账户也可以降级为高级账户或者个人账户。

（1）个人账户

个人账户适用于进行在线购物的买家，主要用于付款和收款。比起高级账户和企业账户，个人账户少了一些商家必备的功能和特点，如查看历史交易记录的多种筛选功能，享受商家费率，使用网站集成、快速结账等集成工具，因此不建议商家选择。

（2）高级账户

高级账户适用于进行在线购物或在线销售的个人商家，既可以付款、收款，又可以享受商家费率，使用网站付款标准、快速结账等集成工具及集中付款功能，可帮助商家拓展海外销售渠道，提高销售额。建议进行跨境交易的个人商家使用高级账户。

（3）企业账户

企业账户适用于以企业或团体名义经营的商家，特别是使用公司银行账户提现的商家。企业账户拥有高级账户的所有商家功能，可以设立多个子账户，适合大型商家使用，并可对每个部门设立子账户进行收款。这时，企业账户需要添加以企业名开办的电汇银行账户进行转账，而添加个人名字开办的电汇银行账户可能导致转账失败。

2. PayPal的支付与结算流程

付款人可通过如下步骤使用 PayPal 给商家或者收款人支付一笔金额。

（1）只要有一个电子邮件地址，付款人就可以开设 PayPal 账户，通过验证成为其用户，并提供信用卡或相关银行资料，添加账户金额后将一定数额的款项从其开户时登记的账户（如信用卡）转移至 PayPal 账户。

（2）付款人启动向第三人付款的程序后，必须先进入 PayPal 账户，指定汇出的金额，并给 PayPal 提供商家或收款人的电子邮件账号。

（3）PayPal 向商家或收款人发出电子邮件，通知其有等待领取或转账的款项。

（4）如果商家或收款人也是 PayPal 用户，其决定接受后，付款人所指定的款项即移转给商家或收款人。

（5）如果商家或收款人没有 PayPal 账户，则收款人要按照 PayPal 电子邮件内容的指示，进入网页注册，取得一个 PayPal 账户。商家或收款人可以选择将取得的款项转换成支票。

从以上流程可以看出，如果商家或收款人已经是 PayPal 用户，那么该笔款项就汇入其拥有的 PayPal 账户；如果商家或收款人没有 PayPal 账户，网站就会发出一封通知邮件，引导商家或收款人至 PayPal 网站注册一个新的账户。所以，也有人称 PayPal 的这种销售模式是一种"邮件病毒式"的商业拓展方式，可提高 PayPal 的市场占有率。

3. PayPal跨境电商支付的优缺点

（1）优点

① 全球用户

PayPal 在全球 200 多个国家和地区拥有超过 22 亿用户，已实现在 24 种货币间进行交易。

② 品牌效应强

PayPal 在欧美地区的普及率极高，是全球在线支付的代名词，其强大的品牌优势能让网站轻松吸引众多的境外用户。

③ 资金周转快

PayPal 独有的即时支付、即时到账的特点，让用户能够实时收到境外客户发送的款项，同时最短仅需 3 个工作日即可将账户内的款项转账至境内的银行账户，及时、高效地帮助商家开拓境外市场。

④ 安全保障程度高

完善的安全保障体系，丰富的防欺诈经验，业界具有竞争力的风险损失率（仅为 0.27%，不到传统支付方式的 1/6），确保了用户的交易顺利进行。

⑤ 小额业务成本低

PayPal 在小额收付款业务上的成本优势明显，无注册费用和年费，手续费也仅为传统支付方式的 1/2。

（2）缺点

① 大额业务成本高

进行大额收付款业务时（如 1 万美元以上），通过 PayPal 付款的手续费较高。

② 欺诈风险高

如果用户收到的东西不理想，就可以要求退款，少部分人会利用这个规则进行欺诈，因此商家面临的欺诈风险较高。

③ 资金易冻结

PayPal 支付容易产生资金冻结问题，给商家带来不便，这和 PayPal 相对偏袒买家利益是分不开的。

④ 不易登录

我国用户在登录 PayPal 时，大部分时候容易登录，但有时也不易登录，这和 PayPal 的服务器在美国有一定的关系。

四、Wish的联动支付（UMPAY）

联动支付（UMPAY）是国内较早提供第三方支付的服务商，它提供移动、互联网、收单、基金、话费、跨境等综合支付服务。

1. Wish收款方式

Wish 支持商家使用以下方式收款：联动支付（UMPAY）（直达中国账户）、PayEco（易联支付）、AllPay、Payoneer、PayPal 及 PingPong（直达中国账户）。

Wish 收款方式如表 4-2 所示。

表 4-2　　　　　　　　　　　　　　　Wish 收款方式

序号	第三方支付提供商	类别	入账时间	提现速度	收取费用
1	联动支付（UMPAY）		5～7个工作日		1%，不收取货币兑换手续费
2	PayEco（易联支付）		5～7个工作日	1～3个工作日	0.1%
3	AliPay	直达中国个人银行账号（借记卡）	5～7个工作日		付款金额的 0.8%，收款转换汇率
4	Payoneer	中国账户	数个工作日	1～2个工作日	对 Wish 大卖家开放极具吸引力的分级提款手续费政策（起始手续费为 1%或更低）
5		国际账户	数个工作日	1～2个工作日	根据所在国家和地区,收取至多为 1%的提款手续费
6	PayPal		5～7个工作日	2～7个工作日	0.1%
7	PingPong 直达中国账户		6个工作日	1个工作日	1%或更低（没有隐性费用）

2. 联动支付的优势

（1）实时汇率

联动支付提供实时结汇服务，每一笔资金兑换，联动支付都将通过合作银行以实时现汇买入价进行结汇，且无额外货币兑换费用。

（2）安全合规

联动支付受中国人民银行、国家外汇管理局、香港海关多重监管，有利于保证资金安全。联动支付提供 7×24 小时客服服务，保障实时风控，即时拦截风险交易。

（3）便捷

联动支付不需要商家注册 UMPAY 账户，支持 15 个外币币种，并不受国家外汇管理局年度结算总额度 5 万美元的限制。

（4）资金到账速度快

联动支付不需要中间账户,结算资金直达商家收款账户;采用 T+0/T+1 日结算,UMPAY 每日安排两个批次的操作。

本章小结

通过对本章的学习，我们对跨境电商支付有了较为全面的认识，掌握了跨境电商支付的背景、流程；了解了不同国家和地区的跨境电商支付方式、跨境电商的支付工具和主要跨境电商平台的支付方式。

习题

一、名词解释

跨境支付　购付汇　收结汇　第三方支付　离岸账户

二、选择题

1. 从跨境支付的过程来看，支付机构主要有（　　　）。
    A. 第三方支付机构　　　　　　　B. 开证行
    C. 商业银行　　　　　　　　　　D. 通知行

2. 以下不属于第三方支付特点的是（　　　）。
    A. 和境内外的各大银行签约　　　B. 在收付款人之间设立中间过渡账户
    C. 第三方承担相应的风险　　　　D. 第三方具有中介保管及监督的职能

3. 第三方支付的优点有（　　　）。
    A. 增强用户的交易保障
    B. 支付操作更加简单且易于接受
    C. 帮助商家降低运营成本
    D. 节省了为大量中小企业提供网关接口的开发和维护费用

4. 以下属于 Western Union 特征的有（　　　）。
    A. 属于传统型的交易模式
    B. 拥有全球最大的电子汇兑金融网络
    C. 安全电子系统保障汇款的安全性
    D. 手续费由买家承担，卖家无须支付任何手续费

5. 下面属于线下支付工具的有（　　　）。
    A. WebMoney　　　　　　　　　B. MoneyGram
    C. Western Union　　　　　　　　D. 香港离岸账户

6. 连连支付的特点有（　　　）。
    A. 成本低　　　B. 安全可靠　　　C. 收费低　　　D. 方便快捷

7. AliExpress 的 Escrow 服务的优点有（　　　）。
    A. 多种支付方式 B. 方便快捷　　　C. 品牌优势　　　D. 安全保障

8. Payoneer 的特点有（　　　）。
    A. 手续费低　　　B. 便捷　　　　C. 合规　　　　D. 安全

9. 以下不属于 PayPal 特点的是（　　　）。
    A. 安全保障高　　　　　　　　　B. 小额业务成本高
    C. 存在欺诈风险　　　　　　　　D. 资金周转快

10. Wish 的支付方式有（　　　）。
    A. Payoneer　　　B. UMPAY　　　C. PayEco　　　D. PingPong

三、主观题

1. 描述跨境电商支付的流程。
2. 分析我国跨境电商支付的现状和发展趋势。
3. 简要阐述第三方支付的优缺点。
4. 分别列举两个线上和线下支付工具的例子，并分析其优缺点。
5. 简述 AliExpress 的 Escrow 服务。
6. 简述 eBay 的 PayPal 支付。

扩展阅读

| 知识点 4-1 | 知识点 4-2 | 知识点 4-3 | 知识点 4-4 |

| 知识点 4-5 | 知识点 4-6 | 知识点 4-7 | 知识点 4-8 |

第五章

跨境电商营销

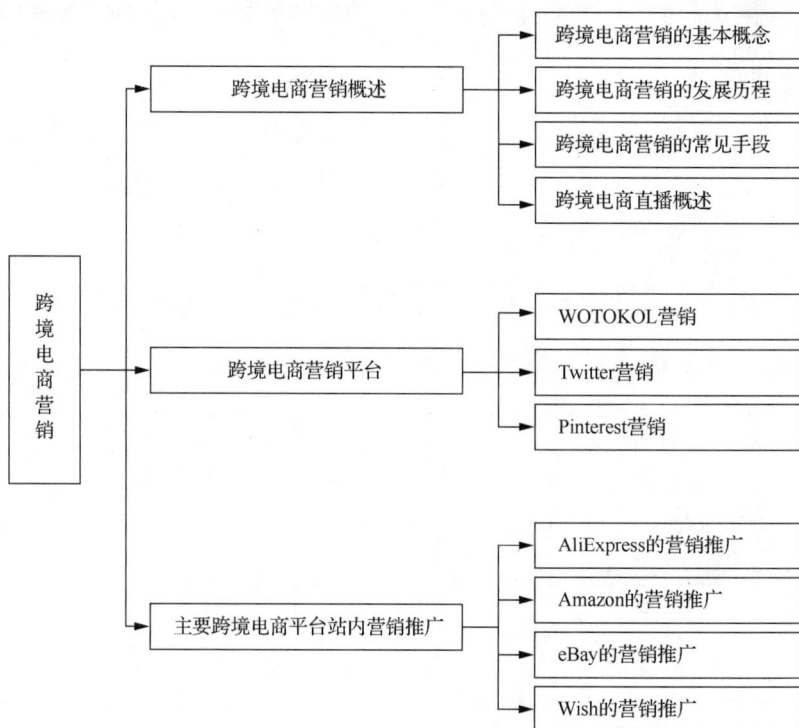

1. 掌握跨境电商营销的定义、特点和功能。

2. 了解跨境电商营销的发展历程及跨境电商营销的常见手段。

3. 了解跨境电商 SNS 营销的内涵及 WOTOKOL、Twitter、Pinterest 3 种不同社交媒体的营销特色及营销方式。

4. 熟悉 4 种主要跨境电商平台——AliExpress、Amazon、eBay、Wish 的站内营销推广方式。

➡ 导入案例

4个经典案例：社交媒体如何进行病毒式营销

以下 4 个案例是社交媒体上比较成功的社交广告营销案例。

1. 嘉士伯啤酒

你和女朋友走进电影院，里面坐满了身材魁梧的壮汉，而且最糟的是只剩下中间的位置，因此你们必须顶着壮汉们极不友好的眼神穿过过道并坐过去。很多情侣遇到这种情况就离开了，但你们想证明自己是勇敢的，于是走过去坐下，发现并未发生什么异常情况。然后，那些壮汉把嘉士伯啤酒递了过来，并为你们的勇敢行为鼓掌。

这段视频于 2011 年 9 月在某社交媒体上发布，截至 2012 年 5 月，已实现 1 100 万次的播放量，而且在 2011 年第四季度，嘉士伯啤酒销售额提高了 4.3%。

2. Jetsetter 旅游网站

Pinterest 网站呈现绚丽、轻松、娱乐的风格，其推荐流量极大，具有迅速增长的用户基础；而 Jetsetter 是一个专注于度假创意和旅游规划的网站。Pinterest 网站和 Jetsetter 网站的内容和风格十分契合，二者联合发起的 "Pin it to win it" 的比赛，使 Jetsetter 网站的推荐流量增长了 100%，页面访问量增长了 150%，会员数也在比赛期间由 2 000 名飙升到5 300 名。

3. Sephora 美容活动

网络上有许多美容达人，而且她们已经将美容的激情带到了社交网络上。Sephora 在某社交媒体上开展了一个 "15 天的美丽刺激" 活动，活动的奖品包括一辆和 Gucci 合作的菲亚特（FIAT）汽车，到巴黎 MAKE UP FOR EVER 彩妆学院的 4 人旅行以及价值 5 000 美元的丝芙兰购物券。这促使大量的 "粉丝" 开始关注指甲油、眼影和精华液。最后，Sephora 的 "粉丝" 数上涨到 350 万人。

4. 童年受欺负电影

如果你想分享一部很有社会意义的电影却被电影局拒绝了，怎么办？《Bully》是一部以童年欺凌为题材的电影，它在 5 月 30 日上映之前，因为过于直白的台词而被美国电影协会定义为 R 级。因为无法在青少年群体中播放，发行者 Hirsch 不得不转战某社交媒体。5 月 27 日，Hirsch 发了一条推文：美国每年有 1 300 万孩子会被欺负，其中 300 万孩子会因为被欺负而退学，我支持 Bully Movie，让我们用实际行动支持吧！结果，这条推文当天就被转发 100 多万次，人们纷纷在 Bully Movie 的私人空间里观看了这部电影。

（资料来源：199IT 网站）

请问：如果你经营着一家手工艺品店，打算利用以上 4 个平台中的一个进行营销，你会选取哪个平台？并要如何进行宣传营销？

第一节　跨境电商营销概述

一、跨境电商营销的基本概念

1. 跨境电商营销的定义

跨境电商营销即企业在国际市场环境中，通过巧妙结合社会化媒体营销、搜索引擎营销、电子邮件营销等各种营销手段，利用数字化的信息和网络媒体的交互性来实现跨境电商营销目标的一种新型市场营销方式。

2. 跨境电商营销的特点

（1）方式多样性

跨境电商营销手段众多，包括社会化媒体营销、搜索引擎营销、电子邮件营销、社群营销、内容营销、视频营销等方式。企业进行营销推广时，需结合具体情境，采用适当的一种或结合多种营销方式进行营销，如此才能取得较好的成果。

（2）全球性

全球性体现在两个方面：一是跨境电商营销的对象是全球用户，并不局限于某个国家或地区；二是跨境电商营销主要通过网络平台、App 等线上媒体进行营销，并不受空间和时间的约束，企业可以随时随地向全球潜在用户进行营销推广。

（3）互动性

企业自身网站平台上可以详细、动态更新和展示商品的目录及其详细资料，用户如果对某个商品感兴趣便会留下痕迹，如浏览次数、点击量、收藏量等信息。同时，部分企业也会通过 YouTube 等社交媒体来宣传推广自己的产品，用户也会对产品、服务及企业做出反馈，企业可根据收集的信息进行产品、服务的更新与完善。

（4）虚拟性

跨境电商涉及范围广，全球范围内都存在潜在用户，采用实地发传单、投放广告的方式必定不可行。所以，跨境电商营销手段逐渐趋向于网络化、平台化，具有虚拟性的特征。

（5）高效性

跨境电商营销方式相比传统的通过印刷广告、邮寄、发传单等方式来说，速度更快，跨境电商企业可在众多平台上投放广告，用户可在第一时间看到推广信息并做出决定。同时，用户的信息也可以高效地反馈给企业，企业可以对收集到的信息，如用户个人信息、消费习惯、消费行为等进行存储，通过大数据整理分析后得到精确的用户画像，从而更为合理地调整企业产品的营销对象、定价、营销方式等。

3. 跨境电商营销的功能

跨境电商营销的功能概括了跨境电商营销的核心内容，指明了企业开展跨境电商营销工作的基本任务。通过对实践应用进行总结，跨境电商营销的功能包括企业品牌推广、信息发布、网上调研、促进销售、维护用户关系 5 个。

（1）企业品牌推广

跨境电商营销为企业在网络平台建立并推广企业品牌形象提供了有利的条件。传统的网络品牌建设与推广局限于在企业自身建设的网站或在第三方信息平台上向用户发布信息，以此来进行企业品牌的推广。移动互联网的快速发展为跨境电商企业拓宽了推广渠道，包括各种社交媒体中的企业账户、企业自己的 App 等。企业的品牌建设与推广做得好，会为企业带来一大批忠实的用户，同时通过忠实用户的宣传，还会源源不断地吸引新用户的加入。

（2）信息发布

跨境电商网络营销的基本方法就是将跨境电商企业的营销信息通过互联网发送给目标用户。企业利用内外部资源发布信息时，内部可采用企业网站、企业 App、注册用户电子邮箱等渠道，外部可采用搜索引擎、合作伙伴的营销资源、网络广告等渠道进行营销信息的发布。信息发布后，企业还可以主动追踪从而得到及时的信息反馈，提高信息的发布效率。

（3）网上调研

通过设计在线调查表或者发送电子邮件等方式，企业可以完成网上市场调研，了解用户喜好、希望获得的产品或服务等信息，帮助企业改善自己的产品及服务。相比于传统的市场调研，网上调研具有高效率、低成本的特点。

（4）促进销售

营销的根本目的是增加销售量，跨境电商营销也不例外，大部分企业都是为了提高销售量而进行营销的。例如，各大跨境电商企业习惯采用优惠券、满减活动等网上促销手段来提高销售量。

（5）维护用户关系

良好的用户关系是跨境电商营销取得较好成效的必要条件，通过网站的交互性、用户参与产品及服务设计等方式可增进用户与企业之间的友好关系。良好的用户关系对于开发用户的长期价值具有重要作用，以用户关系为核心的营销方式是企业创造和保持竞争优势的重要策略。

二、跨境电商营销的发展历程

纵观跨境电商营销的发展历程，可分为以下 7 个阶段。

1. 电子邮件营销

电子邮件营销（E-mail Direct Marketing，EDM）是较早的外贸营销方法，诞生于 20 世纪 70 年代，但由于当时使用网络的人数少且网络速度慢，所以当时并未得到快速传播。电子邮件营销真正兴起是在 20 世纪 80 年代中期，随着个人计算机的兴起，电子邮件开始在计算机爱好者以及一些大学生中快速传播开来。到了 20 世纪 90 年代中期，互联网浏览器的诞生推进了电子邮件的快速发展。电子邮件营销具有传播速度快、不受时间和空间限制、针对性强、成本低、内容多元等特点。

2. 展会

20 世纪 90 年代初，我国的外贸主要是通过展会（Exhibition）方式来获取用户，外贸企业在展会上通过发放名片、产品宣传册认识用户，展会结束后积极跟进，尽量转化为订单。这个时期，中国进出口商品交易会（广交会）是境外客商了解中国工厂和产品的唯一窗口。在中国加入 WTO 以后，越来越多的境外客商来到中国，广交会一票难求，由于效果明显，其规模一再扩大，并带动了广州宾馆、餐饮和旅游服务业的发展。后来又相继出现了华东交易会、宁波国际电子产品展、义博会等展会，直到 1997 年，中国展会经济基本成熟。如今，展会依然是非常重要的外贸营销方式。企业通过展会可实现同时与多个专业用户见面，在现场进行高效互动，让用户在短时间内就能深入了解产品、工厂等。

3. 搜索引擎营销

1996 年，中国制造网上线，1998 年，阿里巴巴上线，我国的外贸营销方式开始从线下转向线上，且线上营销方式的重要性增强。搜索引擎营销（Search Engine Marketing，SEM），是一种全面而有效地利用搜索引擎来进行网络营销和推广的策略。SEM 追求高性价比，以最少的投入获取最大的访问量，并产生商业价值。SEM 包含了从搜索引擎引入流量到最后达成销售的所有工作。电商的核心是引流，而引流的核心就是 SEM。

4. 社交媒体营销

2008 年，社交媒体（Social Media）和社交媒体营销（Social Network Site，SNS）兴起。所谓社交媒体，是一种人们通过撰写、分享、评价、讨论以实现相互沟通的网站和技术，如新浪微博、微信等。社交媒体营销则是指利用社交媒体来进行营销推广。

外贸社交媒体平台包括 Pinterest 等。不同的社交媒体在引流效果、停驻时间、转化率、性价比、平均客单价上都存在差别。商家要学会巧妙结合多个社交媒体，以达到在提高品牌知名度的同时，获取最多的销售额和利润。

5. 需求方平台

需求方平台（Demand Side Platform，DSP）与传统广告方式不同，DSP 提供了一种全新的精准推送机制，为广告主实现多屏整合、全流量、大数据的数字营销投放。DSP 于 2010 年在我国兴起，并于 2013 年爆发，在此期间国内产生了一大批优秀的第三方 DSP 公司，如悠易互通、品友互动、MediaV、易传媒等。

6. 重定位和再营销技术

所谓重定位和再营销技术（Retargeting and Remarketing），是指 Google AdWords 推出的针对浏览过企业网站的人进行再次营销的广告方式。我们应该都遇到过这种情况，我们在淘宝网上购买过或只是浏览了某种产品，下一次上网时就会看到这些商品又出现在了我们的屏幕上。一般而言，网站转换率都低于 5%，这也就意味着 95% 的人并没有被转换成用户。其原因是多方面的：可能是用户还没准备好购买，可能是用户还需要了解其他类似的产品，也可能是用户根本不喜欢你的产品。对于前两种情况，我们可以再次向用户进行产品展示，以提高产品的购买量。

7. 整合营销

随着营销方式的不断出现与创新，一种新的营销方式产生了，企业要根据实际情况整合多种营销方式，并根据环境进行即时性的动态修正的营销方法——整合营销（Integration Marketing）。

三、跨境电商营销的常见手段

1. 搜索引擎营销

互联网就像是一个随时随地都在动态更新信息的巨型存储器，想要通过手动筛选信息找到目标信息，可谓大海捞针。搜索引擎的出现为我们解决了这一问题。通过搜索引擎，我们能够快速、方便地搜索目标信息。

搜索引擎营销是一种新型的网络营销方式。用户利用搜索引擎检索信息时，搜索引擎将信息传递给用户，用户通过单击进入网页，从而进一步了解所需要的信息以促进销售。

2. 网络广告营销

网络广告的收费方式包括按效果付费、按点击付费、按购买成本、按业绩付费等。网络广告营销投入大、见效快，主要有搜索引擎关键词广告和门户对口网站直接投放广告两种。网络广告营销覆盖面广，可通过网络发送给所有使用计算机或手机的用户。其形式多样，可以采用文字介绍、音频、视频、图片等各种形式吸引用户；信息量大，网络广告营销的对象可以是汽车、房屋等商品，也可以是糖果、零食等小物品。网络广告的范围宽广，它不像报纸那样受版面大小的限制，也不像电视那样受频道播出时间的限制，只要用户在使用计算机或手机，网络广告营销就会存在。

3. 电子邮件营销

电子邮件营销是在用户事先许可的前提下，通过电子邮件向目标用户传递有价值的信息的一种网络营销手段。电子邮件营销包含 3 个基本的、必不可少的因素：用户许可，电子邮件传递信息，信息对用户有价值。电子邮件营销的优势体现在传播速度快、不受时间及空间限制、针对性强、成本低、内容多元等方面，电子邮件营销是网络营销手段中较早的一种。

4. 内容营销

内容营销是通过设计有价值、能够引起用户共鸣、持续性的内容来吸引用户，能够让用户对企业产品或品牌产生认同感，自发地传播内容，让用户对企业品牌产生信任与依赖。内容营销贯穿于整个营销过程，其载体各式各样，如企业网站、广告、宣传册、T恤、纸杯等；传播渠道也多种多样，包括企业官网、企业 App、社交媒体、忠实用户推荐等渠道。

5. 病毒性营销

病毒性营销是一种长期有效的综合型网络营销手段，是内容营销、社交关系营销等相结合的多渠道传播方式。病毒性营销利用公众的积极性和人际网络，让营销信息像病毒一样扩散和蔓延，通过快速复制被传向数以万计、百万计的用户。它的传播成本低、传播速度快，是一种"让内容带来用户，让用户带来更多用户"的营销模式。病毒性营销的传播渠道包括电子邮箱、软件、IM 工具、电子书等。

本章第二节将对社交网络营销做详细介绍。

四、跨境电商直播概述

1. 跨境电商直播发展历程

电商直播无疑是 2019 年最火的购物方式，"买它、买它""也太好看了吧""链接来咯"等都是"口红一哥"李佳琦的标志性话语。同时，薇娅、烈儿宝贝等一众直播网红带动了电商直播的迅速发展。电商直播虽然在最近一两年才开始火爆，但其已有四五年的历史，电商直播的发展历程可大致划分为四个阶段。

第一阶段，2016 年的红利阶段，该阶段以游戏直播、秀场直播为主，淘宝、蘑菇街、京东等大型电商平台开始探索"电商+直播"的模式。

第二阶段，2017 年至 2018 年的蓄能阶段，该阶段淘宝直播、蘑菇街等传统电商平台开始孵化红人体系，并整合供应链，抖音、快手等短视频平台开始试水电商直播，同时服务于电商直播的 MCN（Multi-Channel Network）迅速成长，电商直播逐渐向精细化运营方向发展。

第三阶段，2019 年的爆发阶段，直播带货模式的 GMV（Gross Merchandise Volume）暴增，其中以淘宝直播的 GMV 领先。此阶段拼多多、小红书、知乎等平台相继出现直播功能，电商直播也引入了名人直播、村播等多种形式覆盖更多的消费人群，各平台开始加强红人培养以及流量扶持，MCN 机构不断探索商业变现模式。

第四阶段，2019 年以后的持续发展阶段。电商直播保持快速增长的原因包括：（1）电商直播形式促进了流量变现效率的提高，所以各大平台持续增加电商直播投入并进行流量倾斜。（2）疫情期间线下营销吃力，而线上直播形式可实现以较低的成本获取较高的 ROI（Return on Investment），所以很多商家以及品牌方愿意持续投入资源，发展电商直播。（3）电商直播具备内容创新、实时互动、即时性、全网最低价、信任保障等明显优势，激发了用户的消费需求与意愿。（4）技术的不断迭代与优化实现了用户的精准推送、直播设备的持续优化，同时物流、支付等体系的不断优化，均为电商直播行业的发展保驾护航。未来的电商直播规模仍将保持高增长、持续拓宽品类，电商直播行业将逐步向平台化、产业化发展。

2. 跨境电商直播产业链

电商直播的产业链包含供货平台、流量平台以及交易服务平台三大关键环节。

（1）供货平台

供货平台是指货物来源的渠道，包含批发商、品牌方、经销商、工厂等，为电商平台持续供应货源。

（2）流量平台

流量平台是指如何进行跨境电商直播，实现流量变现，主要包含直播平台、主播、直播内容以及用户评价四个部分。目前跨境电商直播平台包括 Lazada、Shopee、WOTOKOL 等。主播可以通过 MCN（Multi-Channel Network）机构进行培养、孵化，主播通过收取佣金提供直播服务，卖家则可根据需求选择不同国家、类型的主播。直播内容则结合商品特性和主播特性进行个性化定制。此外，企业可通过对用户相关数据进行分析（如用户活跃度、复看率、直播间停留时间、下单转化率、售后满意度等），以优化直播营销效果，从而促进流量变现效率的持续提高。

（3）交易服务平台

交易服务平台的任务是服务于供货平台和流量平台，通过提供第三方交易/数据支持（如微博易、直播眼）、运营支持（粤淘电商、红杉传媒）、系统支持（有赞、Weimob）、第三方支付（微信支付、支付宝支付）等服务，促使跨境电商直播各流程的正常运行。

第二节　跨境电商营销平台

一、WOTOKOL营销

（一）WOTOKOL简介

WOTOKOL是杭州卧兔网络科技有限公司旗下打造的境外红人营销平台，聚集海量境外网红资源，链接全球KOL（Key Opinion Leader）关键意见领袖，助力中国品牌出境。WOTOKOL是跨境社交营销的先驱者，在全球范围内设有5个服务团队，包括杭州集团总部、深圳分公司、香港分公司、美国分公司和越南分公司，服务团队具备5年跨境营销经验，服务品牌数量为1 200多家，运营经验涵盖智能家电、家居家纺、科技智能、健身器材、时尚生活、美妆美发、母婴健康等众多品类。目前WOTOKOL已签约"10万+"境外KOL，覆盖183个国家，总计约251亿海外"粉丝"，为上百家中国知名品牌定制出境营销推广方案。2019年度，WOTOKOL助力客户实现全球27亿用户的品牌覆盖，同年WOTOKOL开启了亚马逊直播业务，凭借专业的服务团队和服务态度获得了广泛的好评。

WOTOKOL是一个红人数据决策分析平台，实时分析博主维度（如博主国家、"粉丝"数量、平均播放量、"粉丝"互动率等）、受众维度（如受众国家、年龄层、性别、设备等）、商业维度（如品牌属性、带货属性等）的数据，同时每日监测红人"粉丝"数量的增长，保证"粉丝"的真实性，帮助卖家更好地进行境外红人的选择，具体选项如图5-1所示。目前，WOTOKOL向卖家提供了三种不同类型的服务模式，分别为面向拥有境外推广经验的卖家的自助模式、面向缺乏境外推广经验的卖家的委托模式以及模拟WOTOKOL境外推广流程的模拟模式。

图5-1　优质博主搜索页面

（二）WOTOKOL营销方式

下面介绍 WOTOKOL 平台所提供的境外网红营销和跨境电商直播两种营销方式。

1. 境外网红营销

（1）营销推广流程

进行境外网红营销推广，具体按照以下步骤进行。

第一步，下发需求单，并提供产品介绍、产品特点等相关资料。

第二步，与平台进行签约合作，双方签订合作协议，卖家完成付款后，WOTOKOL 平台建立单独的合作项目组，分配优质运营人员完成营销推广活动。

第三步，运营人员在资源库中筛选合适的网红资源。

第四步，确定好匹配的网红资源后，结合产品的活动，策划系统的营销推广方案。

第五步，根据产品特点、网红特征等，设计具备创意的营销内容。

第六步，与网红一起制作营销视频，确保视频制作的质量，并以链接形式发送给卖家，由卖家进行审核。

第七步，卖家进行审核，提出修改意见，确认无误后进行内容发布。

第八步，平台提供内容效果报告，以便于进行效果追踪（如视频观看人数、时长、活跃时段、内容效果分析等）。

（2）营销模式对比

目前境外营销方式主要包括商家自己营销、境外 MCN（Multi-Channel Network）机构代理营销以及 WOTOKOL 三种方式。商家自己进行营销推广面临高风险、低回报的弊端，境外 MCN 机构代理营销则面临低风险、高投入的劣势，而 WOTOKOL 则可提供低风险、低投入和高收益的服务，三者间的优缺点对比如表 5-1 所示。

表 5-1　　　　　　　　　　　　　三种营销模式对比

项目	优点	缺点
商家	1. 可以与红人直接沟通，输出产品特点 2. 积累境外红人资源	1. 高昂时间成本和团队人员成本 2. 境外红人进度难管控，风险大 3. 境外红人资源难寻找 4. 缺乏案例经验沉淀
境外 MCN	1. 降低企业开展境外营销的时间、人力成本 2. 具备一定的境外红人资源	1. 境外溢价空间大，博主价格较高 2. 存在文化差异，难沟通 3. 非国内公司，进度无法及时跟进 4. 具备一定风险，无法确保合作安排
WOTOKOL	1. 自主研发数据平台，境外红人标签化 2. 103 个国家，27 个语种，15 万红人资源，轻松触达各行业细分受众 3. "1 200+"成功案例沉淀，助推品牌出境 4. 专业服务团队，分国家、分语种精细服务 5. 建立境外红人黑名单，规避不必要的风险 6. 国内公司，效率高，易沟通 7. 全包托管式服务，大大降低企业成本 8. 提供最终结案报告，分析品牌出境走向	

2．跨境电商直播

跨境电商直播是一种跨境营销的新方式，WOTOKOL 平台提供了三种不同的跨境电商直播方式。第一种是借助跨境平台（如速卖通、亚马逊、Lazada、eBay 等）、社交平台（如 YouTube）、自营、App 等平台进行专场内容直播，帮助卖家实现品牌宣传以及高效的流量转化。第二种是通过跨境直播节，借助 IP 品牌打造、品牌跨界合作、品牌传播推广、品牌流量引导等形式，大大缩短卖家和买家之间的距离。第三种是内容营销，通过设计多样化、场景化、娱乐化、交互式的直播内容，如直播、短视频、图文种草等吸引更多的买家加入。三种不同的营销方式动态结合，为品牌持续赋能，大幅提高了营销的成功率。

（1）营销推广流程

进行跨境电商直播营销推广的流程如下。

第一步，下发需求单，提供产品介绍、产品特点等相关资料。

第二步，与平台进行签约合作，双方签订合作协议，卖家完成付款后，WOTOKOL 平台会建立单独的合作项目组，分配优质运营人员完成营销推广活动。

第三步，运营人员筛选匹配的网红资源。

第四步，双方商讨确定产品直播话术，优化产品的 FAB（Feature、Advantage、Benefit）。

第五步，匹配产品与主播的特点，确定直播内容、直播排期等。

第六步，进行直播营销。

第七步，进行直播复盘，总结经验，在后续的直播过程中进行改进与优化。

第八步，提供直播的效果报告，进行效果追踪。

（2）营销模式对比

表 5-2 所示为商家自己营销、其他企业代理营销以及委托 WOTOKOL 进行境外营销推广三种营销模式的对比。

表 5-2　　　　　　　　　　　　　　三种营销模式对比

项目	优点	缺点
商家	更了解自己产品优势与特点	1．场地、设备成本高昂 2．团队磨合期长，时间成本高 3．不了解平台流量政策，易错失节点 4．缺乏本地化主播资源，难留存 5．试错周期长，成本高
其他企业	1．降低试错成本，快速进行营销推广 2．代理服务企业比商家了解平台规则与玩法，易开展营销活动	1．懂本地语言的主播匮乏 2．直播间单一，缺乏多样化场景 3．服务经验不足，案例沉淀少 4．非官方认可服务商 5．网络环境不可控，有风险
WOTOKOL	1．杭州本土 500 多位主播可选 2．了解平台规则与玩法 3．1 200 平方米的直播场地，24 个场景直播间 4．官方认可的直播服务商 5．阿里云专线稳定网络环境 6．超低成本 7．"1 200+"案例经验沉淀，服务更为专业 8．人、货、场三端场景	

二、Twitter营销

1. Twitter简介

Twitter 成立于 2006 年，是一家专注于美国社交网络及微博客服务的网站，也是全球互联网访问量靠前的十大网站之一。Twitter 的理念是"Twitter connects everyone to what's happening in the world right now"，即让每个人都能随时随地向他人分享自己的想法。Twitter 支持用户将自己的最新动态和想法以短信息形式发布，可发布的"推文"不超过140 个字符。

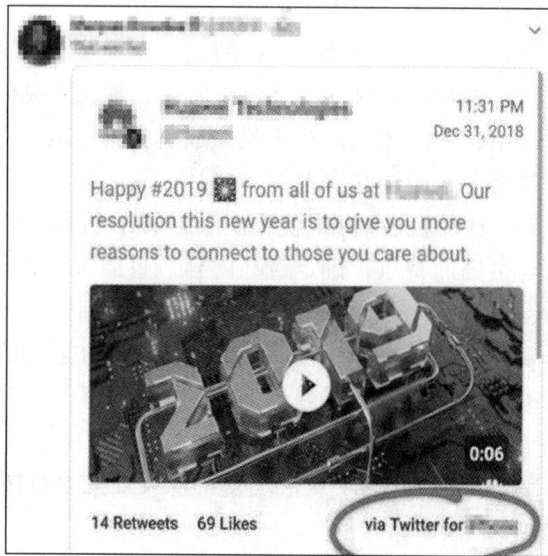

图 5-2　推文页面

如图 5-2 所示，Marques Brownlee 是一位境外的数码评测工作者，他转发了华为技术的一条推文，并评论"That was fast"，为华为产品做了一次免费且极为有效的推广。

2. Twitter的特点

Twitter 是一个简洁、公开并且支持用户进行高效交互的平台。其特点具体如表 5-3 所示。

表 5-3　　　　　　　　　　　　　　　　　Twitter 的特点

特点	解释
简洁性	Twitter 中的推文限制在 140 个字符以内，所以用户所发布的推文内容通常简洁、精练
公开性	在 Twitter 中，知道你 ID 的注册用户和非注册用户都可以读取你发布的消息，而且注册用户还可以订阅你的主页，从而在第一时间看到你在 Twitter 中更新的动态，在保证信息公开性的同时，也加快了信息的传播速度
高效交互	Twitter 采用的是一对一或一对多的交互方式。用户在刷动态的时候，无论是不是好友，都可以看到你的消息，并进行转发、关注、点赞或直接"路过"，实现高效交互

3. Twitter营销的步骤

（1）发布推文

发布推文指按时发布一些具有广告宣传意义的推文。

（2）创建广告

创建广告时应在平台中选择合适的付费广告类型。如果卖家刚创立 Twitter 账户，建议尝试"Followers"关注广告项目；如果卖家打算吸引用户访问自己的网站，可选择"Website"进行单击或转化。除此之外，平台还包括其他更高级的选项，如视频宣传和应用宣传等。

广告类型选择完毕后，你会看到各类广告的预算信息，Twitter 的预算相对偏高，目前每天约为 127.5 美元。如果你是刚开始尝试 Twitter 营销的卖家，建议不要把预算定得太高。确定预算后要选择广告投放时长，广告投放时长可自定义，通常为 1 个月。选择"Creatives"，即之前发布的推文，吸引用户查看卖家的内容或网站。

（3）定位目标受众

定位目标受众时，所提供的用户信息越具体越好，应涉及年龄、性别、文化程度、地域、喜好等，以尽量精准定位那些对卖家产品感兴趣的用户。

（4）广告组报价

广告组报价包含目标竞价和自动出价两种方式。目标竞价是指卖家可以设定自己的目标成本，自动出价则是指系统按照判断自动出价。Twitter 广告平台会在用户给定的目标成本内优化广告活动。

（5）跟踪效果

广告投放结束后，卖家可以查看投放的效果。点击次数越多，说明投放效果越好，但同时需要支付的费用也就越多。

三、Pinterest营销

1. Pinterest简介

Pinterest 是全球最大的图片社交分享网站，它采用瀑布流的形式展现图片，无须用户翻页，新的图片即会自动加载在页面底端。Pinterest 堪称图片版的 Twitter。在该网站中，用户可以保存自己感兴趣的图片，也可以关注好友或转发。与文字型社交网站相比，Pinterest 可以更加直观地投放产品的宣传广告。同时 Pinterest 具有精确的用户数据分析功能，这些广告信息能够被精确地推送给喜欢它们的用户，从而提高营销的成功率。

2. Pinterest的特点

（1）"图钉"服务特色：以"图钉"为桥梁打通社交关系

Pinterest 实际上是"pin"和"interest"的创意合成词，"pin"的原意是钉子，让用户将自己感兴趣（interest）的图片钉到图片墙。同时，Pinterest 还提供主题分类服务，允许用户对每张钉好的图片进行注解。用户还可以点赞、转发或评论他人的图片，从而建立起以"图片兴趣"为基础的虚拟社区。

（2）"瀑布流"布局特色 ：提供别样的视觉体验

Pinterest 变革了传统的网页展示方式，设计了一种全新的瀑布流阅读模式。传统的图片页面以"矩阵式"为主，这种展示方式缺乏特色，比较乏味；而瀑布流阅读模式可以对主页图片的大小进行设置，即在基础面积单元统一的前提下"限宽不限高"，再利用 jQuery Masonry 插件来展示这些"参差不齐"的缩略图。这些错落有致的图片排列打破了过去网页图片相对古板的排列束缚，营造了良好的视觉效果，给用户带来了不一样的视觉体验，如图 5-3 所示。

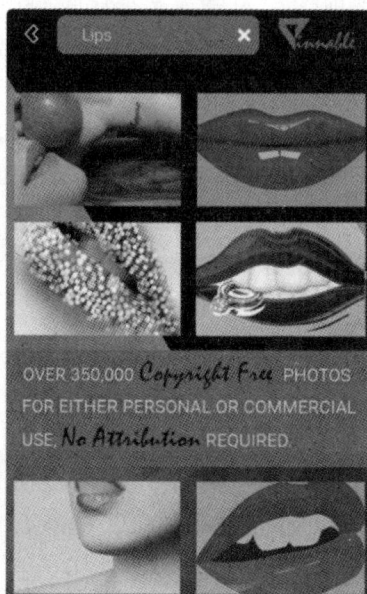

图 5-3　在 Pinterest 中搜索"Lips"页面

（3）用户特色：以具有"收藏爱好"的女性用户为核心

Pinterest 的主页布满了美食、美景、美妆、美衣、萌宠、鲜花等各种精美的图片，网站的标志也是粉色的花体字。RJMetrics 公司 2014 年的调研数据表明，该网站仅有 20%左右的男性用户，女性用户是 Pinterest 的绝对主力军。这些女性用户具有学历高、收入可观等特点，年龄大多在 25～54 岁。Pinterest 所展现的橱窗式视觉博览平台，可以满足这些女性用户的独特的品位需求。此外，该网站还开发了一系列的图片编辑功能，如采集、剪贴、分类等细致化功能，以吸引更多女性用户的加入。

3. Pinterest营销的步骤

Pinterest 营销的过程主要包括 4 个步骤：第一步是填写注册信息，第二步是上传图片，第三步是进行图片描述，最后一步是设置功能。其具体的营销步骤如表 5-4 所示。

表 5-4　　　　　　　　　　　　　　　Pinterest 营销的步骤

步骤	解释
填写注册信息	在 Pinterest 中创建商务账号，并完善卖家名称、种类、网址、国家、兴趣领域等信息
上传图片	上传具备足够吸引力的、与店铺产品相关的高质量图片
图片描述	上传图片完成后，卖家还需进行图片描述，即添加一些具备行动性的词语，如"你不得不看的……""许多人都不知道的……"等
设置功能	通过设置画板、寻找朋友或关注其他画板等方式增加图片的浏览量

第三节　主要跨境电商平台站内营销推广

本节将对跨境电商站内营销推广方式进行详述，选取了四大主流电商平台，分别为 AliExpress、Amazon、eBay、Wish。

一、AliExpress 的营销推广

AliExpress 即全球速卖通，创建于 2009 年，并于 2010 年 4 月正式对外开放，其主页如图 5-4 所示。AliExpress 是阿里巴巴打造的、面向全球市场的在线交易平台，被称为国际版"淘宝"，具有进入门槛低、操作方便、品类众多等特点。AliExpress 是我国供应商面向海外买家，并通过支付宝国际账户进行担保交易，融订单、支付、物流于一体的跨境电商交易平台。AliExpress 的站内营销推广方式包括直通车、店铺自主营销活动、其他营销方式（联盟营销、平台活动营销）等。

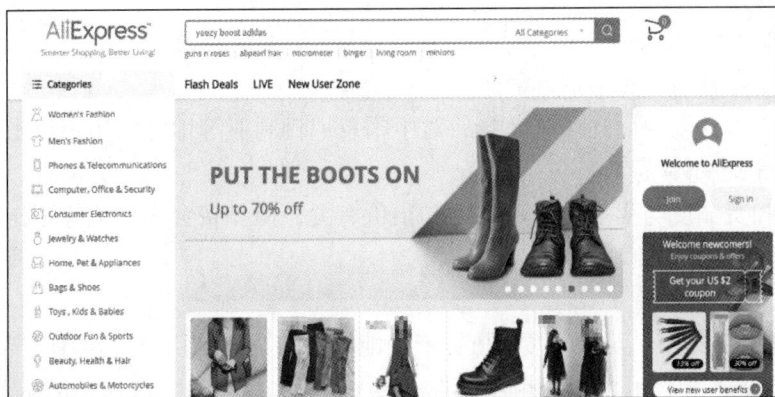

图 5-4　AliExpress 的主页

1. 直通车

（1）直通车的操作流程

速卖通直通车的操作流程可概括为：速卖通平台会员在直通车后台设置关键词，并对展示位置进行竞价，通过大量曝光产品吸引潜在用户；当买家单击直通车中显示的产品时，直通车会向对应的卖家进行收费，即按点击量计费。

（2）直通车的规则

速卖通直通车包含 3 个规则：前台展示规则、排序规则、扣费规则。下面将分别对这 3 个规则进行介绍。

① 前台展示规则

直通车的前台展示区包括右侧推广区和底部推广区：右侧推广区包含 5 个推广位，用于展示推广评分为"优"和出价具有竞争力的产品；底部推广区包含 4 个推广位，用于展示推广评分为"良"和出价具有竞争力的产品。

② 排序规则

直通车的排序影响因素如图 5-5 所示，推广评分的优先级高于出价。推广评分主要考

虑4个因素：产品信息质量、产品与关键词的相关性、买家认可度和账户质量。推广评分包括优、良两个等级，如果想在右侧推广区进行展示，则产品评分必须是"优"，否则不管出价多高，也无法在右侧进行展示。

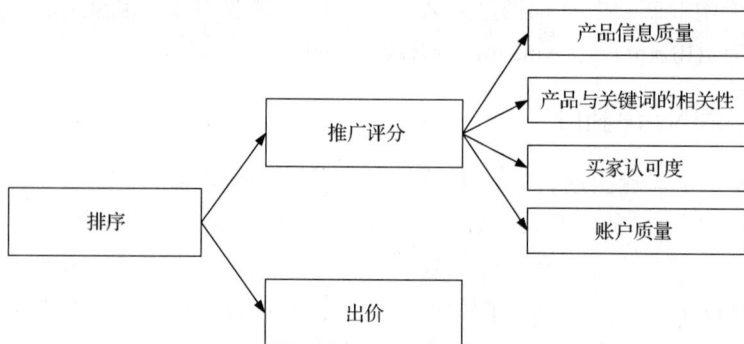

图 5-5　直通车的排序影响因素

③　扣费规则

直通车的扣费规则如下。

- 按点击率计费，免费展示。
- 全球速卖通主要面向境外市场，对中国及尼日利亚等地区的用户点击不进行计费，对无效重复点击也不计费。
- 具体扣费额度与卖家的推广评分和出价有关，但扣费会小于或等于出价。

（3）直通车的推广流程及策略

①　选品

正确选择推广的产品至关重要，热销产品能够持续为店铺引流，达到事半功倍的效果；如果推广的产品选得不好，则会事倍功半。流行趋势选品策略和数据化选品策略都是比较常用的选品策略，如表5-5所示。

表 5-5　　　　　　　　　　　　　　　常用的选品策略

策略	解释
流行趋势选品策略	了解平台上销量大或者收藏量大的产品及其属性，并与自己的产品进行对比，挑选那些具有类似属性的产品进行推广
数据化选品策略	电商或跨境电商行业都具备一个明显的特点，即易于运用数据化手段进行实时监控和持续改进，数据的反馈更加真实。我们可以在重点推广某种产品前对其进行预推广，推出该产品后对所收集到的数据进行分析，确定其是否值得重点推广

②　选取关键词

关键词是直通车推广的关键，关键词的数量和质量在很大程度上影响着直通车的推广效果。数量指用尽可能多的关键词描述产品，质量指关键词和产品的匹配程度。关键词一般采用"属性词+类目词"或单独的属性词表示。类目词指产品具体所属的类目，如生鲜类目、女装类目、数码类目等；属性词指用户具体描述产品的属性的词语，如裙子有碎花裙、A字裙、吊带裙、背带裙等。关键词如果只包含类目词则会大大降低用户的搜索范围，导致用户体验极差。在速卖通中使用关键词工具有两种方法，一种是"自上而下法"，另一种是"自下而上法"，在实际运营推广过程中，卖家应合理结合使用"自上而下法"和"自下而上法"。

a. 自上而下法。

确定好行业和具体类目后,运用速卖通所提供的关键词工具从上至下排序过去 30 天的搜索热度,选取关键词并注意排除与产品匹配度较低或为 0 的关键词。

自上而下法具备两个优点:一是所选用的关键词都是行业内搜索热度靠前的词语,在推广评分中具备优势;二是关键词与产品匹配度高,可在很大程度上避免"非意向买家"的无效点击,在减少不必要的支出的同时提高了转化率。

自上而下法也存在一定的缺陷:一是一个关键词一般仅限于推广一个产品,若一个关键词被多个推广计划使用,就会造成推广计划统计数据与实际情况不符;二是关键词热度越高,价格自然就越高,竞争也比较大,而恶性竞争不利于卖家的发展。

b. 自下而上法。

在日常运营中,卖家会趋向于选择搜索热度比较高的关键词,但这些词语的竞争度以及出价也会比较高,这时候我们可以采用"自下而上法"挑选一些处于"搜索热度适中、竞争度极低"状态的关键词。合理利用这些关键词有助于避开激烈的竞价竞争,大幅降低直通车推广成本。

③ 出价

完成选取关键词步骤后,下一步就是直通车根据卖家设置的关键词词性、产品不同推广阶段、点击效果进行出价,主要的出价管理方法包括根据关键词的匹配度出价和根据不同推广阶段出价。

a. 根据关键词的匹配度出价。在实际营销过程中,关键词与对应产品的匹配度越高,用户转化为买家的可能性也就越高。高转化率的关键词可以提高出价,低转化率的词则可以降低出价。提高高转化率关键词的曝光度,可以增加这些匹配度高、转化率高的关键词的点击量占产品所有关键词的点击量的比例,进而提高产品的整体点击转化率。

b. 根据不同推广阶段出价。一般来说,最初使用直通车对新品进行推广时,因销量少、缺乏用户好评记录而转化率较低,所以在推广前期直通车的出价较低;随着销量以及用户好评的增加,用户会比较放心地购买产品。待转化率逐步上升后,卖家可提高出价。

2. 店铺自主营销活动

(1)限时限量折扣

店铺每个月的限时限量折扣活动数为 40 个,时长共计 1 920 个小时。当卖家使用限时限量折扣工具时,如果买家的购物车或收藏夹中有相关的产品,那么买家会立马收到系统提示,卖家可以此来提高购买率。系统规定,产品促销价必须低于 90 天均价(即促销前90 天产品展示在网站上的价格平均值)。

(2)全店铺打折

全店铺打折开始时间采用的是太平洋标准时间,活动创建后 24 小时生效,以月为单位,每月可参与活动的店铺总数是 20 个,时长共计 720 个小时。全店铺打折活动对于新店铺来说效果更为明显,可快速提高店铺的曝光度和销量。与限时限量折扣不同的是,全店铺打折的对象是店铺中的所有产品。

卖家在进行全店铺打折前,必须计算清楚所有产品的折扣,掌控好利润,同时还要注意时间的设置,因为全店铺打折活动一旦处于等待展示阶段,便不可修改。

（3）店铺满立减

与全店铺打折类似，店铺满立减也是针对全店铺产品进行的促销活动。店铺满立减以月为单位，每月活动可参与店铺总数为 10 个，时长共计 720 个小时。如果一个买家购买的该店铺产品总额（X 元）大于卖家设置的满立减金额（Y 元），在其支付时系统会自动减去优惠金额，即最终支付（$X-Y$）元。这一活动一方面使买家得到优惠，另一方面也促使买家为得到更多的优惠而购买更多的产品。

（4）店铺优惠券

店铺优惠券是一种由卖家自主设置优惠金额和使用条件，买家领取后可在有效期内使用的电子现金优惠券。店铺优惠券具有促进本次消费、增加老用户黏度、为店铺引流等好处。店铺优惠券主要从订单金额满多少可用、优惠券有效期等角度进行设置，也可以设置为无条件使用。

3. 其他营销方式

（1）联盟营销

速卖通中的联盟营销指的是通过各种渠道投放相关的推广广告，如通过搜索引擎、论坛、邮件等渠道，和其他平台联盟来引流。联盟营销中，只有成交时卖家才需要付费，联盟营销是一种按效果付费的推广方式。

（2）平台活动营销

平台活动是全球速卖通面向平台卖家推出的一种免费推广活动，每一期的平台活动都会显示在 My AliExpress 的营销中心选项中，卖家可选取自己店铺内符合要求的产品报名，一旦入选，该产品就会显示在活动推广页面，有利于大量引入客流量。平台活动包括常规性活动（如 Super Deals、团购活动等），行业、主题活动（如家具行业的行业活动，Transform your room，情人节大促活动等）和平台整体大促活动（如"双十一"大促活动等）。

二、Amazon的营销推广

亚马逊（Amazon）成立于 1995 年，于 2012 年正式上线了跨境交易平台"全球开店"，虽然相对来说起步较晚，但其发展极快，仅用一年时间它的产品规模就增长了 64%，卖家规模更是同比增长 196%。相比全球速卖通来说，亚马逊的平台门槛比较高，对品牌、品质的要求也比较高，所面向的企业多为注册企业。

1. 黄金购物车

卖家在亚马逊平台中搜索到的第一个相关项目就是黄金购物车（Buy Box），卖家可以直接进行购买。亚马逊平台中有 82% 的交易都是使用黄金购物车实现的，拥有黄金购物车的卖家的成交量是其他卖家的 4 倍。在亚马逊中，买家如果想要购买非黄金购物车的产品，需要单击按钮"See All Buying Options"，如图 5-6 所示；而购买黄金购物车的产品则无须二次单击，直接单击按钮"Add to Basket"即可，如图 5-7 所示。

（1）获得黄金购物车的条件

亚马逊的平台门槛高，对所入驻的企业要求也较高。黄金购物车是亚马逊从这些优质卖家中选择分配出来的，获得黄金购物车的卖家在优秀卖家的基础上，还需具备以下条件。

- 必须是专业卖家。

图 5-6 非黄金购物车产品

图 5-7 黄金购物车产品

- 必须在亚马逊上有 2~6 个月的销售记录，必须是一个拥有较高的卖家等级、送货评级，同时缺陷率低于 1%的特色卖家。
- 产品状态必须是新的。
- 产品必须有库存。

在符合这些要求的优质卖家中，亚马逊会将 70%的黄金购物车分配给高评分卖家，25%的黄金购物车分配给中等评分卖家，剩余 5%的黄金购物车分配给低评分卖家。

（2）亚马逊分配黄金购物车时优先考虑的内容

- 优先考虑使用 FBA 的卖家。亚马逊平台中，在同等情况下按以下顺序获得黄金购物车：自有卖家>FBA>本地发货>中国发货。
- 优先考虑售价较低的卖家。
- 优先考虑送货时间在 1~3 个工作日的卖家。
- 优先考虑卖家指数高的卖家。卖家每完成一个订单，平台奖励 100 分，但配送超出预期时间时不得分；若卖家取消订单，则扣 500 分。卖家的总分是对这些分数进行加权计算，距离目前越近的订单所设置的权重就越大。
- 优先考虑订单缺陷率低于 1%的卖家，出货延迟率低于 4%的卖家，出货前取消率低于 2.5%的卖家。
- 优先考虑用户满意度高的卖家。

2. 广告活动

（1）付费商品广告

付费商品广告（Sponsored Product Ads）是常见的广告类型，广告会在移动端和 PC 端同步显示，只有拥有黄金购物车的卖家才可创建付费商品广告。付费商品广告包括自动广告和手动广告：自动广告是指亚马逊根据卖家的产品信息来投放卖家广告，这种广告曝光度高但不够精准；手动广告需要卖家自己设置关键词，只有当用户搜索对应的关键词时卖家的广告才会展示。二者的区别如表 5-6 所示。

表 5-6　　　　　　　　　　　　自动广告和手动广告的区别

项目	自动广告	手动广告
投放方式	卖家只需选择需要做广告的商品，无须为广告设置关键词，系统会根据卖家的商品与竞争对手商品的相似度来提供广告定位的关键词	卖家选择需要做广告的商品，并为广告设置关键词
展示原理	当买家输入一个关键词后，亚马逊会根据卖家广告组里商品的信息，如标题、类别、 Bullet Point、Search、Term 和描述等来决定是否展示卖家的商品	买家通过关键词搜索商品，系统会根据买家输入的关键词展示符合搜索条件的商品

（2）标题搜索广告

① 标题搜索广告简介

亚马逊搜索结果的页面顶部是每个卖家都想获得的"黄金展示位置"。针对这个区域，亚马逊推出了标题搜索广告（Headline Search Ads，HSA）。这是一种基于亚马逊搜索，优先于其他搜索结果显示的、图文结合的高曝光展示方式。之前，该广告功能只向亚马逊代销（Vendor）账户开放，从 2017 年 8 月开始，该广告功能开始向第三方卖家（Seller）账户开放。通过该广告，卖家可以将自己的商品展示在亚马逊搜索结果页面的顶部位置，以提高销售额和品牌知名度。

标题搜索广告主要包括 5 个部分：品牌商标（商品）、品牌名称、购买提示按钮、自定义标题及 3 个特色商品。单击头条搜索广告中的品牌商标、标题或者购买提示按钮，买家就可进入卖家设置的商品集合页面或者卖家的品牌旗舰店页面。广告的右侧窗口中可以设置 3 个特色商品，单击单个商品就可进入相应商品的详情页。如果要创建商品集合页面，卖家需要选择 3～100 个商品，并且这些商品可以共用关键词。

② 标题搜索广告的优化

我们可以采用以下技巧进行标题搜索广告的优化，如表 5-7 所示。

表 5-7   标题搜索广告的优化技巧

技巧	解释
选择正确的关键词	卖家在设置关键词时，应选择正确的关键词。系统会推荐一些关键词，并会显示每个关键词的流量，卖家要对关键词的流量进行分析，并选择适合自己商品的关键词
根据预算选择关键词	标题搜索广告的关键词是通过拍卖来定价的。一般来说，流量低的关键词其竞标比较少，因此更容易赢得竞价。如果想要获得流量高的关键词，卖家就需要提供具有竞争力的出价。卖家应选择与自己的商品高度匹配的关键词
广告标题的书写要正确	广告标题的书写要正确，不要出现重复、大小写、缩写、同义词等常见的拼写错误，且标题要与商品关键词高度吻合。标题中可使用"Buy Now"或"Save Now"等号召性的词语，但不能使用诸如"#1"或"Best Seller"等未经证实或基于某个时间的销量排行等不具代表性的词语
对广告进行测试	标题搜索广告的一大优势就是卖家可以自己设定广告创意，这就为卖家对不同的广告进行测试创造了条件。在对广告进行测试的时候，卖家可以建立多个广告系列并同时运行，根据广告效果对其中的变量进行调整，但每次只能更改其中一个变量，最短测试时间为两周，最后根据自己的业务目标和测试结果设定适合自己的广告创意
充分利用系统提供的报表工具	亚马逊系统提供的报表工具中，统计了广告点击次数、广告费用、广告产生的销售额等数据，实现了对卖家广告效果的跟踪，卖家需密切关注这些数据，以便及时调整营销推广策略

（3）商品展示广告

与付费商品广告和标题搜索广告相比，商品展示广告（Product Display Ads）拥有更多的展示位置，它可以展示在商品详情页的侧面和底部，以及买家评论页、亚马逊以外的网站和优惠信息页面顶部，有时还可以展示在竞争对手的商品详情页上。

与其他两种广告不同，商品展示广告是基于商品和买家兴趣所投放的广告，而不是基于关键词。因此，卖家可以根据买家的兴趣或其关注的特定商品来对广告的目标受众进行定位。对于这类广告，品牌卖家经常会采取两种策略：一是"征服"策略，二是"防御"策略。

① "征服"策略

"征服"策略指购买广告位并将广告展示在竞争对手的商品详情页上，将浏览该商品的买家吸引到自己的商品页面中。卖家应用这一策略时，除了要做好广告本身的设计与优化外，还需要对自己商品页面的图片、评论和商品定价进行优化，以便更好地发挥广告的作用，提升页面转化率。

② "防御"策略

"防御"策略指卖家可以通过购买该广告位，守住自己商品详情页的广告位，不让其被竞争对手占领。使用这一策略的诀窍在于，卖家可以尝试为买家提供升级版的商品或是其他能够升级商品效果的附加品、高端版本，卖家也可以创建捆绑销售的商品，鼓励买家组合消费。假设卖家销售的是手机壳，则可以捆绑销售手机膜、耳机等。

3. 促销活动

亚马逊平台内的促销活动主要包括秒杀活动、满减活动和季节性促销。

（1）秒杀活动

秒杀活动是指将商品在一个较短的时间展示在促销页面上，亚马逊规定，参与秒杀活动的商品必须是新商品，且是采取 FBA 配送或自有配送方式，并且达到一定的要求。秒杀活动受到众多卖家的青睐，它既可以增加商品的曝光率，又可以迅速建立起品牌形象，大幅度带动销量提高，甚至会带动店铺内其他商品的销售。

（2）满减活动

满减活动在很多电商平台中都可以看到，即订单金额满足卖家设定的金额要求后，买家便会享受到给定的折扣比例。

（3）季节性促销

在国内，我们每年会有新春特惠、"双十一"促销、国庆大促等促销活动；境外也存在这样的促销活动，如感恩节、情人节的促销活动等。亚马逊内部也有很多季节性的促销活动，卖家参加季节性促销的技巧如表 5-8 所示。

表 5-8　　　　　　　　　　　　　　季节性促销的技巧

技巧	解释
促销商品与季节高度相关	进行季节性促销的商品必须与季节高度相关，且应根据不同的季节特性进行商品的合理规划
库存保证	具备足够的库存
加入品牌内容	在活动中加入品牌内容，能提高品牌的知名度
及时调整预算	卖家应实时把控促销情况，以便及时调整预算，保证促销活动的正常进行

三、eBay的营销推广

eBay 于 1995 年成立于美国硅谷，是一家全球民众都可以上网买卖物品的线上拍卖及购物网站。eBay 平台内每天有数百万的商品更新，有数百亿元资金通过 PayPal 快捷支付方式进行流通，其具备门槛低、利润高、支付方便、销售方式灵活等优势。

1. 促销管理

eBay 跨境电商平台中的优惠活动包括以下 5 种。

（1）订单折扣

当买家本次订单的总金额达到了卖家所设置的金额要求时，即可享受给定的折扣比例。订单折扣这种促销方式既可用于全店铺商品的促销，也可具体运用于一种商品或一组商品的促销。

（2）运费折扣

除了订单折扣，eBay 中的运费也会设置折扣，甚至可以免运费，许多店铺购买两件以上商品时可免运费。

（3）优惠券

向用户发送优惠券的方式主要包括 3 种：一是卖家将优惠券通过电子邮件链接发送给用户；二是发布在网店内，用户可进入店铺领取优惠券；三是发布在社交媒体网站平台上，刺激用户领取优惠券后进入店铺浏览并购买商品。

（4）降价活动

将目前参加降价活动的商品显示在打折页面，用户可单击降价商品对应的链接访问商品详情页。同时，卖家也可以组合一些经常被一起购买的商品，进行分组促销。

（5）捆绑销售

捆绑销售的前提是先确定一件主商品，然后围绕主商品捆绑一些与其相关的商品。例如，买家在网上购买项链时，可能此时并没有想要购买耳环或手镯，而卖家通过捆绑项链、耳环和手镯，同时给予一定折扣，很容易吸引买家购买。尤其是女性买家，一方面是对成套珠宝的喜爱，另一方面是因为成套有折扣，而单件没有折扣，从而大幅增加店铺销售量。

2. 付费广告

付费广告是 eBay 的一种站内推广方式，支持站点包括美国站点、英国站点、德国站点和澳大利亚站点，可帮助平台卖家提高商品曝光度。eBay 根据买家的搜索，将相关商品呈现在搜索结果页面的醒目位置，进而提高商品的可见性。在商品成交后，平台会根据具体的商品价格的百分比进行收费，费率在 1%～20%。

3. 邮件营销

eBay 具有一套邮件营销功能，卖家可以借助电子邮件营销提高品牌知名度，与用户建立长期有效的联系。卖家通过向买家发送电子邮件，告知买家目前店铺中在进行哪些促销活动，并可以通过文字表述、图片、视频、链接方式等来展示广告或品牌故事，而邮件标题决定了买家是否会查看邮件进一步了解内容。卖家在设计邮件营销的内容时，必须站在买家的角度提供有价值的邮件，而不是发送低质量邮件为买家带来困扰，进而造成负面的营销效果。

卖家可从以下 4 个方面进行邮件内容的优化。

（1）内容具有针对性

对于不同的目标用户，卖家应发送具有针对性的邮件。例如，对于管理人员，可以发送一些精炼的管理策略；对于一般的白领女性，可以发送一些实用的穿搭方案；而对于一般的普通消费者，可以发送一些购物小技巧、优惠券等信息。向特定的人发送合适的邮件，如果刚好满足了他们的需求，便可增强其对企业的信任与黏性，在大幅降低企业营销成本的同时，也可获得较好的营销效果。

（2）突出重点，简洁明了

邮件应该简洁明了，直接点明主题，同时也可结合邮件编辑工具对主题进行突出，如通过设置不同颜色的字体，加粗字体，加入有创意的图片等方式让用户立刻得知卖家发送邮件的目的。若用户因为找不到重点而关闭邮件，就只会白白浪费双方的时间。

（3）刺激用户的好奇心，引起共鸣

卖家应尽量刺激用户的兴趣与好奇心，可通过设置某些优惠或折扣来吸引用户打开网站链接，以进一步了解商品信息。

（4）添加自定义变量

把单一的统称"先生/女士"改为用户的名字，这样会给用户带来亲切和被重视的感觉，从而增进买卖双方的关系。

四、Wish的营销推广

Wish 成立于 2013 年，是一个基于 App 的 B2C 跨境电商平台，平台内销售的商品种类繁多，涵盖了服装、珠宝、手机、礼品等品类，大部分都从中国发货。Wish 淡化了品类浏览与搜索，舍掉了促销环节，通过智能分析技术专注于关联推荐、精准营销，只向用户推送他们可能感兴趣的商品，在实现营销目标的同时，提升用户体验。

1. Product Boost概述

Product Boost 是 Wish 平台推出的结合了卖家端数据与 Wish 后台算法，为给定产品增加流量的工具。Product Boost 能够直接有效地为卖家打造爆款，使产品获得较好的展示排名，为店铺快速引流。Product Boost 不会对所有产品进行推广，只会推广那些系统检测到的有用户市场的产品。参加 Product Boost 活动所产生的费用，每 15 天结算一次，从卖家账户当期余额上进行扣除。Product Boost 推广周期最短为 1 天，最长为 4 周。使用 Product Boost 前需要了解以下内容。

- Product Boost 的关键词是搜索关键词。
- Product Boost 的推广规则只与我们设定的关键词有关。
- Product Boost 的关键词搜索是精准搜索。
- Product Boost 的关键词可以尝试使用小语种词，但是在推广前期建议减少使用。
- Product Boost 的付费方式与其他电商平台的按效果付费方式不同，它按照千次展现量进行付费。

2. Product Boost推广产品的流程

Product Boost 可为店铺快速引流，卖家应好好利用 Product Boost 来提高产品的转化率。日常使用 Product Boost 进行产品推广的过程中，主要遵循选品、关键词设置、产品竞价和推广活动优化 4 个流程。

（1）选品

适合参加 Product Boost 活动的产品如下。

- 已经在其他跨境电商平台获得成功的产品。
- 具有流行趋势且需求量非常大的季节性产品。
- 市场中还未出现或未大范围出现的产品，或对用户来说非常新奇的产品。
- 质量和价格具备竞争优势的产品。
- 流量大的产品。

（2）关键词设置

关键词需准确地描述产品，如"fashion""bag"这些词语，它们的热度和搜索量较高，但是这些关键词并不能让用户很准确地搜索到你的产品，所以卖家在避免出现关键词输入拼写错误的基础上，应使关键词能尽可能准确地描述产品。设置关键词的方法主要有以下 4 种。

- 借助工具选择相应的关键词。例如，使用 Google Adwords 工具，搜索自己打算推广的产品，然后选取 10～15 个关联性强的关键词，并到 Wish 用户端中搜索这些关键词，观察哪些关键词在平台内的反响比较好。
- 可以参考其他各大跨境电商平台的热门搜索词。
- 查看产品行业分类情况，通过工具选择相应的关键词。
- 通过一些比较专业的小语种电商平台，选择一些小语种关键词。

（3）产品竞价

要设置 Product Boost 产品竞价，卖家需进行多次重复测试，以获得最优竞价。

- 第一周可进行低价测试，根据产品的竞争情况确定价格。
- 第二周搜索分析产品关键词的排名情况及上一周的流量转换情况，适当提高竞价。
- 第三周继续分析产品的流量增长情况及产品点击转化率，考虑是否提高或者降低竞价。

（4）推广活动优化

卖家应每周统计所获得的流量，观察店铺活动关键词排名情况，并及时调整关键词设置；时刻关注产品在行业内销量的排名情况，考虑是否加大对 Product Boost 的投入，以获得更多的自然流量。

本章小结

通过对本章的学习，我们对跨境电商营销有了比较全面的认识，掌握了跨境电商营销理论、内涵。跨境电商营销分为站内和站外营销方法。关于站外营销，本章选取了 3 个不同的营销平台——WOTOKOL、Twitter 和 Pinterest 进行了详细介绍；关于站内营销，本章选取了 4 大主流电商平台——AliExpress、Amazon、eBay、Wish 进行介绍。

习题

一、名词解释

跨境电商营销　搜索引擎营销　病毒式营销　直通车推广　季节性促销　联盟营销"防御"策略

二、选择题

1. 跨境电商营销的特点不包括（　　）。

　　A. 全球性　　　　B. 互动性　　　　C. 虚拟性　　　　D. 营销方式少

2. 以下哪种营销方式更为古老？（　　）

　　A. 搜索引擎营销　　　　　　　　B. 社交媒体营销

　　C. 电子邮件营销　　　　　　　　D. 网络广告营销

3. 以下哪些属于速卖通的店铺自主营销活动（　　　）。

　　A. 店铺满立减　　B. 限时限量折扣　　C. 全店铺打折　　　D. 联盟营销

4. Pinterest 的特点包括（　　　）。

　　A. 图钉服务

　　B. 瀑布式布局

　　C. 以具有"收藏爱好"的优质女性为核心用户

　　D. 更新速度慢

5. 以下哪个不是 Twitter 的特点（　　　）。

　　A. 简洁性　　　　　B. 公开性　　　　　C. 高效交互　　　　D. 推文字数不受限制

6. 跨境电商营销的功能包括（　　　）。

　　A. 企业品牌推广　B. 网上调研　　　C. 促进销售　　　　D. 维护客户关系

7. 企业在利用 Aliexpress 的直通车进行营销推广时，需要关注（　　　）。

　　A. 黄金购物车规则　　　　　　　　B. 前台展示规则

　　C. 排序规则　　　　　　　　　　　D. 扣费规则

三、主观题

1. 请简述 3 种跨境电商营销的功能。

2. 跨境电商营销具备哪些特点？

3. 你认为跨境电商直播营销过程中需关注哪些方面？

4. 请简述 Twitter 营销的步骤。

5. 请简述速卖通的直通车是如何进行营销推广。

6. 亚马逊的黄金购物车有哪些获得条件？

扩展阅读

知识点 5-1　　知识点 5-2　　知识点 5-3　　知识点 5-4

知识点 5-5　　知识点 5-6　　知识点 5-7　　知识点 5-8

第六章

跨境电商通关

知 识 结 构 图

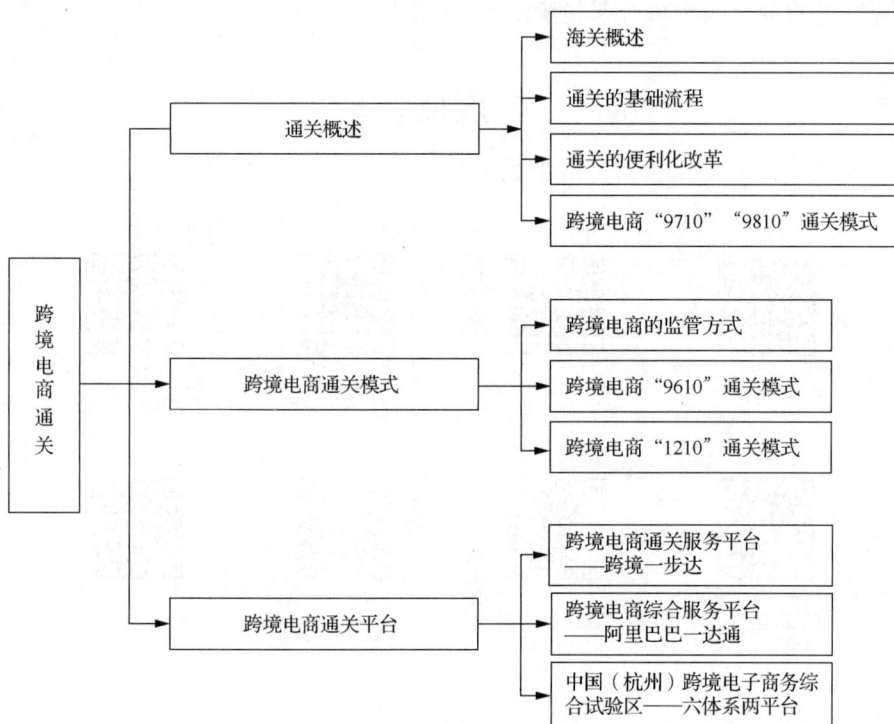

学习目标

1. 了解通关的基础知识，包括海关的基本内容、通关的基础流程及通关的便利化改革。
2. 了解跨境电商"9610""1210""9710""9810"通关模式及流程。
3. 了解不同跨境电商通关平台建设的背景、用途及特色服务。

导入案例

跨境电商进口B2C包裹退货新模式在杭州综试区运行

2019年5月9日，一辆标有蓝色"跨境电商退货通行证"的厢式货车在海关监管下缓缓驶入卡口，这也意味着跨境电商进口B2C包裹退货新模式在中国（杭州）跨境电子商务综合实验区（以下简称"杭州综试区"）投入运行。陈女士的一单箱包类商品，经中华人民共和国杭州海关（以下简称"杭州海关"）工作人员确认、登记、理货后，正式进入杭州综合保税区退换货专用仓，成为全国首个成功办理退货的商品。

由于电商运营的特点及互联网消费习惯，无理由退货是普遍情况。跨境电商进口商品的退货处理，一直是困扰企业的难题。据统计，退货订单在成交订单中占比较高，一般行业内的退货占比都在5%~15%，服饰行业的退货比例甚至可以达到30%。

按照现有规定，企业跨境退货商品申请时间为商品放行之日起30日内。由于跨境退货环节多，特别是与消费者沟通需要较多时间等原因，走完一整套退货流程（从消费者提出退货申请到货物退运入区）大概需要15日；而企业收到消费者退货申请一般发生在商品发出的15~20日，商品往往无法在规定时间内完成退货程序。大部分退货商品由于未能按时入区完成退货，造成在区外积压"折旧"报废，历年报废的退货商品金额已有数亿元人民币。

超过30日退货期限，除了要向海关缴纳相应税款外，还会影响个人年度交易累积金额，进而影响消费者额度返还，引起消费者投诉，给跨境电商企业和消费者个人都带来了不便。钱江海关驻下沙办事处跨境电商监管一科副科长袁博表示，新政实施后，单次交易限值由此前的2 000元提高至5 000元，企业退货方面的运营压力进一步加大。以税款为例，据钱江海关统计，截至目前，杭州综试区下沙园区内天猫国际、考拉海购、云集等大型电商平台区外存放退货包裹逾百万件，货值累计超过1亿元人民币，主要有母婴、美妆、保健、服装、箱包和鞋靴等类商品。按照目前消费者海淘购买进口商品综合税率为9.1%计算，其税款高达900万元人民币。

针对跨境电商发展中的痛点，钱江海关对症下药，已开展保税仓直接退货模式，使企业不必再设置单独的区外退货专用仓，通过将全部退货流程转到区内，减少不必要的中间环节，有效减轻企业经营成本，也有效地缩短了整体的退货时间。同时，钱江海关允许消费者进行部分商品的退货，根据消费者实际消费需求，努力拓展"非整单""非良品"包裹的退货路径，提升消费者的购物体验。

以上便利化通关模式能够有效减少不必要的退货流程，使退货包裹在规定的期限内实现"应退尽退"。同时，海关监管部门加大了对退货包裹的核查监督力度，督促企业切实履行质量主体责任，做好质量监督工作，为消费者的合法权益保驾护航。

（资料来源：中华人民共和国海关总署）

请问：除了文中所提的退货便利化通关模式改革，你还了解了我国哪些通关便利化改革？你认为这些改革对消费者、跨境电商企业及海关有什么意义？

第一节　通关概述

一、海关概述

1. 海关的定义

海关，最初是指商人在贩运商品途中缴纳的一种地方税捐，带有"买路钱"或港口、市场的"通过费""使用费"的性质。如今，海关是依照本国（或地区）法律、行政法规监管进出关境（以下简称"进出境"）的一切商品和物品，检查并照章征收关税的国家行政机关。

2. 海关的性质

（1）海关是国家行政机关

我国的国家机关包括国家立法机关、国家司法机关和国家行政机关，海关属于国家行政机关，是国务院的直属机构，从属于国家行政管理体制，代表国家依法独立行使行政管理权。

（2）海关是国家进出境监督管理机关

海关履行国家行政制度的监督职能，是国家宏观管理的一个重要组成部分。海关实施监督管理的范围是进出境的活动，海关实施监督管理的对象是所有进出境的运输工具、货物、物品。

（3）海关的监督管理是国家行政执法活动

海关的监督管理是指海关依据本国（或地区）海关法律赋予的权利，对特定范围内的社会经济活动进行监督管理，并对违法行为依法实施行政处罚，以保证社会经济活动符号国家的法律、法规的行政执法活动。海关事务属于中央立法事权，立法机关为全国人民代表大会及其常务委员会，以及最高国家权力机关的执行机关——中华人民共和国国务院。

海关行政执法的依据如下。

一级执法依据：《中华人民共和国海关法》和其他相关法律、法规。

二级执法依据：国务院制定的行政法规。海关管理方面相关的主要行政法规包括《中华人民共和国进出口关税条例》《中华人民共和国海关稽查条例》《中华人民共和国知识产权海关保护条例》《中华人民共和国海关行政处罚实施条例》《中华人民共和国海关统计条例》等。

三级执法依据：海关规章及规范性文件。海关总署根据法律和国务院的法规、决定、命令制定规章，作为执法依据的补充。

省、自治区、直辖市人民代表大会和人民政府不得制定海关法律规范，其制定的地方性法规、地方性规章不能作为海关执法依据。

3. 海关的任务

（1）监管

海关进出境监管是指海关运用国家赋予的权力，通过一系列管理制度与管理程序，依法对运输工具、货物、行李物品、邮递物品和其他物品的进出境活动实施的一种行政管理。

（2）征税

海关税收是国家财政收入的重要来源，也是国家实施宏观调控的重要工具。海关根据《中华人民共和国海关法》《中华人民共和国进出口税则（2020）》《中华人民共和国关税条例》及其他有关法律、行政法规对准许进出口货物、进出境物品征收关税及其他税（如增值税、消费税、船舶吨税等）。

（3）查缉走私

查缉走私是海关为保证顺利完成监管和征税等任务而采取的保障措施，是在海关监管区和海关附近沿海沿边规定地区开展的一种包括调查、制止、打击、综合治理走私活动在内的调查惩处活动。《中华人民共和国海关法》第五条规定："国家实行联合缉私、统一处理、综合治理的缉私体制。海关负责组织、协调、管理查缉走私工作。"

（4）编制海关统计

海关统计是对国家进出口货物贸易进行统计调查、分析，准确反映对外贸易的运行态势，进行进出口监测预警，科学、有效地实施统计监督。

4. 海关管理体制和组织机构

海关实行集中统一的垂直管理体制，其管理体制分为3个层面：海关总署、直属海关和隶属海关。海关总署是中国海关的最高领导机构，是国务院直属的正部级机构，统一管理全国海关。海关的组织结构如图6-1所示。

1980年，海关总署下设广东分署，协调广东省内多个直属海关；2002年1月，上海和天津设立特派员办事处。直属海关是海关总署的下属机构，负责关区集中审单和贸易统计，处理基本的海关事务。除我国香港、澳门、台湾地区外，直属海关分布在全国的31个省、自治区、直辖市。隶属海关则是直属海关的下属机构，是进出境监督管理职能的基本执行单位。

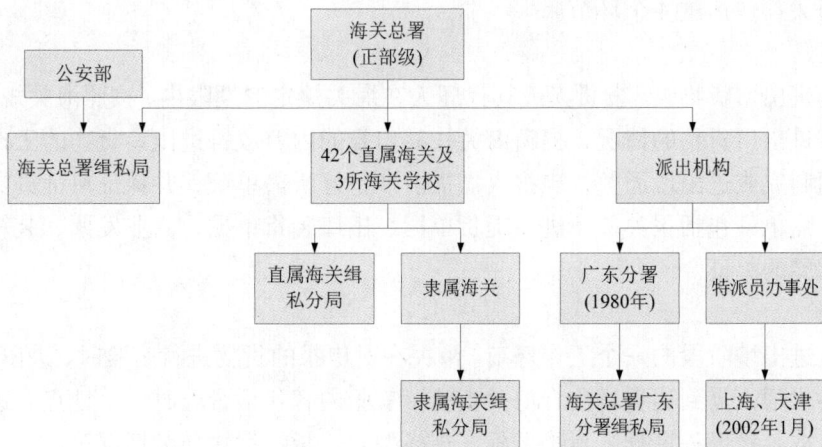

图 6-1 海关的组织机构

二、通关的基础流程

1. 通关定义

《中华人民共和国海关法》第八条规定："进出境运输工具、货物、物品，必须通过设立海关的地点进境或者出境。"因此，进出口货物的收、发货人或其代理人、运输工具的负责人、进出境物品的所有人应按照海关规定办理进出境手续和相关的海关事务。报关和通关存在不同，报关是从人的角度出发，仅指向海关办理进出境手续及相关的海关事务，而通关则是在此基础上增加了海关对进出口货物、进出境工具、进出境物品的监督管理，核准其进出境的管理过程。

2. 通关基本流程

通关的基本流程可分为前期阶段、进出境阶段和后续阶段。不同类别进出境货物的通关程序如表 6-1 所示。

表 6-1　　　　　　　　　　　　不同类别进出境货物的通关程序

货物类别	前期阶段	进出境阶段	后续阶段
一般进出口货物	无	申报 查验 缴纳税费 提取或装运货物	无
保税货物	加工贸易备案和申领登记		核销、银行保证金台账销账
特定减免税货物	特定减免税货物备案登记和申领减免税证明		解除海关监管
暂准进出境货物	暂准进出境备案申请		复运进出境、销案
出料加工货物	出料加工备案申请		销案

（1）前期阶段

前期阶段主要是指货物在进出境之前，向海关办理备案手续的过程，并不是所有的货物通关时都包括这个阶段，如一般进出口货物通关并不包括这一阶段。

（2）进出境阶段

进出境阶段包括 4 个环节，分别为申报、查验、缴纳税费和提取或装运货物。所有货物进出境通关都包括这 4 个环节。

① 申报

申报是进出口货物收、发货人或其代理人在海关规定的期限内，按照海关规定的形式，向海关报告进出口货物的情况，提请海关按其申报的内容放行进出口货物的工作环节。为保证货物顺利完成进出境通关，申报人需提前准备好所需单证，并保证单证真实有效。一般来说，所需单证包括报关单、进口提货单据、出口装货单据、商业发票、装箱单等其他海关可能需要的单证。

② 查验

查验是进出境阶段的一个工作环节。海关在对申报的货物进行查验时，进出口货物收、发货人或其代理人需到达现场配合海关查验，查验内容包括查验时间，地点，进出口货物收、发货人或其代理人名称，货物名称，规格型号，货物运输包装情况等。

③ 缴纳税费

缴纳税费是指进出口货物的收、发货人或其代理人收到海关发出的税费缴纳通知书后，向海关指定银行办理缴纳税费手续，银行将有关税费款项缴入海关专门账户的工作环节。

④ 提取或装运货物

提取货物是指进口货物的收货人或其代理人在完成前面所有步骤后，凭借海关加盖放行章的进口提货单据或海关通过计算机发送的放行通知书，提取进口货物的工作环节；装运货物则是指出口货物的发货人或其代理人在完成前面所有步骤后，凭借海关加盖放行章的出口装货凭证或海关通过计算机发送的放行通知书，通知港区、机场、车站及其他有关单位装运出口货物的工作环节。

（3）后续阶段

后续阶段与前期阶段相对应，前期阶段的货物如果进行备案、申领登记、减免税证明等操作，在后续阶段就需进行核销、解除监管、销案等操作。

① 保税货物。保税货物的进出口货物收、发货人或其代理人需在规定期限内办理核销、银行保证金台账销账等手续。

② 特定减免税货物。进出口货物收、发货人或其代理人应在海关监管期满或在海关监管期内经海关批准出售、转让、退运、放弃后，向海关申请办理解除海关监管手续。

③ 暂准进出境货物。进出口货物收、发货人或其代理人应在暂准进出境期限内或是在经海关批准延长暂准进出境期限到期前，申请办理复运进出境手续及销案手续。

④ 出料加工货物。出料加工货物等其他货物在货物加工完毕返回境内时，进出口货物收、发货人或其代理人应向海关办理销案手续。

三、通关的便利化改革

1. 分类通关改革

分类通关改革是指海关科学运用风险管理的理念和方法，以企业资信状况为基础，通过 H2010 通关系统对报关单电子数据进行风险分析，按照风险高低对进出口货物实施分类管理的通关作业。该模式对诚信守法企业的低风险出口货物，实施计算机快速放行等管理措施，以提高通关效率；对少数高风险的出口货物，实施重点审核、加强查验等管理措施，充分体现"守法便利、违法惩戒"的管理原则，推进海关管理从"以商品为单元"向"以企业为单元"转变。分类通关改革大致经历了以下 4 个阶段。

（1）启动试点阶段

2009 年 6 月，为优化海关监管和服务，提高我国企业的国际竞争力，海关总署选择部分海关进行进出口货物分类通关改革试点。试点主要以出口为主，出口货物分类通关改革试点海关包括北京、天津、大连、上海、南京、杭州、宁波、福州、厦门、青岛、广州、深圳、拱北、黄埔、江门 15 个海关；进口货物分类通关改革试点海关包括上海和黄埔海关。

（2）深化改革阶段

2010 年 8 月，海关总署进一步深化了分类通关改革工作，将出口货物分类通关改革试点范围扩大到全国海关，进口货物分类通关改革试点范围扩大到北京、天津、大连、上海、南京、杭州、宁波、福州、厦门、青岛、广州、深圳、拱北、黄埔、江门 15 个海关。

（3）深入推进阶段

2011 年，海关以"优化监管质量，提高通关效率"为目标，进一步完善了改革内容及相应管理制度，并扩大试点范围，将出口货物分类通关改革试点范围扩大到全国海关所有业务现场，进口货物分类通关改革试点范围扩大到全国海关部分业务现场。

（4）全面推进阶段

经过 2009—2011 年的改革尝试，H2010 通关系统运行稳定，风险参数设置日趋完善，综合监管质量稳步提升，达到了"优化监管质量、提高通关效率、整合资源配置、缓解关员压力"的预期目标，成效明显。2012 年，海关总署决定在总结 3 年试点工作的基础上，在全国海关全面推开分类通关改革，要求在 2012 年年底实现分类通关改革全覆盖。

2. 通关作业无纸化改革

通关作业无纸化是指海关以企业分类管理和风险分析为基础，按照风险等级对进出口货物实施分类，运用信息化技术改变海关验核进出口企业递交纸质报关单及随附单证办理通关手续的做法，直接对企业通过中国电子口岸录入申报的报关单及随附单证的电子数据进行无纸审核、验放处理的通关作业方式。

根据海关总署公告 2012 年第 38 号《关于在全国海关试点开展通关作业无纸化改革工作》，自 2012 年 8 月 1 日起，通关作业无纸化改革率先在北京、天津、上海、南京、宁波、杭州、福州、青岛、广州、深圳、拱北、黄埔 12 个海关的部分业务范围内展开。试点企业范围为海关管理类别 AA 类、A 类的进出口企业和报关企业。

根据海关总署公告 2013 年第 19 号《关于深化通关作业无纸化改革试点工作有关事项》，试点企业范围扩大至海关管理类别为 B 类及以上企业；北京、天津、上海、南京、杭州、宁波、福州、青岛、广州、深圳、拱北、黄埔等首批 12 个海关将试点范围扩大到关区全部业务现场和所有试点业务；上述 12 个海关以外的其余 30 个海关各选取 1～2 个业务现场和部分业务开展通关作业无纸化改革试点；2013 年内，将"属地申报，口岸验放"通关模式下的报关单纳入通关作业无纸化改革试点范围。

根据海关总署公告 2014 年第 25 号《关于深入推进通关作业无纸化改革工作有关事项的公告》，试点范围扩大至全国海关的全部通关业务现场，全面推进转关货物和"属地申报、属地放行"货物通关作业无纸化改革，加快区域通关无纸化作业的深化应用，启动快件、邮运货物通关作业无纸化改革试点，并试点简化报关单随附单证。

根据海关总署公告 2017 年第 8 号《关于扩大通关作业无纸化适用范围的公告》，为加快落实外贸稳增长政策措施，进一步深化通关作业无纸化改革工作，提高贸易便利化水平，海关总署决定将适用通关作业无纸化企业范围扩大到所有信用等级企业。企业与直属海关、第三方认证机构（中国电子口岸数据中心）签订电子数据应用协议后，可在全国海关适用"通关作业无纸化"通关方式，无须重复签约。

3. "两步申报"改革

为贯彻落实国务院"放管服"改革要求，适应国际贸易特点和满足安全便利需求，海关总署决定在部分海关开展进口货物"两步申报"改革试点，改革自 2019 年 8 月 24 日起实施。

（1）"两步申报"内容

海关通过将审核征税等环节移至货物放行之后，从而实现货物查验放行和审核征税相分离的模式。"两步申报"通关模式包括两个步骤：第一步，企业概要申报后，经海关同意即可提离货物；第二步，企业在规定时间内完成完整申报。

海关总署的《深化分类通关改革工作方案（试行）》对"两步申报"的定义是："在舱单法定提前电子传输前提下，经海关认证的高资信企业进行进出口货物申报后，海关可以先办理查验放行手续，企业在规定时间内办理补充申报、符合、缴纳税费等手续。"也就是说，收货人在进口货物运抵且获得舱单信息的前提下，无须一次性向海关提交全部申报信息及单证，可只凭提单概要申报提货，接下来只要收货人在规定时间内向海关进行完整申报就可以完成通关手续。"两步申报"的基本流程如图6-2所示。

图6-2　"两步申报"的基本流程

① 对应税货物，企业需提前向注册地直属海关关税职能部门提交税收担保备案申请；担保额度可根据企业税款缴纳情况循环使用。

② 第一步概要申报。企业向海关申报进口货物是否属于禁限管制，是否依法需要检验或检疫(是否属法检目录内商品及法律法规规定需检验或检疫的商品)，是否需要缴纳税款。

不属于禁限管制且不属于依法需检验或检疫的，需申报 9 个项目并确认涉及物流的 2 个项目，应税货物须选择符合要求的担保备案编号；属于禁限管制的货物需增加申报 2 个项目；依法需检验或检疫的货物需增加申报 5 个项目。

③ 第二步完整申报。企业自运输工具申报进境之日起 14 日内完成完整申报，办理缴纳税款等其他通关手续。税款缴库后，企业担保额度自动恢复。概要申报时选择不需要缴纳税款，完整申报时经确认为需要缴纳税款的，企业应当按照进出口货物报关单撤销的相关规定办理。

④ 加工贸易和海关特殊监管区域内企业及保税监管场所的货物申报在使用金关二期系统开展"两步申报"时，第一步概要申报环节不使用保税核注清单，第二步完整申报环节报关单按原有模式，由保税核注清单生成。

⑤ 报关单申报项目填制要求按照《海关总署关于修订〈中华人民共和国海关进出口货物报关单填制规范〉的公告》(海关总署公告 2019 年第 18 号)执行。

⑥ 启动"两步申报"试点同时保留现有申报模式，企业可自行选择上述两种模式之一进行申报。

（2）"两步申报"试点海关范围

① 满洲里海关隶属十八里海关。

② 杭州海关隶属钱江海关驻下沙办事处、舟山海关。

③ 宁波海关隶属梅山海关。

④ 青岛海关隶属烟台海关驻港口办事处、驻机场办事处。

⑤ 深圳海关隶属深圳湾海关、蛇口海关。

⑥ 黄埔海关隶属新港海关、穗东海关。

（3）"两步申报"试点条件

试点期间，同时满足下列 3 个条件的企业适用"两步申报"模式。

① 境内收、发货人信用等级是一般信用及以上的。

② 经由试点海关实际进境货物的。

③ 涉及的监管证件已实现联网核查的。

转关业务暂且不适用"两步申报"模式。

四、跨境电商 "9710" 和 "9810" 通关模式

（一）"9710" 跨境电商 B2B 直接出口模式

"9710"即跨境电商 B2B 直接出口，适用于跨境电商 B2B 直接出口的货物。具体是指境内企业通过跨境电商平台开展线上商品、企业信息展示并与境外企业建立联系，在线上或线下完成沟通、下单、支付、履约流程，实现货物出口的模式。

"9710"跨境电商 B2B 直接出口的申报要求如下：企业申报前需上传交易平台生成的在线订单截图等交易电子信息，并填写收货人名称、货物名称、件数、毛重等在线订单内的关键信息。提供物流服务的企业应上传物流电子信息。代理报关企业应填报货物对应的委托企业工商信息。在交易平台内完成在线支付的订单可选择加传其收款信息。

"9710"跨境电商 B2B 直接出口的交易流程主要涉及跨境电商出口企业、跨境电商平台企业（境内 B2B 平台或境外 B2B 平台）、物流企业、外贸综合服务企业、境外采购企业等参与主体。具体出口流程如图 6-3 所示。

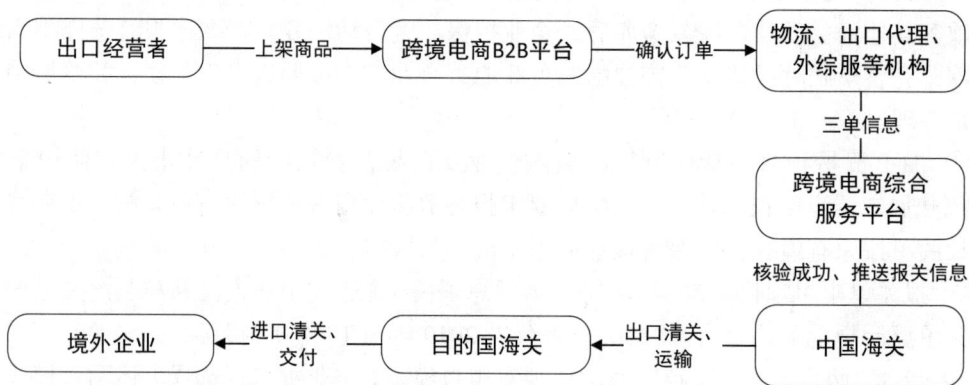

```
┌──────────┐              ┌──────────────┐            ┌──────────────┐
│ 出口经营者 │──上架商品──→│ 跨境电商B2B平台 │──确认订单──→│ 物流、出口代理、│
└──────────┘              └──────────────┘            │ 外综服等机构  │
                                                       └──────────────┘
                                                              │
                                                          三单信息
                                                              ↓
                                                       ┌──────────────┐
                                                       │ 跨境电商综合   │
                                                       │ 服务平台      │
                                                       └──────────────┘
                                                              │
                                                     核验成功、推送报关信息
                                                              ↓
┌──────────┐  进口清关、  ┌──────────────┐  出口清关、  ┌──────────────┐
│ 境外企业  │←──交付────│  目的国海关   │←──运输────│  中国海关     │
└──────────┘            └──────────────┘            └──────────────┘
```

图 6-3 "9710" 跨境电商 B2B 直接出口流程

"9710"跨境电商 B2B 直接出口的优势主要如下。

（1）降低中小企业参与国际贸易的门槛。在传统外贸业态中，中小微企业或者个人因规模小、资金不足，很难取得相应的进出口资质，因此很难独自参与到国际贸易中，只能借助外贸代理商实现进出口，需承担较大资金成本和风险。而且中小微企业通常只生产中间产品，无法及时与终端客户沟通，获得市场有效反馈，从而丧失了建立自身品牌和高溢价的可能性。现阶段，跨境电商 B2B 平台将碎片化、小单化、移动化的贸易流程变得十分简明，操作起来更加容易。中小微企业和个人可以通过跨境电商 B2B 平台寻找全球各地的

买家，极大降低了参与全球贸易的门槛。

（2）有利于获得新外贸用户。跨境电商 B2B 改变了过去"工厂—外贸企业—国外商贸企业—国外零售企业—消费者"的贸易链条，使国内出口企业能够直接对话境外消费者和小企业这两大新客群，使中国成为支撑全球卖家的定制化供应链服务中心。

（3）有利于抢占新市场。当前，东盟、中东、非洲、拉美等已经成为跨境电商快速增长的新兴市场，中小外贸企业通过跨境电商平台能够平等参与到新兴市场竞争中，凭借中小外贸企业灵活的供应链，能够较快适应新兴市场的个性化消费情况，获取新的市场空间。

（4）有利于衍生新服务。在新的贸易链条中，境外采购商的需求已经从单一的产品采购需求衍生为包括品牌策划、产品设计、营销推广、物流服务在内的综合服务需求，为境内工厂、贸易企业拓展了新的利润提升空间。

（二）"9810"跨境电商出口海外仓模式

"9810"即跨境电商出口海外仓，适用境内企业先将出口货物通过跨境物流送达海外仓，通过跨境电商平台线上成交后再从海外仓送达境外购买者的模式。跨境电商出口海外仓模式指：国内企业通过跨境物流将货物以一般贸易方式批量出口至海外仓，经跨境电商平台完成线上交易后，货物再由海外仓送至境外消费者的一种货物出口模式，即跨境电商 B2B2C 出口。

"9810"跨境电商出口海外仓的申报要求如下：选择跨境电商出口海外仓（9810）的企业申报前需上传海外仓委托服务合同等海外仓订仓单电子信息，并填写海外仓地址、委托服务期限等关键信息。出口货物入仓后需上传入仓电子信息，并填写入仓商品名称、入仓时间等关键信息。代理报关企业应填报货物对应的委托企业工商信息。企业申报的"三单信息"应为同一批货物信息（单证1：申报清单、物流单；单证2：交易订单、海外仓订仓单；单证3：物流单）。申报企业应对上传的电子信息、填报信息的真实性负责。

"9810"跨境电商出口海外仓的交易流程主要涉及跨境电商出口企业、物流企业、外贸综合服务企业、公共海外仓经营企业、跨境电商平台企业（境内或境外 B2C 平台）、境外物流企业、境外消费者等参与主体。具体出口流程如图6-4所示。

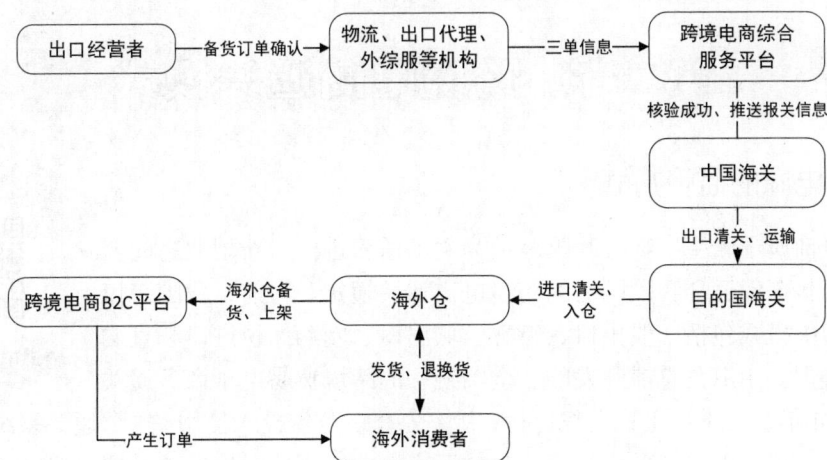

图6-4　"9810"跨境电商海外仓出口流程

跨境电商海外仓出口的本质是跨境电商 B2C 零售出口的升级演变，通过海外仓的前置备货，使商品更快送达境外消费者手中，其目的是更高效地服务境外消费者，提高跨境电商零售出口整体运行效率。特别是在疫情之下，海外仓对外贸企业的重要作用更加凸显。具体来说，"9810"跨境电商出口海外仓的优势主要如下。

（1）配送时效提升 70%以上。跨境物流的链条相对较长，主要环节包括国内物流、国内海关、国外海关、国外物流等，即便在空运物流形式下，通常也需要 15 天左右的时间才能到达消费者手中，且还要面临着破损率高、旺季拥堵等风险。B2B2C 海外仓出口模式下，商品到达消费者手中只需要经历国外本土物流一个环节，其他环节都已经前置完成，大大缩短了物流时间，甚至能够实现当日达、次日达，同时破损丢包率也有效降低，消费者购买体验大幅提升，促进消费者复购。

（2）销量提升 20%以上。商品进入海外仓后，在跨境电商平台中，商品所在地即为本地，境外消费者在选购商品时，为缩短收货时间，通常会优先选择当地发货，因此海外仓出口有助于提高销量。在本次疫情中，据业内人士表示，在美国、英国、德国和澳大利亚的海外仓因疫情原因交易量上升明显，在 20%～25%。此外，海外仓出口模式下物流时间大幅缩短，使得消费者因物流时间过长和物流信息不及时导致的物流纠纷明显减少，对于商品交易量提高和快速回款都有明显助益。

（3）物流成本更低。跨境电商 B2C 直邮出口以邮政小包为主，其物流通常采用航空客带货方式，近年来，E 邮宝价格逐年上涨。而 B2B2C 先将商品以一般贸易方式批量出口到海外仓，物流方式通常以海运为主，成本相对更低。以 3C 数码商品为例，B2C 直邮运费约为 120 元人民币，B2B2C 海运至海外仓运费则约合 60 元人民币。更低的物流成本意味着出口企业可以拥有更高的利润。

（4）售后更有保障。B2C 模式下，商品发生退换货问题时，由于再发货成本过高和时间过长，大多数卖家会退单，而商品通常在本地进行销毁、废弃，即便是换货，也大概率会导致境外消费者的负面评价，售后体验较差。B2B2C 模式下，卖家通过海外仓可以对商品进行有效的退换货处理，退换的商品也可以通过海外仓进行维修和二次包装，或批量复运回国内进行维修，给消费者带来更高品质的售后服务保障。

第二节　跨境电商通关模式

一、跨境电商的监管方式

跨境电商属于新生事物。我国海关为主动适应进出口新型业态的变化发展，积极探索适合我国国情的跨境电商通关模式。目前，我国跨境电商海关通关模式包括一般出口、特殊区域出口、网购保税进口和直购进口 4 种类型。由海关总署开发的、全国统一的跨境贸易电子商务通关

跨境电商通关模式

系统于 2014 年 7 月 1 日正式上线运行，并率先在广东省投入使用。这个通关系统依托电子口岸平台，实现和电子商务、物流、支付三方企业的高效对接，通过"清单核放、汇总申报"的方式，实现便捷通关和有效监管，提高通关效率，降低企业成本。

1. "9610" 海关监管方式

海关总署公告 2014 年第 12 号《关于增列海关监管方式代码的公告》增列海关监管方式代码 "9610"，全称为 "跨境贸易电子商务"，简称 "电子商务"。"9610" 海关监管方式适用于境内个人或电子商务企业通过电子商务交易平台实现交易，并采用 "清单核放、汇总申报" 模式办理通关手续的电子商务零售进出口商品（通过海关特殊监管区域或保税监管场所一线的电子商务零售进出口商品除外），即海关凭清单核放进出境，定期将已核放清单数据汇总形成进出口报关单，电子商务企业或平台凭此办理结汇、退税手续。以 "9610" 海关监管方式开展电子商务零售进出口业务的电子商务企业，监管场所经营企业、支付企业和物流企业应当按照规定向海关备案，并通过电子商务通关服务平台实时向电子商务通关管理平台传送交易、支付、仓储和物流等数据。

2. "1210" 海关监管方式

海关总署公告 2014 年第 57 号《关于增列海关监管方式代码的公告》增列海关监管方式代码 "1210"，全称 "保税跨境贸易电子商务"，简称 "保税电商"。"1210" 海关监管方式适用于境内个人或电子商务企业在经海关认可的电子商务平台实现跨境交易，并通过海关特殊监管区域或保税监管场所进出的电子商务零售进出境商品［该海关监管方式不适用于海关特殊监管区域、保税监管场所与境内区外（场所外）之间通过电子商务平台交易的零售进出口商品］。

"1210" 监管方式用于进口时仅限经批准开展跨境贸易电子商务进口试点的海关特殊监管区域和保税物流中心（B 型）。海关特殊监管区域包括保税区、出口加工区、保税物流园区、跨境工业园区、保税港区和综合保税区。上海保税进口试点在自贸区；杭州保税进口试点在出口加工区；宁波保税进口试点在宁波保税区；郑州保税进口试点在保税物流中心（B 型）"和新郑综保区；广州保税进口试点在南沙保税港区和白云机场综保区。这些都属于海关特殊监管区域或保税物流中心（B 型）。而 "保税仓库" 属于保税监管场所，不在 "1210" 监管方式范围内。以 "1210" 海关监管方式开展跨境贸易电子商务零售进出口业务的电子商务企业、海关特殊监管区域或保税监管场所内跨境贸易电子商务经营企业、支付企业和物流企业应按照规定向海关备案，并通过电子商务平台实时传送交易、支付、仓储和物流等数据。

以 "1210" 海关监管方式开展跨境贸易电子商务零售进出口业务的电子商务企业、海关特殊监管区域或保税监管场所内跨境贸易电子商务经营企业、支付企业和物流企业应按照规定向海关备案，并通过电子商务平台实时传送交易、支付、仓储和物流等数据。

海关总署公告 2018 年第 194 号《关于跨境电商零售进出口商品有关监管事宜的公告》指出，自 2019 年 1 月 1 日起，适用 "网购保税进口"（海关监管方式代码 "1210"）政策的城市包括天津、上海、重庆、大连、杭州、宁波、青岛、广州、深圳、成都、苏州、合肥、福州、郑州、平潭、北京、呼和浩特、沈阳、长春、哈尔滨、南京、南昌、武汉、长沙、南宁、海口、贵阳、昆明、西安、兰州、厦门、唐山、无锡、威海、珠海、东莞、义乌 37 个城市（地区）。

3. "1239" 海关监管方式

海关总署公告 2016 年第 75 号《关于增列海关监管方式代码的公告》增列海关监管方式代码 "1239"，全称 "保税跨境贸易电子商务 A"，简称 "保税电商 A"。"1239" 海关监管方式适用于境内电子商务企业通过海关特殊监管区域或保税物流中心（B 型）一线进境的跨境电商零售进口商品。

4. "9710""9810"海关监管方式

海关总署 2020 年 6 月 13 日发布了《关于开展跨境电子商务企业对企业出口监管试点的公告》，公告中增列了海关监管方式代码"9710"和"9810"，并决定在北京、天津、南京、杭州、宁波、厦门、郑州、广州、深圳、黄埔 10 个地方海关开展跨境电商企业对企业出口监管试点，再根据试点情况及时在全国海关复制推广。该公告自 2020 年 7 月 1 日起施行。

"9710"，全称"跨境电子商务企业对企业直接出口"，简称"跨境电商 B2B 直接出口"，适用于跨境电商 B2B 直接出口的商品，即境内企业通过跨境电商平台与境外企业达成交易后，通过跨境物流将商品直接出口送达境外企业。"9810"，全称"跨境电子商务出口海外仓"，简称"跨境电商出口海外仓"，适用于跨境电商出口海外仓的商品，即境内企业将出口商品通过跨境物流送达海外仓，通过跨境电商平台实现交易后从海外仓送达消费者手中。跨境电商企业对企业出口商品应当符合检验检疫相关规定。

跨境电子商务企业对企业监营试点的推出，对跨境电商的划分更加具体全面，利于政府获取数据和及时调整政策，进一步拓展了跨境电商的领域和空间，引导跨境电商合规全面发展。

"9610"是针对跨境电商的海关监管方式代码，而"1210"则是针对入驻保税区（B 型保税物流中心）的跨境电商的海关监管方式代码。"9610"针对的是已经售出的商品，商品存放在保税仓库的暂存区，等待清关和国内运输；"1210"针对的是尚未销售的商品，商品存放在保税仓库，需要等待销售完成之后才会清关并运输到消费者手中。

"1239"和"1210"都是针对保税区的海关监管方式，但针对的城市不同，是海关内部的监管所致，方便海关自身工作。"四八新政"后，国内保税进口分化成两种：一是新政前批复的具备保税进口试点的城市；二是新政后开放保税进口业务的其他城市。海关为了将二者区分开来：对于免通关单的 37 个试点城市，继续使用"1210"海关监管方式；对于需要提供通关单的其他城市（非试点城市），使用"1239"海关监管方式。

二、跨境电商9610通关模式

跨境电商"9610"通关模式包括"9610"直购进口通关模式和"9610"一般出口通关模式，以下将详细介绍两种通关模式的业务流程以及通关模式。

1. "9610"直购进口通关模式

"9610"直购进口通关模式下，消费者下单至最终收到货物的整个业务流程如图 6-5 所示。

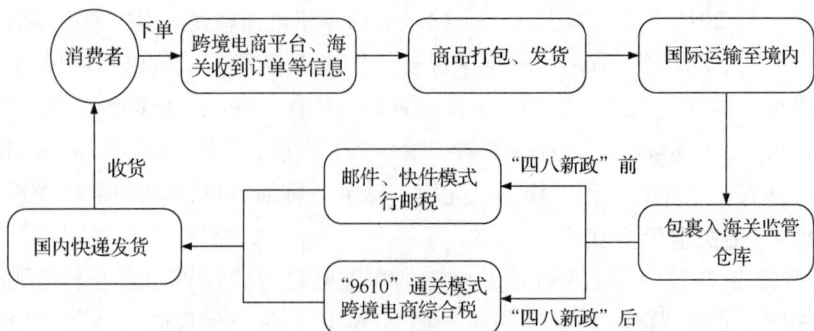

图 6-5 "9610"跨境电商直购进口通关模式业务流程

消费者在跨境电商平台下单后，申报企业通过跨境电商通关服务平台进行申报，并向海关发送交易、支付及物流等信息。商品在海外仓完成打包，以邮件、快件方式运送至境内。包裹进入海关监管仓库后，通过检验检疫、查验，按照跨境电商零售进口商品征收税款等环节后完成清关，最后通过境内物流跨境商品被运送到消费者手中。"9610"直购进口通关模式与保税备货模式相比，不受保税区备货规模的限制，上新速度更快，品类更丰富，更适合做全品类、大平台的进口电商。"9610"跨境电商直购进口通关模式业务流程如图6-3所示。

海关总署公告2018年第194号《关于跨境电子商务零售进出口商品有关监管事宜的公告》指出，"9610"直购进口通关模式下，邮政企业、进出境快件运营人可以接受跨境电子商务平台企业或跨境电子商务企业境内代理人、支付企业的委托，在承诺承担相应法律责任的前提下，向海关传输交易、支付等电子信息。

"9610"直购进口通关模式的通关流程如图6-6所示。

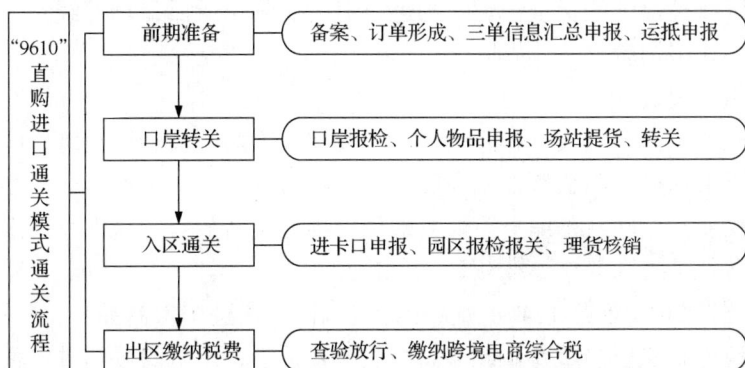

图6-6 "9610"直购进口通关模式通关流程

（1）前期准备

前期所做的准备主要包括4个方面——备案、订单形成、三单信息汇总申报以及运抵申报。跨境电商企业必须事先将企业信息、商品信息进行备案，备案后企业才能在平台中上架商品。消费者在跨境电商平台购买商品并成功支付后形成订单，跨境电商企业或者跨境电子商务企业境内代理人、支付企业、物流企业分别将交易、支付、物流等电子信息传输给国际贸易"单一窗口"或跨境电子商务通关服务平台。服务平台集齐三单信息后，自动生成清单供有报关报检资质的企业进行申报。直购进口商品运抵场站后，向海关进行运抵申报。

（2）口岸转关

"9610"直购进口模式进口的个人物品在运抵我国一线口岸后，应在口岸办理转关手续，将物品运输到跨境电商园区后再办理通关手续。

口岸转关包括口岸报检、个人物品申报、场站提货和转关4个步骤。口岸报检前需事先准备好由跨境园区检务部门签发并加盖检验检疫专用章的检验检疫工作联系单。口岸机场检务部门受理报检后，在检验检疫工作联系单和受理申报证明上签字并盖检验检疫专用章。申报时先发送申报物品的运单信息，收到回执后再发送个人物品申报单。按机场货站进港部的提货要求提货。办理口岸转关需提供单据：跨境电商空转陆联系单（一式两联）、提单正本和复印件（两份）、物品清单（一份）和监管车白卡（正本）。海关审核无误后，武警现场清点货物，无须查验的直接加封关锁。封关后由转出地（机场海关）签发关封，转关车辆在口岸海关加封海关关锁后开至目的地的跨境园区进行卸车、清关。

（3）入区通关

入区通关包括进卡口申报、园区报检报关和理货核销 3 个步骤。"9610"直购进口货物运抵跨境电商园区后，先在跨境核销专窗进行核销操作，再在进区卡口办理验放，由武警在进区卡口核放单上签章。货物进入园区后进行报检报关，办理检验检疫手续时需提供单据：跨境电商检验检疫工作联系单（一式两联）、提单复印件（一份）、物品清单（一份）、承诺书（一份），检务部门受理报检后进行审单；报关时需向园区海关提供：跨境电商空转陆联系单（一式两联）、提单复印件（复印件两份）、物品清单（一份）、监管车白卡（正本）、进区卡口核放单，园区海关受理申报后，凭转关资料拆解进入园区的监管货物，并在海关系统内审核已申报运单、订单数据。海关解封关锁后交由园区理货公司理货，理货公司完成理货后向园区海关提供理货报告。货物进入海关监管场所后，场站经营人向海关申报入库明细单数据后，核销舱单。

（4）出区缴纳税费

出区缴纳税费包括查验放行和缴纳跨境电商综合税两个步骤。在跨境电商仓库场站人员对包裹进行逐单扫描，确认货物无误后，检务部门在联系单上签字，并在交接单上签字核销已用检验检疫工作联系单编号。海关确认货物无误后放行，境内物流企业负责将货物运送至境内消费者手中。

海关总署公告 2018 年第 194 号《关于跨境电商零售进出口商品有关监管事宜的公告》规定：对于跨境电商零售进口商品，海关按照国家关于跨境电商零售进口税收政策征收关税和进口环节增值税、消费税，完税价格为实际交易价格，包括商品零售价格、运费和保险费。跨境电商零售进口商品的申报币制为人民币。代收代缴义务人应当如实、准确向海关申报跨境电子商务零售进口商品的商品名称、规格型号、税则号列、实际交易价格及相关费用等税收征管要素。为审核确定跨境电子商务零售进口商品的归类、完税价格等，海关可以要求代收代缴义务人按照有关规定进行补充申报。海关对符合监管规定的跨境电子商务零售进口商品按时段汇总计征税款，代收代缴义务人应当依法向海关提交足额有效的税款担保。海关放行后 30 日内未发生退货或修撤单的商品，代收代缴义务人在放行后第 31～45 日内向海关办理纳税手续。

2."9610"一般出口通关模式

"9610"一般出口通关模式也称为跨境电商 B2C 一般出口通关模式，是指境外消费者在跨境电商平台上下单后，电子商务企业及海关获得订单、支付、物流等信息，跨境电商企业将商品从仓库送往海关监管仓库，电子商务企业或代理人向海关提交。《中华人民共和国海关跨境电子商务零售进出口商品申报清单》（以下简称《申报清单》，采取通关无纸化作业方式进行申报）规定，商品以邮件、快件方式运送出境。跨境电子商务综合试验区海关采用"简化申报、清单核放、汇总统计"方式通关，其他海关采用"清单核放、汇总申报"方式通关。海关查验放行后，通过跨境物流方式将商品运送至境外消费者手中。

"9610"一般出口通关模式下，消费者下单至最终收到货物的具体业务流程如图 6-7 所示。

"9610"一般出口通关模式通关流程如图 6-8 所示。

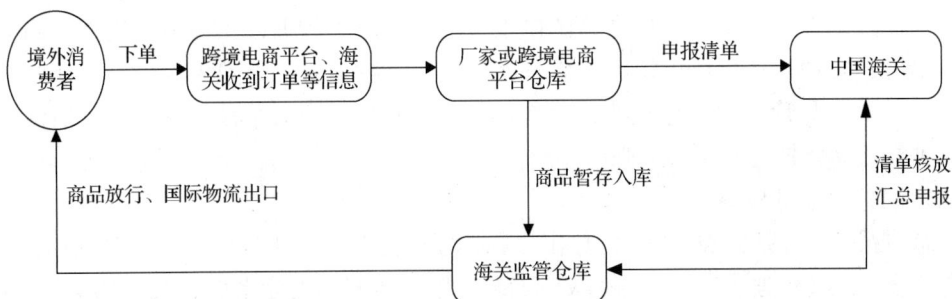

图 6-7 "9610" 一般出口通关模式业务流程

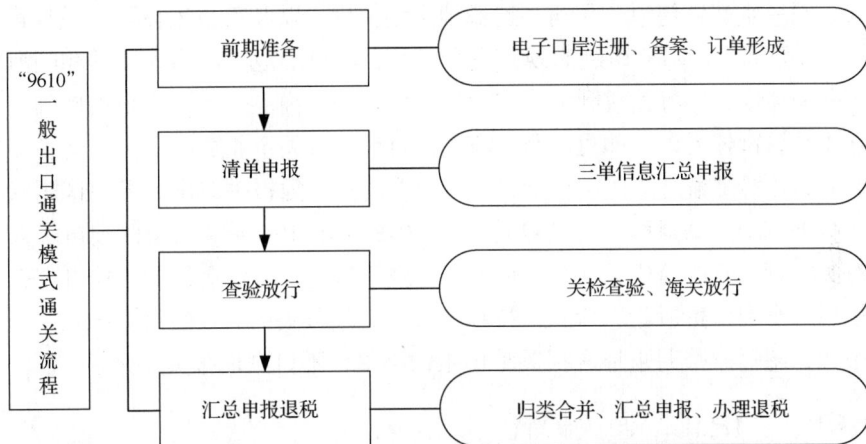

图 6-8 "9610" 一般出口通关模式通关流程

（1）前期准备

前期准备包括电子口岸注册、备案和订单形成 3 个步骤。跨境电商企业获得入驻的跨境园区管委会以及当地口岸相关监管部门（海关等部门）认可后，进入电子口岸网站注册并登录，再传输盖有公章的资料给当地电子口岸相关部门。跨境电商企业完成电子口岸注册登记手续后，登录跨境电商通关服务平台，分别进行企业信息和商品信息备案，待海关等部门审批通过后，备案完成。消费者在跨境电商平台上购买并支付后形成订单。

（2）清单申报

物流企业集中各跨境电子商务企业商品运至指定监管区域（如国际邮政、国际机场、指定跨境园区），再统一送往机场仓，形成一个航空主运单信息，并将主运单及其对应的小包裹运单信息发送至本地的跨境电子商务通关服务平台。跨境电商零售出口商品申报前，跨境电商企业或其代理人、物流企业应当分别通过国际贸易"单一窗口"或跨境电子商务通关服务平台向海关传输交易、收款、物流等电子信息，并对数据真实性承担相应法律责任。跨境电子商务通关服务平台将接收到的三单信息汇总生成清单信息，报关企业在跨境电商通关服务平台中逐项或批量地将清单数据发送至海关，进行申报；海关清单核放系统对申报数据按照出境物品进行校验、审核。

（3）查验放行

查验放行包括关检查验和海关放行两个步骤。目前检务部门对一般出口模式实行集中申报、集中办理放行手续，以检疫监管为主，基于商品质量安全的风险程度实施监督抽查。

报关企业通过出入境快件检验检疫系统申报检验检疫电子数据，由检务部门系统布控，获取查验单号；货物抵达机场口岸海关监管库，核实货物重量、件数无误后，打印好提单，申请海关关员去监管库抽取查验件，目前抽查比例控制在 1%左右，查验通过后海关在提单上盖进仓确认章放行。

（4）汇总申报退税

汇总申报退税包括归类合并、汇总申报和办理退税 3 个步骤。跨境电商零售商品出口后，跨境电商企业或其代理人应当于每月 15 日前（当月 15 日是法定节假日或者法定休息日的，顺延至其后的第一个工作日），将上月结关的《申报清单》依据清单表头同一收发货人、同一运输方式、同一生产销售单位、同一运抵地出境关别，以及清单表体同一最终目的地、同一 10 位海关商品编码、同一币制的规则进行归并，汇总形成《中华人民共和国海关出口货物报关单》向海关申报。海关收到汇总申报后，根据归类商品审批表、报关单归并对应表进行报关信息审核，审核无误后即可放行。海关放行后，报关企业需向海关申请签发报关单出口退税证明联，并转交给跨境电商企业，由跨境电商企业凭报关单出口退税证明联及其他要求的单证向税务部门申请退税。海关总署公告 2018 年第 194 号《关于跨境电子商务零售进出口商品有关监管事宜的公告》规定，根据现行政策规定，需要退税的跨境电商企业要在海关放行货物后一个月内进行汇总申报。特殊情况需延期报关的，须经海关同意，延期最长不得超过三个月，超过三个月未形成报关单申报的清单，不再办理报关手续。

三、跨境电商"1210"通关模式

1."1210"网购保税进口通关模式

"1210"网购保税进口通关模式是指符合条件的电商企业或平台与海关联网，电商企业预测市场销售情况，将一些畅销品提前备货到海关特殊监管区域或保税物流中心（B 型）并向海关申报，海关实施账册管理。境内个人网购区内商品后，电商企业或平台将电子订单、支付凭证、电子运单等信息传输给海关，电商企业或代理人向海关提交清单，海关按照跨境电商零售进口商品征收税款，验放后账册自动核销。境内快递公司将商品运送至消费者手中。这种模式比"9610"直购进口通关模式的"到货速度"更快。

"1210"网购保税进口通关模式业务流程如图 6-9 所示。"1210"网购保税进口模式具体通关流程如图 6-10 所示。

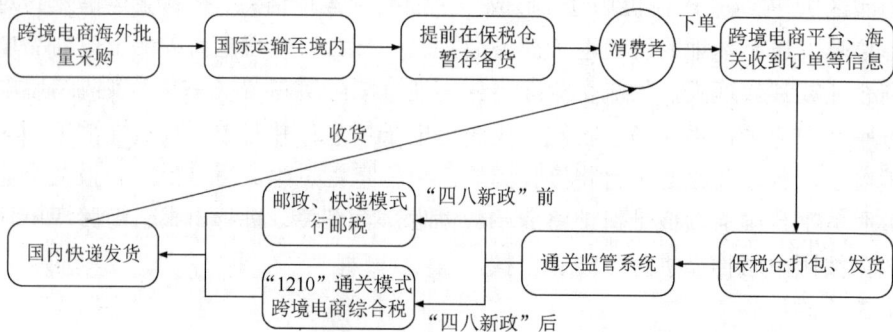

图 6-9 "1210"网购保税进口通关模式业务流程

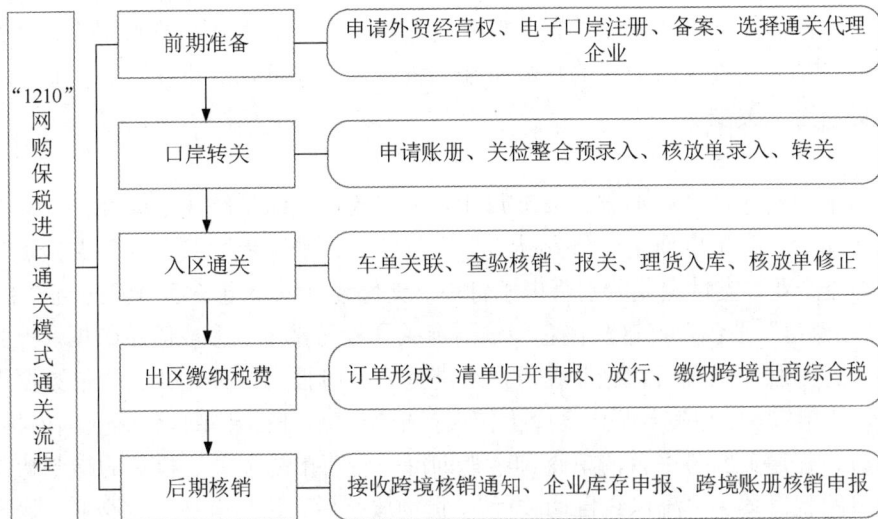

"1210"网购保税进口通关模式通关流程	前期准备	申请外贸经营权、电子口岸注册、备案、选择通关代理企业
	口岸转关	申请账册、关检整合预录入、核放单录入、转关
	入区通关	车单关联、查验核销、报关、理货入库、核放单修正
	出区缴纳税费	订单形成、清单归并申报、放行、缴纳跨境电商综合税
	后期核销	接收跨境核销通知、企业库存申报、跨境账册核销申报

图 6-10 "1210"网购保税进口通关模式通关流程

（1）前期准备

前期准备包括申请外贸经营权、电子口岸注册、备案、选择通关代理企业。跨境电商企业首先需申请并取得外贸经营权，并获得入驻园区管委会及口岸相关监管部门（海关等部门）认可，签订跨境电子商务综合服务合同后，到电子口岸网站注册并办理电子口岸卡。企业登录指定的跨境电商通关服务平台网站，进行企业备案与商品备案，待海关等部门审批通过后，备案完成。海关备案企业需到现场验证原件。跨境电商企业选择具备跨境业务报关资质的报关行作为通关代理。

（2）口岸转关

口岸转关包括申请账册、关检整合预录入、核放单录入、转关 4 个步骤。"1210"网购保税进口业务在海关特殊监管区域和保税物流中心（B 型）内开展。在将货物运入特殊监管区之前，还需要做好入区准备工作。跨境电商企业应准备好检务部门需要及海关审批的商品备案明细表，申请账册并申报，申报成功后通知境外供应商发货。境外供应商发货至我国境内口岸，并提供相应的单证（如发票、装箱单、提单等）。货物运抵境内口岸后，代理报关行办理关检整合报关单预录入。海关登录特殊监管区域信息管理系统，录入核放单。按现行监管政策，"1210"网购保税进口货物需按直接转关的方式，从一线入境口岸转关到特殊监管区进行报关。

（3）入区通关

货物运抵保税监管区后，暂时存放在园区内的保税仓库，需在办理二线入区通关手续后才能入库，再在电商平台上架进行售卖。

入区通关包括车单关联、查验核销、报关、理货入库、核放单修正 5 个步骤。在转关运输的跨境电商货物进入特殊监管区域前，场站管理人员需要关联进区卡口的运输车辆与核放单，作为车辆进入内卡时放行的依据。运输车辆驶入保税园区后停于场站前，报关行联系园区的海关查验人员办理查验手续，查验完成后，海关核销汽车载货登记簿（白卡）、舱单。查验核销后进行入区报关。报关完成后，保税园区的仓库工作人员进行理货操作，拆开箱子将每件商品贴上条码后放置于保税仓货架。园区海关登录特殊监管区域信息管理系统，根据场站公司理货后形成的货物明细，核对入区前推送的货物数据，修正核放单信息后同步更新至海关端。

（4）出区缴纳税费

出区缴纳税费包括订单形成、清单归并申报、放行、缴纳跨境电商综合税4个步骤。货物成功入库后，跨境电商企业将商品上架进行销售，消费者购买商品并支付货款后，电商企业、物流企业、支付企业分别将电子订单、支付凭证以及电子运单发送至"单一窗口"平台，"单一窗口"平台再将这些信息传输给海关和检务部门，形成清单数据。报关行将清单数据导入通关服务系统后，企业登录系统进行清单申报，报关行核实清单数据无误后确认清单，归并申报。审单完成后，仓库工作人员根据订单进行装箱打包贴上国内物流面单。机检完毕后，在通关服务平台清单查询中查询每一份清单的海关、检务的指令状态，确保每一份清单的状态均为"流水线自动放行"。货物放行后，跨境电商平台企业、物流企业或申报企业作为税款的代收代缴义务人进行跨境电商综合税缴纳。

（5）后期核销

在跨境电商企业销售的商品通过国内物流企业运送到消费者手中后，物流企业将收货信息发送至"单一窗口平台"。之后跨境电商企业需要办理跨境账册的后期核销工作，包括接收跨境核销通知、企业库存申报、跨境账册核销申报。

2."1210"特殊区域出口通关模式

企业根据境外市场预期提前备货，货物入库后，保税仓工作人员进行收货理货查验后，按照货物的 HS 编码查询具体监管条件进行质检，质检后如果商品不合标准则进行退货；如果新产品处于试水阶段，则归类为非保税货物，暂存于保税仓非保税区域；如果产品有明确的市场预期则报关入区，贴标装箱等待发货。对于已入区退税商品，境外个人网购后，海关凭清单核放，出区离境后，海关定期将已放行清单归并形成出口报关单。根据订单的主体和运输方式的不同，存在空运海运出口和快递小包出口两种出口形式。

"1210"特殊区域出口通关模式的业务流程如图 6-11 所示。"1210"特殊区域出口通关模式通关流程如图 6-12 所示。

（1）前期准备

前期准备包括申请外贸经营权、海关注册登记以及申请账册3个步骤。跨境电商企业需事先申请外贸经营权，并在海关进行注册登记和申请适用于特殊区域的电子账册（如 H 账册），方便海关对特殊区域货物的监管。

（2）入区准备

入区准备包括提前备货、准备报关材料、预录入报关数据和质检4个步骤。跨境电商企业根据境外市场预期，事先将商品提前备货整批运进特殊区域。由于特殊区域属于"境内关外"，所以区内电商企业或其代理人作为商品购买方，需进行入区报关；区外电商企业的供货商则需进行出口报关。跨境电商企业报关前需准备好相关单据（如发票、箱单、合同等）。跨境电商企业或其代理人在"单一窗口"或保税区园区系统预录入报关数据。一般商品在出口贸易中不需质检，少数商品需要办理质检（可按照货物的 HS 编码查询具体监管条件确定）。

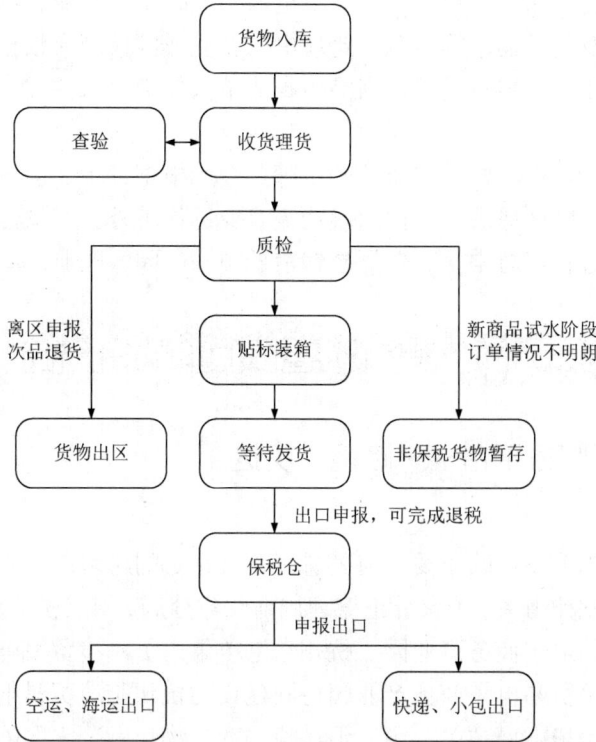

图 6-11　"1210"特殊区域出口通关模式业务流程

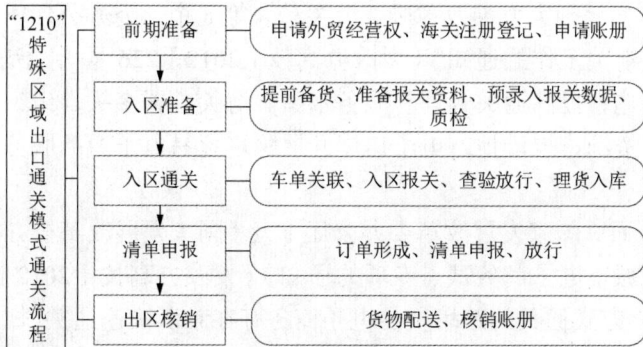

图 6-12　"1210"特殊区域出口通关模式通关流程

（3）入区通关

入区通关包括车单关联、入区报关、查验放行和理货入库 4 个步骤。商品入区前，需办理车单关联手续，便于园区监管。商品进入特殊区域时，跨境电商企业或其代理人将《中华人民共和国海关出境货物备案清单》传输给海关审核，并进行入区报关。车辆入区时，卡口凭《入区核放单》验放。商品入区后，园区海关查验通过后放行。放行后，仓储工作人员理货入库。

（4）清单申报

清单申报包括订单形成、清单申报以及放行 3 个步骤。商品存入保税仓后，跨境电商企业开始在平台中销售，用户下单并支付后，电商企业、支付企业、物流企业向海关发送电子订单、支付凭证及电子运单等信息。跨境电商企业或其代理人根据三单信息生成《中华人民共和国海关跨境电商零售进出口商品申报清单》，传输给海关，海关审核无误后放行。

（5）出区核销

出区核销包括货物配送和核销账册两个步骤。仓库根据订单、运单信息，汇集同一目的地的商品，装箱打包贴面单后，交由跨境物流企业运往境外。在试点城市的综试区范围内，商品出境后不需进行汇总申报，但需核销前期申请的园区账册。

第三节　跨境电商通关平台

一、跨境电商通关服务平台——跨境一步达

1. 产生背景

跨境一步达，是国家发展改革委、海关总署首批认定的跨境电子商务通关服务平台，是浙江电子口岸协同杭州海关、国家外汇管理局浙江省分局、国家税务总局浙江省税务局、中国（杭州）跨境贸易电子商务产业园、杭州空港（萧山）跨境贸易电子商务产业园和杭州经济技术开发区跨境贸易电子商务产业园协同建设的杭州跨境贸易电子商务服务试点一站式平台，旨在打破跨境电商"关、税、汇、检、商、物、融"之间的信息壁垒，建成产业园区的"单一窗口"平台。

2012 年 2 月 6 日，国家发展改革委、海关总署等 8 个部委办公厅下发《关于促进电子商务健康快速发展有关工作的通知》（发改办高技〔2012〕226 号），指出："研究跨境贸易电子商务便利化措施，提高通关管理和服务水平。海关总署牵头，组织利用各示范城市的地方电子口岸平台资源，推动地方电子口岸开展跨境贸易电子商务服务，并在相关示范城市组织开展试点。"

2012 年 5 月 8 日，国家发展改革委办公厅下发《国家发展改革委办公厅关于组织开展国家电子商务示范城市电子商务试点专项的通知》（发改办高技〔2012〕1137 号），指出："针对以快件或邮件方式通关的跨境贸易电子商务存在难以快速通关、规范结汇及退税等问题，由海关总署组织有关示范城市开展跨境贸易电子商务服务试点工作。重点支持电子口岸建设机构完善跨境贸易电子商务综合服务系统，外贸电子商务企业建立在线通关、结汇、退税申报等应用系统。研究跨境电子商务相关基础信息标准规范、管理制度，提高通关管理和服务水平。"

2013 年，全国首个跨境贸易电子商务产业园，中国（杭州）跨境贸易电子商务产业园下城区开园，意味着杭州跨境贸易电子商务服务试点工作取得了阶段性成果，是试点工作成功迈出的第一步。2013 年 5 月 20 日，浙江电子口岸建设的"跨境一步达"网站正式上线。2013 年 7 月 25 日，浙江电子口岸建设的"电子口岸跨境一步达"微信公众号正式上线。

2. 阳光服务，一步即达

跨境一步达平台中已入驻天猫国际、京东全球购、顺丰海淘、考拉海购、银泰网、中外运、EMS、顺丰、支付宝、连连支付、财付通等数十家大型电商平台，并在杭州海关、国家外汇管理局浙江省分局、浙江省税务局、中国（杭州）跨境贸易电子商务产业园、杭州空港（萧山）跨境贸易电子商务产业园和杭州经济技术开发区跨境贸易电子商务产业园协同管控下运行，是一个功能完备、便利高效、阳光运行、规范健康的公共服务平台。

跨境一步达平台运用电子商务产业园的政策优势，采取直邮（一般进口）或备货（保税进口）模式，在进口报关、检验检疫、网上销售环节，经过全程阳光监管，避免传统“海淘”市场混乱、假冒伪劣产品充斥、产品追溯难等问题的出现。产品依法入境销售，产品可溯源，品质更有保证。

跨境一步达平台所提供的服务为消费者带来了以下便利。

（1）产品认证

跨境一步达平台上的产品，是由杭州跨境贸易电子商务试点商家从境外采购的，它们以一般贸易方式批量进境并存储在杭州保税区，再由杭州保税区实行“境内关外”运作方式，统一进行派送。每批次货物出关前都经过杭州海关的抽查、检验检疫，确保每一件运送到消费者手上的跨境产品都是正宗进口，品质有保证的。

（2）精选产品

跨境一步达平台为消费者精选并优先推荐保税区发货、价格更具竞争力的海淘热销产品。

（3）状态跟踪

通过跨境一步达平台可以实时掌握包裹运输状态，轻松查看海关清关、境内发货收货状态。

（4）税单查询

在跨境一步达平台上可以在线查询并打印海淘税单及个人物品申报单。个人物品申报单示例如图 6-13 所示。

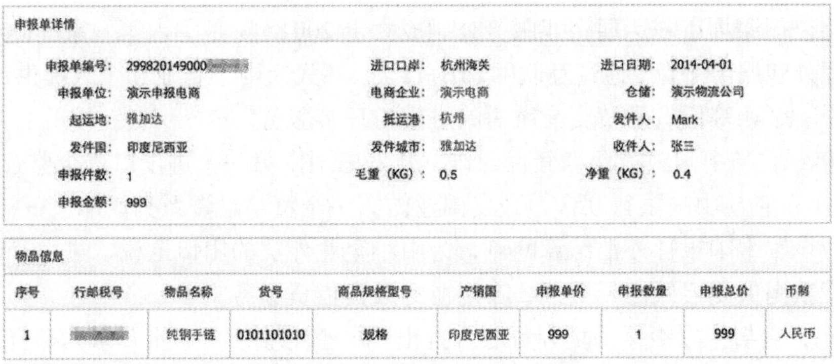

申报单详情

申报单编号：	299820149000[illegible]	进口口岸：	杭州海关	进口日期：	2014-04-01
申报单位：	演示申报电商	电商企业：	演示电商	仓储：	演示物流公司
起运地：	雅加达	抵运港：	杭州	发件人：	Mark
发件国：	印度尼西亚	发件城市：	雅加达	收件人：	张三
申报件数：	1	毛重（KG）：	0.5	净重（KG）：	0.4
申报金额：	999				

物品信息

序号	行邮税号	物品名称	货号	商品规格型号	产销国	申报单价	申报数量	申报总价	币制
1	[illegible]	纯铜手链	0101101010	规格	印度尼西亚	999	1	999	人民币

图 6-13　个人物品申报单示例

（5）产地追溯

如图 6-14 所示，从跨境一步达平台上购买的产品可扫码溯源，准确追溯产品的起运地、装载港，验明货物来源。

3. 商家服务

（1）当前进出口电商的困境

由于进口电商未纳入进口货物通关模式的适用范围，境内电商在境外进行产品采购后，面临难以进行付汇，产品国际配送周期长且由于主要采用空运方式，物流成本较高等困境。出口电商面临电子商务品类繁多、出货频率高，每批次的交易以单件为主，正常报关会产生巨额报关成本；无法正常结汇，大部分的销售货款都是通过灰色渠道回到境内，企业面临着巨大的法律风险；无法正常退税等困境。

（2）跨境一步达平台服务解决方案

针对跨境电商进口，跨境一步达按照海关总署 2014 年第 56 号、第 57 号监管要求，全面支持"直邮进口"和"保税进口"模式，以"快速通关、便捷服务"为目标，引导境内消费者通过"阳光"通道进行跨境网购活动，全程电子化管理，实现产品溯源。

图 6-14　扫码溯源

针对跨境电商出口，利用信息化手段优化通关流程，符合跨境贸易电子商务（"9610"）海关监管方式，通过"清单核放、汇总申报"的业务模式，解决小额跨境贸易电子商务企业存在的难以快速通关、规范结汇及退税等问题。

二、跨境电商综合服务平台——阿里巴巴-达通

1. 产生背景

阿里巴巴一达通是阿里巴巴旗下外贸综合服务平台，是服务于中小企业的外贸综合服务行业的开拓者，致力于推动传统外贸模式的革新。它通过线上化操作及建立有效的信用数据系统、整合各项外贸服务资源和银行资源，为中小企业提供专业、低成本的通关、外汇、退税、配套物流和金融服务。

其原始公司深圳市一达通企业服务公司成立于 2001 年，是国内第一家面向中小企业的进出口流程外包服务平台，通过互联网（IE+IT）一站式为中小企业和个人提供通关、物流、外汇、退税、金融等所有外贸交易所需的进出口环节服务。

2003 年，它与中国银行深圳分行合作，开发出国内第一个进出口资金监管系统。

2008 年，它与中国银行联合，开发出业内第一个贸易融资系列产品——"融资易"，并首创国内设置中国银行外汇结算网点，为中小企业外贸的出口退税、进口开证和出口信用证打包贷款提供无担保、无抵押、零门槛的融资信贷服务。

2011 年，它与中国银行深圳分行联合推出"中小企业外贸通宝"系列融资产品，无须任何抵押和担保。

2012 年，它与阿里巴巴联合推出"一达通数据服务"，是全国首创的第三方数据认证平台，被国家发展改革委列为国家电子商务试点平台。截至 2012 年年底，一达通服务中企业客户突破 10 000 家，年进出口总额突破 20 亿美元，在全国一般贸易出口企业百强榜中排名第九。

2013 年，一达通全自助在线服务平台上线；2013 年 1 月的最后一周，其每天进出口额超过 2 000 万美元，一周内完成了 1 亿美元进出口额。

2014 年，阿里巴巴集团全资收购一达通，并将一达通列为阿里巴巴打造外贸生态圈的重要组成部分。基于这些贸易大数据的应用，阿里巴巴开始打造信用保障体系，为境外卖家的生意保驾护航。

2. 外贸综合服务

一达通提供一站式外贸综合服务，产品包括基础服务和增值服务。

（1）基础服务

基础服务存在两种形式：一种是出口综合服务"3+N"，"3"指代通关、外汇和退税服务；另一种是出口代理服务"2+N"，"2"指代通关和外汇服务。阿里巴巴一达通基础服务页面如图 6-15 所示。

图 6-15　阿里巴巴一达通基础服务页面

① 通关服务。以一达通的名义完成全国各口岸海关、商检的申报。

② 外汇服务。中国银行首创在一达通公司内设置外汇结算网点，提供更方便、快捷的外汇结算服务。用户直享外管 A 级资质待遇，可灵活选择结汇时间。它亦可为用户提供外汇保值服务，提前锁定未来结汇或购汇的汇率成本，防范汇率波动风险。

③ 退税服务。为企业与个人正规、快速办理退税，加快资金周转，同时提供个性化的退税融资服务，满足不同类型企业的退税融资需求。

出口综合服务与出口代理服务的具体服务内容及差异如表 6-2 所示。

表 6-2　　　　　　　　　　　　出口综合服务和出口代理服务

项目	出口综合服务	出口代理服务
基础服务	通关、外汇、退税	通关、外汇
准入条件	1. 出口产品非一达通出口综合服务禁止操作产品 2. 出口产品开票人须为生产型一般纳税人企业且满足特定要求。例如，浙江省企业须符合一般纳税人工厂资质，具备出口产品的生产线，具备最后加工的环节，且开票人须为一般纳税人且一般纳税人认定时间需满 6 个月	1. 出口产品非一达通出口代理服务禁止操作产品 2. 企业须具有出口退（免）税资格认定

续表

项目	出口综合服务	出口代理服务
税务操作	一达通代为退税	1. 用户办理委托出口货物证明 2. 一达通办理代理出口货物证明 3. 用户自行进行退（免）税申报
垫付退税条件	同时满足下述 3 个条件后，在 3 个工作日内，一达通可先行垫付退税金额给实际开票方 1. 外汇款收齐 2. 若为一达通报关，报关放行即可；若为客户自行报关，则结关状态需为已结关 [备注：实施启运港退税政策的出口货物暂时仍需要提供纸质出口货物报关单证明联（出口退税专用），主要为南京市龙潭港、苏州市太仓港、连云港市连云港、芜湖市朱家桥港、九江市城西港、岳阳市城陵矶港、青岛市前湾港、武汉市阳逻港 8 个港口] 3. 增值税发票核票无误	无

（2）增值服务

① 金融服务

a. 网商流水贷。网商流水贷面向使用一达通出口基础服务的用户，由阿里巴巴联合多家银行共同推出。它以一达通外贸综合服务平台的用户出口数据为授信依据，零抵押，零担保，简化了传统线下的复杂授信调查，申请人只要同时满足是企业法定代表人或个体工商户负责人，企业工商注册时间满半年，是阿里巴巴国际站付费会员或一达通会员 3 个条件便可申请网商流水贷。

b. 超级信用证。由阿里巴巴专家团队审证、制单、交单，规避信用证软条款和不符点，同时对开证国家和银行做风险资质专业评估，全面把控风险。出货后，用户还可申请 100% 买断服务，将风险转让给阿里巴巴，提前收汇。

c. 备货融资。备货融资是阿里巴巴联合网商银行推出的基于信用保障订单的低息短期贷款服务，可以满足出口商解决备货期间的生产、采购资金需求，提高企业接单能力。用户在信用保障订单收齐预付款（或收到信用证正本）后即可申请放款，且支持企业/个人账户收还款。

② 物流服务

一达通可以完成全国各口岸海关、商检的申报。它具有海关顶级资质，享受绿色通关通道，提供跨境物流服务、海运整柜和拼箱、跨境快递到仓和门到门服务、集港拖车等服务。一达通可实现在线查询船期、订舱操作，费用透明。

3. "一拍档"服务

"一拍档"即一达通的拍档，是阿里巴巴一达通基于外贸综合服务平台，为完善外贸服务生态而探索的新模式。该模式旨在使外贸生态链条上的各类第三方服务企业（如货代、外贸进出口代理、报关行、财税公司等）成为阿里巴巴一达通紧密的合作伙伴，为一达通用户提供本地化、贴身化、个性化的低成本出口配套服务。

（1）服务范围

"一拍档"的服务范围包括为用户提供使用一达通出口通关、结汇、退税、金融、物流等服务的相关咨询及制单、下单、跟单等外贸服务，同时在这些过程中，合作伙伴可根据自己的业务优势提供配套的物流定制、指导办理商检等个性化定制服务，为用户提供更加系统的外贸服务。

（2）操作模式

① 一达通的操作方面的咨询及实际操作由一拍档承接，用户需要线上绑定一拍档并线上确认服务费，具体费用线下用户自行结算给一拍档。若用户需要代操服务费发票，则一拍档应根据其在外贸服务市场的发票说明向用户开具。

② "一拍档"服务协助解决用户对阿里巴巴产品的问题（如一达"3+N"、CGS、网商流水贷、P4P等），一达通运营顾问和用户经理也协助一拍档解决同类问题。

③ "一拍档"服务自营模式下的代理服务方式保持不变，但发票抬头和收款账号统一换成一达通。

三、中国（杭州）跨境电子商务综合试验区——六体系两平台

1. 产生背景

2013 年，我国电子商务交易额达 10 万亿元，首次超过美国，成为世界电子商务第一大国。同年，国家将杭州列为首批跨境电商贸易试验区和电子商务示范区。2013 年 12 月，杭州市政府和阿里巴巴集团签订了战略合作协议，欲打造全球的电子商务总部，并希望把总部设在杭州，因为这是建立杭州综试区的基础。

2014 年，浙江省跨境电商发展迅速并取得了突破性进展，跨境电商成为浙江新的外贸出口增长点。依托良好的电商发展环境和丰富的市场商品资源，杭州、金华和义乌等地逐渐成为浙江省跨境电商出口的先发优势地区。中国（杭州）跨境贸易电子商务产业园在全国 5 个试点城市中率先正式开园运营，金华、义乌把发展电子商务作为政府工作的一号工程，全省跨境电商初步形成几大战略平台，地区集聚效应优势凸显。特别是拥有 47 万家网络经营主体，电子商务交易额居全国城市首位的杭州，其发展优势令人瞩目。

2015 年 3 月 7 日，国务院同意设立中国（杭州）跨境电子商务综合试验区。2016 年 1 月 6 日，国务院常务会议决定在宁波、天津、上海、重庆、合肥、郑州、广州、成都、大连、青岛、深圳、苏州等 12 个城市新设一批跨境电子商务综合试验区，用新模式为外贸发展提供新支撑。2018 年 7 月 24 日，国务院同意在北京市、呼和浩特市、沈阳市、长春市、哈尔滨市、南京市、南昌市、武汉市、长沙市、南宁市、海口市、贵阳市、昆明市、西安市、兰州市、厦门市、唐山市、无锡市、威海市、珠海市、东莞市、义乌市等 22 个城市设立跨境电子商务综合试验区。

综合试验区建设要着力在跨境电商交易、支付、物流、通关、退税、结汇等环节的技术标准、业务流程、监管模式和信息化建设等方面先行先试，通过制度创新、管理创新、服务创新和协同发展，破解跨境电商发展中的深层次矛盾和体制性难题，打造跨境电商完整的产业链和生态链，逐步形成一套适应和引领全球跨境电商发展的管理制度和规则，为

推动全国跨境电商健康发展提供可复制、可推广的经验。

截至 2019 年 5 月 29 日，杭州综试区 2016 年出口 60.59 亿美元，进口 20.52 亿美元；2017 年出口 70.22 亿美元，进口 29.14 亿美元；2018 年出口 80.19 亿美元，进口 33.47 亿美元。

2. 六体系两平台

中国（杭州）跨境电商综合试验区（以下简称"综合试验区"）的主要任务是建立以信息为基础、以信用为核心、以技术为支撑的跨境电子商务新型监管服务模式，实现跨境电子商务自由化、便利化、规范化发展。综合试验区通过构建"六体系两平台"，即信息共享体系、金融服务体系、智能物流体系、电商信用体系、统计监测体系和风险防控体系，以及线上"单一窗口"平台和线下"综合园区"平台，实现跨境电商信息流、资金流、货物流"三流合一"，有机融合"线上交易自由"与"线下综合服务"，建立以真实交易为基础的电商信用评价体系，对企业或商品实施分类分级监管，简化优化监管流程，并依托大数据的分析运用，提供金融、物流等供应链综合服务。

以下是"六体系两平台"8 个方面的重点成果（见图 6-16）。

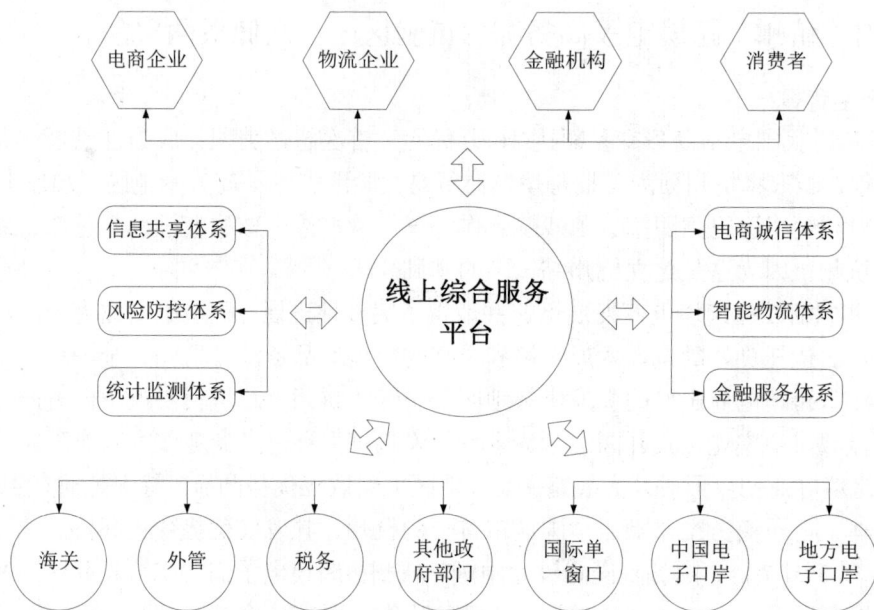

图 6-16 杭州综试区"六体系两平台"

（1）信息共享体系

综合试验区通过建立统一信息标准规范、信息备案认证、信息管理服务，构建"单一窗口"平台，打通了"关""税""汇""检""商""物""融"之间的信息壁垒，实现监管部门、地方政府、金融机构、电子商务企业、物流企业之间信息互联互通，为跨境电子商务信息流、资金流、货物流的"三流合一"提供数据技术支撑。

综合试验区制定了全国首个跨境电商 B2B 出口认定标准、申报流程，企业负责人员只需单击鼠标，便可轻松完成报关、报检、退税、结汇等流程。目前，从杭州报关的企业已实现直接从上海、宁波、厦门、天津等口岸出口，报关企业可"一地注册、全国报关"，企业出口货物申报时间从 4 小时缩短至平均 1 分钟。另外，"单一窗口"平台已经与阿里巴巴、中国制造、大龙网、敦煌网四大跨境电商 B2B 平台的数据对接。

（2）电商信用体系

综合试验区构建跨境电商信用数据库和信用评价系统、信用监管系统、信用负面清单系统等"一库三系统"，从企业外部环境、企业资质、经营管理、历史信用记录、发展前景、企业财务状况、企业实体考察这 7 个方面出发，结合政府部门数据，构建跨境电商信用评级指标体系；整合产品上下游供应链，与跨境电商企业共建跨境电商溯源体系。

（3）智能物流体系

其运用云计算、物联网、大数据等技术，充分利用现有物流公共信息平台，构建互联互通的物流智能信息系统、衔接顺畅的物流仓储网络系统、优质高效的物流运营服务系统等，实现物流供应链全程可验可测可控，探索建立高品质、标准化、规范化的跨境电子商务物流运作流程，形成布局合理、层次分明、衔接顺畅、功能齐全的跨境物流分拨配送和运营服务体系。

综合试验区整合跨境物流资源，实现运能最大化：通过增加新航线、新设接转专线、增加来往卡班、使用水陆空联运等方式，延长长三角区域城市和综试区跨境园区的一体化物流通道；建设机场航空物流平台，实现与航空公司、海关系统以及部分货代系统的互联互通，航空物流相关节点实现管理全程信息化；出台海外仓扶持政策，积极与国际龙头企业合作推进跨境物流项目建设。

（4）金融服务体系

综合试验区鼓励金融机构、第三方支付机构、第三方电子商务平台、外贸综合服务企业之间规范开展合作，利用跨境电子商务信息可查询、可追溯的特点，为具有真实交易背景的跨境电子商务交易提供在线支付结算、在线融资、在线保险等完备便捷、风险可控的"一站式"金融服务。

综合试验区联合中国出口信用保险公司浙江分公司推出"跨境保"产品，开展跨境电商线上融资及担保方式创新试点，为跨境电商企业量身定做收款安全保障方案；联合中国建设银行设立"跨境电子商务金融中心"，并率先与杭州综试区"单一窗口"平台进行数据对接，提供账户管理、支付结算、结售汇、监管信息报送等标准化服务；简化名录登记手续，电商企业通过综试区"单一窗口"平台一次性办理国家外汇管理局名录登记；简化个人电商开立外汇结算账户程序，境内个人电商在"单一窗口"备案后可开立外汇结算账户，不受个人年度等值 5 万美元结售汇总额限制。

（5）风险防控体系

其建立风险信息采集机制、风险评估分析机制、风险预警处置机制、风险复查完善机制，以流程节点风险防控为重点，开展跨境电商全流程的专业风险分析，有效防控综合试验区非真实贸易洗钱的经济风险，数据存储、支付交易、网络安全的技术风险，以及产品安全、贸易摩擦、主体信用的交易风险，为政府监管提供有效的技术支撑、决策辅助和服务保障。

杭州市人民政府出资与阿里巴巴集团合作共建了跨境电商信用保障资金池，为供应商背书，引导企业通过诚信经营积累信用，为 4 000 多家杭州企业提供超过 8.5 亿美元的信用保障额度。杭州综试区联合金融机构搭建符合跨境电商特点的金融账户体系；对接杭州市市场监管局征信系统，依据企业诚信记录，从源头监控企业主体风险；与杭州市公安局合作，对消费者个人信息进行印证与追溯，确保市场交易主体的真实性；发挥阿里巴巴的平台作用，建立境外买家征信体系，并将物流、验货等跨境环节纳入风控防控体系；针对跨境电商产业快速发展过程中暴露的纠纷等问题，联合杭州市中级人民法院组建中国首个"互联网法庭"，通过法律手段加强风险监管力度，探索争端解决机制；建立跨境电商商品质量安全国家（杭州）监测中心，将国际"互认机制、采信机制、追溯机制、预检机制"应用于进口敏感产品的监管实践，把控产品质量安全风险，并率先制定了全国首个与跨境电商有关的地方性法规《杭州市跨境电子商务促进条例》。

（6）统计监测体系

利用大数据、云计算技术，对各类平台的交易、物流、支付等海量数据进行分析处理与运用，建立跨境电商大数据中心，实现跨境电商数据的交换汇聚；发布"跨境电子商务指数"，建立健全跨境电商统计监测体系，完善跨境电子商务统计方法，为政府监管和企业经营提供决策咨询服务。

（7）"单一窗口"建设

"单一窗口"坚持"一点接入"原则，建立数据标准和认证体系，与海关、检验检疫、税务、外汇管理、商务、工商、邮政等政府部门进行数据交换和互联互通，实现政府管理部门之间"信息互换、监管互认、执法互助"，实现通关全程无纸化，提高通关效率，降低通关成本。同时，通过链接金融、物流、电商平台、外贸综合服务企业等，为跨境电子商务企业和个人提供物流、金融等供应链商务服务。

综合试验区已完成"单一窗口"平台建设、数据支撑、业务应用三大类共计 30 多项模块开发并投入使用，已有近 6 000 家电商平台和企业备案。综合试验区对于纳入"单一窗口"的外贸综合服务企业、符合要求被评定为一类或二类的出口企业，可使用增值税专用发票认证系统进行信息审核、办理退税，之后再用稽核信息进行复核；对出口退税实行"无纸化管理"，企业进行出口退（免）税正式申报时，只需提供通过税控数字证书签名的正式电子数据，原规定向主管税务机关报送的纸质凭证和纸质申报表留存企业备查。

（8）综合园区建设

综合试验区采取"一区多园"的布局方式，目前共建成上城、下城、江干、拱墅、西湖、滨江、临安、余杭等 13 个跨境电商园区，总面积达 323 万平方米，入驻企业 2 188 家，已基本形成综合试验区"一核、一圈、一带"总体布局。跨境电商 B2C 领域集聚了速卖通、天猫国际、苏宁易购、母婴之家、考拉海购、银泰网等跨境电商零售进出口企业；B2B 领域除阿里巴巴国际站外，敦煌网、大龙网等跨境 B2B 平台也落户杭州；综合服务领域集聚了一达通、融易通、王道青云等外贸综合服务企业，顺丰速运、EMS、中境外运、菜鸟、富垣昌等报关及仓储物流供应链企业，支付宝、财付通、顺手付、连连支付、PingPong 等第三方支付企业，以及跨境代运营、大数据运营等第三方服务企业。综合园区有效承接线上"单一窗口"平台功能，优化配套服务，促进跨境电子商务线上平台和线下园区的联动发展，打造跨境电子商务完整的产业链和生态链。

本章小结

通过对本章的学习，我们对跨境电商通关有了比较全面的认识，先是了解了海关的职责、管理机制等基本内容，再对跨境电商"9610""1210""9710""9810"通关模式的特征、适用对象及流程进行了详细介绍，最后以跨境一步达、阿里巴巴一达通及杭州综合试验区为例，介绍了不同跨境电商平台的产生背景、功能及特色服务。

习题

一、名词解释

海关　缉私　通关　两步申报　"9610"海关监管方式　"9710"海关管理模式　"1210"海关监管方式　"1239"海关监管方式

二、选择题

1. 按照法律规定，下列不列入报关范围的是（　　　）。
   A. 进出境运输工具　　　　　　　B. 进出境货物
   C. 进出境物品　　　　　　　　　D. 进出境旅客

2. 以下哪个不属于海关跨境电商监管方式（　　　）。
   A. 9610　　　　B. 0110　　　　C. 1210　　　　D. 1239

3. 海关的任务包括（　　　）。
   A. 监管　　　　B. 征税　　　　C. 查缉走私　　　D. 编制海关统计

4. 跨境电商网购保税进口模式下，输入报关单内容时，"监管方式"栏应输入（　　　）。
   A. 一般贸易　　　　　　　　　　B. 保税区进出境仓储、转口货物
   C. 保税电商　　　　　　　　　　D. 电子商务

5. 跨境电商零售进出口商品向海关申报的"三单"包括（　　　）。
   A. 装箱单　　　　B. 支付单　　　C. 订单　　　　D. 运单

6. 阿里巴巴一达通所提供的基础服务中的出口综合服务包括（　　　）。
   A. 通关　　　　B. 外汇　　　　C. 退税　　　　D. 融资

三、主观题

1. 请简述海关的任务。
2. 请简述分类通关改革经历了哪几个阶段。
3. 请简述跨境电商的通关模式。
4. 请简述直购进口模式的通关流程。
5. 请阐述跨境电子商务通关服务平台与跨境电商线上综合服务平台的异同。
6. 请阐述杭州综试区的"六体系两平台"的具体内容。

扩展阅读

知识点 6-1

知识点 6-2

知识点 6-3

知识点 6-4

知识点 6-5

知识点 6-6

知识点 6-7

知识点 6-8

第七章

跨境电商大数据分析

知识结构图

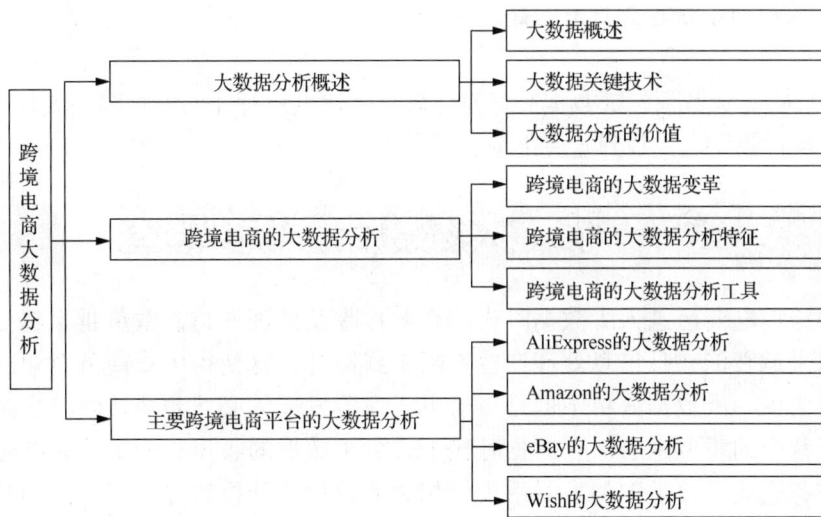

学习目标

1. 掌握大数据的定义。
2. 理解大数据分析如何创造商业价值。
3. 掌握大数据环境下跨境电商的特点及流程变革。

4. 了解大数据分析的工具及如何利用这些工具分析各平台的数据。

导入案例

人工智能与大数据如何改变跨境电商？

目前，人工智能（Artificial Intelligence，AI）已经呈现井喷式的发展，众多国家及公司都纷纷备战人工智能，各个国家也都希望自己能在未来的人工智能市场中占有一席之地。

现在，AI 已经进入电商，这也是电商的一次创新。例如，美国公司旗下的电商平台美图美妆上线 AI 测肤功能，正式宣告平台成功应用 AI。美图美妆的后台有很多工作人员及相关的专家，他们根据大数据及 AI 分析出来的相关数据提出相应的建议。美图美妆 AI 测肤功能的成功代表 AI 进入电商已经取得了成功。

AI 跨境电商的时代已经来临，人工操作也将成为过去式。在最近几年，跨境电商纷纷出现在人们的视野中，市场上各种软件的出现也在提醒人们：在不远的将来，人工操作将被淘汰。近期，京东上市的无人快递车——机器人凭借京东后台的大数据及 AI 技术，能准确地定位客户的地址并方便快速地将快递送货上门。同时京东的快递员将会从 16 万人减少到 8 万人左右。

eBay 大中华区 CEO 林奕彰表示："未来跨境电商的发展，关键是人才。"这也就意味着，人的思维将会在很大程度上决定着 AI 的发展方向。相信在不远的将来，在大数据及 AI 的时代，人们的生活将会更加美好。

（资料来源：网络新闻）

请问：什么是大数据？大数据究竟怎样影响跨境电商行业？怎样利用大数据分析工具助力跨境电商行业发展，找到蓝海市场？

第一节　大数据分析概述

全球的跨境电商已进入大数据时代，企业接收及处理的信息数量越来越多，信息处理的手段越来越智能，且信息处理速度不断得到提升，这使得电子商务企业产品的销售价格越来越实惠。大数据分析不但是当前电子商务发展的必然趋势，同时也是电子商务企业日常经营中的重要内容。大数据时代下，各类数据的收集、分析的智能化已经成为全球电子商务企业一项重要的发展手段。相关的数据统计报告显示，全球的数据量每两年就会翻一倍，到 2020 年，全球的数据容量将达 35ZB。大数据为跨境电商带来了新的发展机遇和挑战。

一、大数据概述

1. 大数据的定义

大数据的英文表达是 Big Data，意思是"海量数据"。大数据的"大"，一方面是指数据的规模大，另一方面是指能够实际被使用的数据存储量大。当数据的规模发展到无法用现有的工具和技术来进行快速处理时，为了突破瓶颈，必然会产生数据革命。数据处理包括很多方面，如数据的收集、整理、分类、存储、分析、预测和输送等。

目前，大数据还没有一个权威的定义，不同学科领域的专家学者对大数据有不同的定义，如表 7-1 所示。

表 7-1　　　　　　　　　　　　不同学科对大数据的理解

学科	参照物	理解
计算机科学与技术	现有的计算能力和存储能力	当数据量、数据的复杂程度、数据处理的任务要求等超出了传统数据的存储与计算能力时，称之为"大数据（现象）"
统计学	总体的规模	当收集足够多的个体（总体中的绝大部分）数据，且计算能力足够强，可以不用抽样，直接在总体上进行统计分析时，称之为"大数据（现象）"
机器学习	智能的实现方式	当训练集足够大且计算能力足够强，只需要对已有的实例进行简单查询即可达到智能计算的效果时，称之为"大数据（现象）"
社会学科	数据规模或价值密度	当多数人的大部分社会行为可以被记录下来时，称之为"大数据（现象）"

大数据带来了决策方式的变革，使决策依靠数据分析而不是直觉经验。与传统方式完全不同，大数据决策方式是"知其然而不知其所以然"。

技术领域的大数据和非技术领域的大数据的矛盾是显而易见的。技术领域认为，大数据是当前技术所不能解决的问题，而非技术领域却给出了大量关于大数据应用的案例。一方面，随着数据的增长和技术的进步，人们能够获得越来越多、越来越复杂的数据，并通过分析这些数据使其为管理决策所用，从而提高管理决策的能力、效率和水平。另一方面，在很多场合因为技术进步的速度远低于数据增长的速度，数据的增长又给数据存储、管理和分析带来了挑战，当前的技术不能使人们在希望的时间内管理和分析对应的数据，从而导致大数据的技术问题越来越严重。

事实上，大数据是数据、技术和应用三者的统一体（见图 7-1），对应有三类人群：有大数据的人群、做大数据的人群和用大数据的人群。很多时候大家谈论大数据，实际上是在谈论不同的东西，即有数据的人群谈论数据量的大小，做大数据的人群谈论大数据带来的技术挑战，用大数据的人群则谈论大数据带来的决策变革。但不管怎样，这三类人群都能发现新价值，即有大数据的人群（数据）发现数据很有价值，是资源、资产，所以更加珍惜数据资源，不再考虑将数据拿出来共享；做大数据的人群（技术）发现有很多技术问题等待解决，有很多事情需要他们去做；用大数据的人群（应用）发现了新的革命性的方法，所以在应用方面对大数据抱有很大期望。数据隐含价值、技术发现价值、应用实现价值是大数据系统和大数据的内涵。

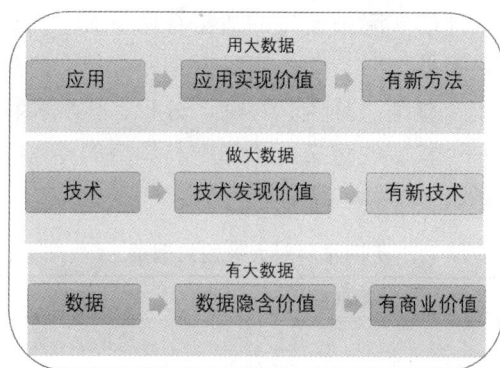

图 7-1　大数据的内涵

2. 大数据的特征

目前，大数据的"4V"特征得到了比较广泛的认可。

第一，数据规模（Volume）巨大。[2012 年，每天全世界产生的数据量大约为 $2.7×10^9$GB，每几天的数据量就相当于 2000 年以前全世界存储数据量的总和。百度公司每分钟要处理约 $7×10^4$GB 的搜索数据，支付宝平均每分钟产生交易 7.3 万笔。]物联网的快速发展进一步推动了大数据的进步，交通流量监控系统、视频采集系统随时都在产生巨量的视频数据，温室大棚里的温度传感器、工厂中的各种探测器也都是大数据的制造者。可以说，如今全世界每分每秒产生的数据量，在过去都是无法想象的天量级别。在大数据时代，数据规模在继续增长，达到了在小数据时代人们无法想象的数量级。来自 SRG 的数据显示，截至 2020 年第二季度末，超大规模运营的大型数据中心总数增至 541 个，是 2015 年的 2 倍多。

第二，数据种类（Variety）繁多。在大数据时代，除了数据规模在不断增长，人们需要处理的数据类型也开始爆发，数据种类繁多且千奇百怪，只有极少数种类的数据能用传统技术处理，绝大部分种类的数据属于传统技术无法处理的非结构化数据。互联网数据中心（IDC）预测指出，未来 10 年，非结构化数据量将占到全部数据量的 90%，如土豆网的视频库，社交网站上的照片和录音，射频识别（RFID）信息，移动运营商通话录音，视频监控录像，微博和微信上发布的信息等。来源广泛的数据在大小、格式、类型上可能都不相同，现有的数据处理技术无法识别各种类型的数据，数据处理具有巨大的困难。

第三，价值（Value）难以挖掘。通过前两个特征可知，大数据的数据量和数据种类都十分惊人，但这并不代表获取大数据的价值很容易。面对海量的数据，要想挖掘其中隐藏的"宝藏"，用性能强大的云计算系统进行分析处理只是其中一个方面，甚至不是主要方面。根据需求从创新的角度对大数据进行分析，用大数据的思维看待大数据，才能挖掘其经济价值和社会价值。例如，视频监控系统每天 24 小时连续产生数据，但是对警察破案而言，也许只有几秒的镜头是有用的；谷歌拥有数以亿计的检索记录，但如果不从特定关键词出发，并将结果与政府机构的数据比对，就无法了解 2009 年的 HINI 流感的情况。也就是说，只有将技术与创新相结合，才能挖掘大数据的价值，否则再多的数据也没有用。

第四，处理速度（Velocity）快。这是大数据时代区别于小数据时代、概率统计时代最主要的特征。在传统的经济普查、人口普查等领域，数据延迟几天甚至一年之久也可以忍受，因为此时得出的数据仍然具有参考意义。在数据时代，受技术手段的限制，收集到的数据已经具有滞后性，统计分析结果就更加滞后；而在大数据时代，数据的生成和收集速度极快，数据量每时每刻都在巨量增长。得益于先进的技术手段，人们可以实时收集数据。但是在大多数场合，如果数据处理得不及时，那么先进的收集整理手段将失去意义，大数据也就没有必要存在。针对于此，IBM 提出了"大数据级的流计算"概念，致力于对数据进行实时分析并得出结果，以提高大数据的实用价值。因此，可以对数据进行及时、快速的处理并得出结果是大数据最为重要的特征。

二、大数据关键技术

大数据技术，是指伴随着大数据采集、存储、分析和应用的相关技术，是一系列使用非传统的工具来对大量的结构化、半结构化和非结构化数据进行处理，从而获得分析和预测结果的数据处理和分析的技术。

讨论大数据技术时，需要首先了解大数据的基本处理流程，即数据的采集、预处理、存储、分析和结果呈现等环节。数据无处不在，互联网网站、政务系统、零售系统、办公系统、自动化生产系统、监控摄像头、传感器等，每时每刻都在不断产生数据。这些分散在各处的数据，需要采用相应的设备或软件进行采集。采集到的数据通常无法直接用于后续的数据分析，因为对于来源众多、类型多样的数据，数据缺失和语义模糊等问题是不可避免的，因而人们必须采取相应措施有效解决这些问题，这就需要一个被称为"数据预处理"的过程，把数据变成一个可用的状态。数据经过预处理后，会被存放到文件系统或数据库系统中进行存储与管理，然后采用数据挖掘工具对数据进行处理分析，最后采用可视化工具为用户呈现结果。在整个数据处理过程中，还必须注意隐私保护和数据安全问题。

因此，从数据分析全流程的角度，大数据技术主要包括数据采集与预处理、数据存储和管理、数据处理与分析、数据安全和隐私保护这几个层面的内容，如表 7-2 所示。

表 7-2　　　　　　　　　　大数据技术的不同层面及其功能

技术层面	功能
数据采集与预处理	利用 ETL 工具将分散的、异构数据源中的数据，如关系数据、平面数据文件等，抽取到临时中间层后进行清洗、转换、集成，最后加载到数据仓库或数据集中，成为联机分析处理、数据挖掘的基础；也可以利用日志采集工具（如 Flume、Kafka 等）把实时采集的数据作为流计算系统的输入，进行实时处理分析
数据存储和管理	利用分布式文件系统、数据仓库、关系数据库、NoSQL 数据库、云数据库等，实现对结构化、半结构化和非结构化海量数据的存储和管理
数据处理与分析	利用分布式并行编程模型和计算框架，结合机器学习和数据挖掘算法，实现对海量数据的处理和分析；对分析结果进行可视化呈现，帮助人们更好地理解数据、分析数据
数据安全和隐私保护	在从大数据中挖掘潜在的巨大商业价值和学术价值的同时，需构建隐私数据保护体系和数据安全体系，有效保护个人隐私和数据安全

需要指出的是，大数据技术是许多技术的集合体。这些技术也并非全部都是新生事物，

如关系数据库、数据仓库、数据采集、ETL、OLAP、数据挖掘、数据隐私和安全、数据可视化等技术是已经发展多年的技术，在大数据时代经过不断地补充、完善、提高后又有了新的发展。

三、大数据分析的价值

2011 年，麦肯锡开始应用大数据解决问题。商业中激增的数据量和多样化的数据种类推动了大数据存储技术和分析技术的进步，现在的大数据分析技术相比 10 年前，能处理更多类型、更大数量的数据，产生了巨大的商业价值。

1. 金字塔的分析哲学

无论是在技术层面、分析层面还是商业层面，产品追踪，数据转化、存储和管理，专题分析都是位于金字塔底部的 3 个架构，中间位置的商业智能则是承上启下的重要环节。这 4 个部分为最终创造的商业价值提供了最有利的基础，它们虽然只贡献 10%的价值，但却要花费团队 90%的时间，如图 7-2 所示。

处于金字塔顶部的依次是行动、决策、商业洞察、深度分析。深度分析即战略分析，是商业洞察的基石；而商业洞察最重要的则是内部有效率的沟通，在沟通的基础上快速执行最终的决策。这 4 个部分只用到团队 10%的时间，却能创造 90%的价值。

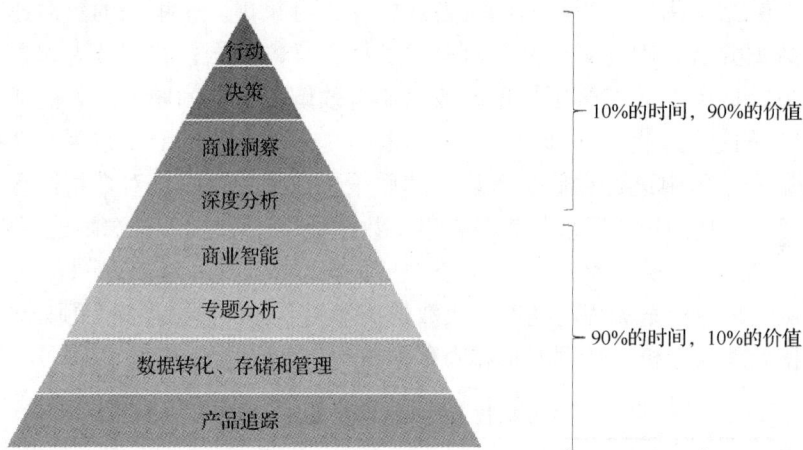

图 7-2　金字塔的分析哲学

2. 大数据分析的业务价值

在利用大数据挖掘客户真实需求的应用方面，早在 2013 年，宝洁公司就通过大数据分析，发现宝洁天猫旗舰店的客户更倾向于购买高端产品。为此，宝洁公司针对网络渠道推出了高端护肤产品，并且基于大数据分析，对产品线进行全面调整，从注重销量向注重利润的方向转变。这是宝洁公司能够在新的经济环境下，持续维持自己的市场地位的重要法宝。

（1）利用大数据成就优质客户

利用大数据战略来收集、存储、分析客户踪迹，对个性化的客户及时开展交互至关重要。通过更深入地了解客户的行为和偏好，卖家可以引导客户完成购买过程，并提供便捷、差异化的体验，主动迎合客户的期望。

例如，一家领先的专业时尚产品零售商，希望为客户提供差异化的服务，但要如何定位公司的差异化呢？这家零售商通过 Instagram、Twitter 收集社交信息，据此对化妆品的营销模式进行变革，根据分析结果，这家零售商最终只保留了两类客户：高消费者、高影响者。同时，该零售商还提供免费的化妆服务，让客户进行口碑宣传，完美结合了交互数据与交易数据，让客户享受差异化服务体验的同时，为公司的业务发展提供了解决方案。

（2）大数据助力挖掘蓝海市场

销售市场是动态的，我们必须利用实时的市场大数据进行科学有效地分析，针对具体产品，分析各个细分市场中该产品的容量大小、竞争程度情况，综合分析、对比以判断商机大小，为产品筛选蓝海市场。例如，极赛 JiSale 大数据分析系统对男士背包在海外市场的销售情况进行分析，显示出口男士背包销售业绩最好的国家是南非、沙特阿拉伯。

（3）大数据使营销精准化

精准营销的实现，前提是必须充分认识客户，只有了解了客户的期望，才能采取正确的营销策略。

搜索引擎巨头谷歌，为了推荐更符合客户心意的内容，对搜索页面进行了动态调整；亚马逊通过为客户提供个性化的推荐，实现了销售量的大幅度增加；社交媒体通过精准投放广告服务，有效地变现了流量和"粉丝"；国内新闻媒体今日头条基于大数据挖掘，为客户推荐有价值、个性化的信息，兑现"你关心的，才是头条"的目标宣言。

上述涉及的企业都是业界的楷模，这些关于精准营销的事例都是利用大数据的典型案例。其实，除了这些典型案例涉及的企业，国内一些行业巨头对大数据的挖掘从未停止过，无论是阿里巴巴、腾讯，还是海尔、小米等，尽管身处不同的行业，但它们身上有一个共同的特点——利用互联网和大数据更有效地为客户提供符合其需求的产品或服务。

移动互联网时代，由于消费模式的时空限制减弱，客户的行为特征和兴趣爱好更加凸显、更个性化。运用大数据进行营销不仅使企业与客户之间的沟通更高效，更好地实现流量变现，实现营销精准化，而且还能在营销过程中，根据数据分析的结果进行营销决策的调整，保持营销精准化的长期性、持续性。此外，通过大数据分析，企业还可以发现新的机遇，如新市场、新客户、新行业规律等，使企业规避风险与潜在的威胁。

第二节　跨境电商的大数据分析

中国互联网络信息中心（CNNIC）第 43 次《中国互联网络发展状况统计报告》显示，我国大数据产业不断成熟，持续向经济运行、社会生活等各应用领域渗透。受益于巨大的 IT 投入、良好的信息化基础、畅通的数据业务链条等有利因素，互联网、金融和政务等领域的大数据公司发展最快、体量最大、应用成熟度最高。未来 5 年，我国大数据市场预计年复合增长率将达到 17.3%。

一、跨境电商的大数据变革

IDC 的相关统计数据显示，淘宝的每天页面访问量为 3.6 亿次，每天的数据容量为 60TB。跨境电商经历用户数量增长及销量增长这两个时期以后，当前已经全面、真正进入大数据时代，跨境电商的竞争已经逐步转为数据的竞争。跨境电商平台每天都会产生数量巨大的数据信息，并且这些数据信息具有很强的真实性、准确性及针对性，有利于跨境电商企业充分运用这些自然数据。大数据分析可以实现全面分析跨境电商的整体运作流程，并且逐渐成为跨境电商企业在市场中的关键竞争能力。因此，随着跨境电商企业对大数据的不断开发、收集和分析，跨境电商开始频繁运用大数据技术。

例如，阿里巴巴推出的阿里金融，就是通过分析和整合淘宝及天猫等跨境电商平台上的大量用户数据、用户在销售终端及资金流动上的数据，来对中小企业的经营与发展进行预测和分析，进而筛选出财务状况良好、诚信的中小企业，并给它们提供一定额度的无担保小额贷款。这不但有效缓解了中小企业贷款难、融资难的问题，而且还为阿里巴巴增加了新的盈利方式。阿里巴巴为中小企业提供的 300 多亿元小额贷款中，坏账率仅为 0.4%，远低于传统银行贷款的坏账率。又如，当当网及亚马逊等以往主要是运用协同算法来寻找商品间的关系，即在互联网用户购买某一种商品的过程中，网站会展现和推荐与这件商品类似或者相关的商品，这也有助于用户进行商品对比和查找，有效提升用户的购物体验。此外，网站还可以运用商品间互补及相关的特点，来实现网站销售量的快速提升。因此，在大数据时代，当当网与亚马逊通过分析平台上注册用户的网页浏览记录来推送相关商品的信息，体现了大数据时代下跨境电商发展的新趋势。以上的跨境电商平台对大数据的运用案例只是众多运用案例中的几个典型案例，跨境电商同传统营销模式相比，拥有更加详细、众多且准确的用户信息。跨境电商平台通过对用户数据进行分析，能够更好地掌握用户的消费习惯、个人兴趣和购买方向，从而对用户进行细化，实时对网站的商品和营销模式进行调整，并结合相应的信息和广告推送，提升用户的购物体验。

1. 个性化和精准的商品推荐

互联网的信息量非常庞大，而互联网用户本身的精力和对信息的处理能力又非常有限，对于用户来说，他们是难以做到详细分析和筛选巨量的信息的。所以，跨境电商平台通过对大数据的收集和分析，依据用户的需求将用户进一步细化，提供符合用户需求的、个性化的购物服务。例如，跨境电商平台依据用户的消费记录和网页浏览历史来分析用户的购物偏好，对用户进行相应的商品推荐和广告推送，这样具有针对性地购买引导不但能增加平台的促销成功率，还能降低企业的营销成本开支，提高企业的利润水平。

2. 优质商品信息的汇总

跨境电商平台对用户购买量及浏览量最大的商品进行分析和筛选，来加大这类商品对用户的吸引力，有效地降低了用户在数量众多的商品中寻找要购买的商品的时间。例如，蘑菇街等主要以分享优质商品为主的网站，是由淘宝买家将自己喜欢或购买过的商品的链接发到网站上，或者通过一系列的搭配，让更多的用户进行评论和筛选。新浪微博的热门微博、热门话题等，都是通过对微博转发和评论数量的分析和收集，筛选出的最热门的微博话题，可迅速将焦点集中在这几个话题上，有效提高微博整体的浏览和评论数量。

3. 强大的信息检索服务

用户在跨境电商平台浏览各类商品信息时，通常是很难一下就找出符合自己需求的商品的，这就要求电子商务平台为用户提供尽可能多且简便的商品信息搜索服务。跨境电商平台应对网站上的各类商品进行归类，并对这些大的分类进行进一步的分类，使得用户在搜索商品信息的过程中，能够通过搜索关键词的方式很快找到符合自己需求的相关商品；用户再次进行筛选以后，最终找到自己想要的商品。这一过程可以提升用户对平台和商品的满意度。在用户筛选商品的过程中，大数据应用体现在将用户的需求和商品进行快速、高效的匹配，从而提升用户的购买效率。

4. 更加细化的服务领域

跨境电商企业依据用户的不同消费请求，把企业的营销目标投放在某一个行业当中。例如，聚美优品将营销目标定位在女性商品上，具体包括洗护、彩妆、美容等商品；而酒仙网则将营销目标定位在酒类商品上，具体包括白酒、葡萄酒及境外的酒类商品。这不但有效地满足了用户个性化的消费需求，而且也为用户提供了产品质量保障。

5. 数据云存储服务

伴随着全球大数据信息量的不断激增和包括移动通信在内的信息化技术的不断发展，不论是个人还是企业，需要处理的信息数量都是非常巨大的。目前，很多跨境电商企业为了提升和满足用户在处理数据上的体验和需求，推出了网盘业务。互联网用户可以将信息进行在线储存、备份及共享，这样不论用户身在何处，都能够通过互联网或者移动设备处理网盘中的文件。这也是人们生活中一种便捷的数据处理手段。

二、跨境电商的大数据分析特征

下面分别从数据化运营发展模式与数据化运营策略创新两个方面介绍跨境电商的大数据分析特征。

1. 数据化运营发展模式

在大数据时代，跨境电商在市场经济发展中的运作模式已从传统营销模式向数据化运作模式转变，并且跨境电商企业在企业管理与经济参与方式上逐步数据化。跨境电商企业的数据化运营体现在企业原材料采购、生产流程及营销等各个环节中。跨境电商企业在运作过程中通过充分运用大数据，能有效分析用户的个人消费习惯、偏爱及心理变化等，结合市场供求变化，可以实时调整企业产品的营销模式，进而最大限度地满足用户的需求提升企业的经营效益和促销的成功率。

（1）精准地推送广告

通过互联网进行数据收集和分析的成本是非常低的；同时互联网用户访问网页时，通常都是出于自身的真实需求，所以通过互联网采集的数据真实性也很高。此外，互联网所产生的庞大的数据信息具有很强的实时性，更加能够体现用户的购买心理和关注的方向，而对这些信息的收集和分析对跨境电商企业制订营销方案具有重要的意义。跨境电商企业通过对大量的数据信息进行分类、分析及整合，收集对企业营销有利的信息，从而对网站中的注册用户进行归类，进而分析出用户群体的特点，推送具有针对性的广告信息，从而保障营销的实效性和成功率。

（2）消息的及时推送

　　跨境电商所涉及的信息范围非常广泛，主要包括互联网用户注册时提供的个人信息及跨境电商企业对用户推送的各类产品信息等。当前，多数跨境电商企业会根据用户周期性的购买习惯来推送相应的产品信息。产品信息的及时推送在 O2O 领域起着非常重要的作用，它利用移动终端或各类移动设备来获取设备及设备使用者所处的地理位置和移动数据，并对这些信息进行整理和分析，从而向用户推送附近商家的促销信息，提升产品信息推送的实效性。

（3）消息的个性化展示

　　人们对网络购物的需求日益呈现个性化的特点，互联网用户产生的数据来源更为广泛和复杂，而跨境电商企业在大数据时代获取这些数据的成本更低且获取效率更高。在大数据时代，信息量的增长呈现爆发式趋势，这使得用户在进行信息筛选时的难度逐渐变大，要求跨境电商企业运用相应的技术手段对这些数据进行挖掘和分析，从而提取用户需要的信息，并将其展现给用户，进而提高用户对企业的忠诚度并提升企业的经济效益。从浩大的数据中提取具有差异性的有效信息的方法是多样化的，如运用动态网页的方式。网页可以与数据库进行信息交换，在网页代码不发生改变的情况下，网页的内容能够随着时间及环境的变化而更新。运用大数据对用户的数据信息进行收集和分析，能够更好地对数据库进行更新。另外，运用大数据还能够为用户从庞大的信息数据中提取有效的信息，同时也能够使企业在产品研发及服务制定上更具有针对性，最终提升用户的购物体验。

2. 数据化运营策略创新

（1）可视化分析——用户画像

　　用户画像指用户信息的标签化。随着大数据技术的深入研究和应用，为充分挖掘用户需求，"用户画像"应运而生。它能够快速定位用户群体，明确用户需求。系统将用户的社会化人口信息，根据其个性化的目标、行为和观点差异区分成不同类型，以高度凝练的特征标志为用户"贴标签"，描绘用户立体的商业全貌。

　　用户画像平台对于跨境电商有着重要的战略意义。它加深了企业对用户群体的认识和理解，通过对用户的需求进行分析和判断，在产品问世之前明确目标用户和与其对应的产品功能、设计，信息互动渠道和推广方式，有利于提高产品对用户的满足程度，完善精准营销，促成最后的购买。

　　以京东为例，超过三百个的用户画像标签为企业销售产品提供了方向性的指引，被运用在了精准营销、智能机器人、个性化推荐等领域。而根据不同用户群的分析，京东还划分了数码超人、家庭用户、有房一族、网购达人、时尚男女、单身贵族，奶爸奶妈、超级用户、闪购用户等群体标签。有了对用户的洞察和了解，以及实时的购买需求，就能更精准地推荐产品。这不仅提高了用户网购的满意度，更实现了消费引导。

　　透过用户画像，京东还能识别出不同区域用户的购买力指数和品牌偏好，从而更合理地部署产品。京东在全国有 200 多个仓库，5300 多个配送站和自提点，依据大数据分析结果来进行产品入仓和部署，从而提高运输和配送效率。越精准的画像和标签，能更好地为用户提供个性化产品的智能推荐，用户端潜在需求的判断，会联动到供应链、物流仓储系统。

（2）内容营销和网红经济

产品和内容的融合，创造出了更多的消费潜力，而网络红人/达人是其中的助燃剂。他们结合自身和产品的特征，高频地创造内容传递给用户。衣服、护肤品、箱包等产品的属性本身决定了适合作为网络达人的推广对象，而网络达人本身的个性特征、社群定位、穿着品位为内容和产品都增色不少，为他们持续吸引用户提供了基础保证。这些达人通过微博等社交平台营造并树立所定位的形象，用情感和互动来建立立体的个人 IP，保持与用户的友好互动并增进情感联系，他们在持续吸引某社群的过程就是在为用户做分类，并已经做了精准定向的理念传递。网络达人以恰当的频率和时间点，推出形式生动活泼的视频或直播内容，能快速从社交平台引入流量，从而帮助跨境电商平台转化为成交量。网络红人、达人依靠个体影响聚集社群，利用网络传播的优势极大地促进了产品推广的效率。

（3）价格策略

竞争战略作为一个企业在竞争中所采取进攻或者防守的行为，大体分为三类：总成本领先战略、差异化战略和集中化战略。以价值链为分析维度，在跨境电商的竞争环境中，每个企业要达到成本领先，必须从企业内部的产品设计、生产、营销、销售、运输等多项活动中不断优化，同时，企业的价值链与上游的供应商、下游的买主的价值链相连，通过联结和协调形成企业创造和保持竞争优势的能力。

跨境电商企业涵盖了多个数据系统，系统之间的孤立会阻碍内部数据的整合和数据价值的体现。以阿里巴巴为例，其电商云工作平台"聚石塔"计划，使其各子公司平台数据资产得到了很好的协作和共享。其电离平台长期以来积累了大量的用户数据，并不断地完善数据管理系统，使其很容易挖掘内在的运营规律、发现用户行为特点。数据的互通、协同和共享，使得阿里巴巴旗下子公司的资源平台进行了优势的整合（淘宝、天猫、支付宝、阿里云，万网等）。这不但帮助企业创造更大的商业价值，还可以在风险来临时，使企业进行有力的应对。

三、跨境电商的大数据分析工具

1. 大数据分析常用的名词

（1）浏览量

浏览量（Page View，PV）指页面被访问的总次数。一个页面被单击一次，即被记为一次浏览；一个用户多次单击或多次刷新同一个页面，会被记为多次浏览，累加不去重。

（2）访客数

访客数（Unique Visitor，UV）即网站独立访客总数。一个用户一天内多次访问网站被记为一个访客。

（3）转化率

常用的转化率有详情页成交转化率和全店铺转化率。相关公式如下：

详情页成交转化率=详情页成交人数/详情页访客数。

全店铺转化率=全店铺成交人数/全店铺访客总数。

（4）点击率

点击率指页面上某一内容被单击的次数与被显示的次数之比，反映了内容的受关注程度，常用来衡量推广图片或产品主图的效果。

（5）支付率

支付率指支付成交笔数占拍下笔数的百分比。支付率=支付成交笔数/拍下笔数。

（6）跳失率

跳失率指用户登录店铺后只访问了一个页面就离开的访问人次占登录页面访问总人次的比例。跳失率=跳失人次/登录页面访问总人次。

（7）访问深度

访问深度指用户一次连续访问店铺的页面数。平均访问深度即用户平均每次连续访问店铺的页面数。

（8）人均店内停留时间

人均店内停留时间指平均每个用户连续访问店铺的时间。

（9）成交转化率

成交转化率指店铺成交人数占总访客数的比率。成交转化率=成交人数/总访客数。

（10）客单价

客单价指每一个买家购买店铺商品的平均金额，即平均交易金额。客单价=某段时间内的销售额/客户数（客户去重）。

2. 主流分析工具简介

跨境电商的分析工具非常多，我们只推荐一些主流的分析工具。根据功能分析，这些工具可分为综合类工具、选品分析工具及关键词分析工具。

综合类工具介绍如下。

（1）Jungle Scout

Jungle Scout 有网页版和插件版。Jungle Scout 插件版集成在谷歌浏览器，可以快速分析产品，查看产品估算销量。Jungle Scout 网页版可以追踪产品销售数据和现成的产品库、关键词并进行长尾产品开发，是产品开发必不可少的辅助工具之一。其网页版产品的功能如图 7-3 所示。

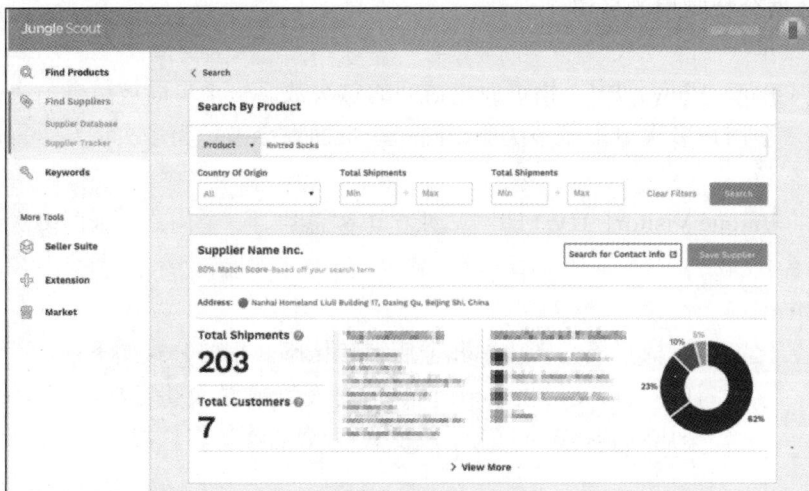

图 7-3　Jungle Scout 网页版产品功能图

① 产品数据库（Product Database）

掌握亚马逊的产品目录，从需求、价格、预测销售量、评级、季节性、尺寸和重量等多个方面过滤产品，准确出击，制订最佳的选品策略。

② 关键词搜索器（Keyword Scout）

输入一个关键词，我们便可以找到相关关键词并查看这些关键词在亚马逊的月搜索量，以及想要短期快速提高排名需要在每天促销推广的产品数量，PPC（点击付费）推广的建议出价；还可以输入 ASIN 反侦察产品的相关关键词信息和数据。

③ 产品跟踪器（Product Tracker）

一键单击，即可监控竞争对手的产品销量、定价和库存变化，告别手动操作 Excel 表格的时代，省去每天搜索和复制粘贴数据的时间，可以提高工作效率，降低运营成本。

④ 供应商数据库（Supplier Database）

供应商数据库的功能是深度挖掘近 3 年的美国海关数据，每月更新数据库，助力卖家寻找产品供货商，挖掘竞品的供货工厂；助力工厂轻松挖掘更多的 VIP 用户，了解潜在用户对产品的需求，并反向挖掘其他工厂的 VIP 用户，开拓境外市场，获得更大的商机。

（2）卖家精灵

卖家精灵也是比较好用的跨境电商分析工具，其首页界面图 7-4 所示。

图 7-4　卖家精灵首页

① 选市场

• 选品成功率提高 50%；

• 包括 7 个国家的超过 15 万份的深度行业分析报告；

• 亚马逊 2 万+的细分市场，您可能只了解不到 1%（200 个），卖家精灵助您探索另外 99%的新大陆；

• 超过 24+维度的市场分析排序、过滤指标，让您快速定位潜力市场、蓝海市场。

② 选产品

• 提供 Amazon 最准确的产品销量数据；

• 回溯 3 年的各月份历史销量趋势；

• 支持 ASIN 上架以来 BSR、价格、评论等历史走势；

• 支持美国、日本、欧洲五国。

③ 关键词挖掘/ASIN 反查

- 提供 Amazon 最准确的关键词搜索量、购买率；
- 支持超过 3 年的月度搜索量趋势数据；
- 关键词反查准确度高；
- 支持美国、日本、欧洲五国、印度和加拿大。

选品分析工具介绍如下。

（1）谷歌趋势

谷歌趋势（Google Trends）是 Google 推出的一款基于搜索日志分析的应用产品，它通过分析 Google 全球数以十亿计的搜索结果，告诉用户某一搜索关键词在 Google 中被搜索的频率和相关统计数据。

（2）CamelCamelCamel

CamelCamelCamel 是一款针对亚马逊的价格跟踪免费工具，可以设定产品的价格提醒，了解指定产品的历史价格走势，主要是给大部分的亚马逊用户使用，方便亚马逊用户轻松发现价格实惠的好产品，辅助用户进行购买决策。

（3）Keepa

Keepa 是一款免费的亚马逊价格追踪工具，保存了亚马逊上所有产品的价格历史数据。Keepa 的核心功能是搜索功能，通过搜索可以找到指定产品的所有价格历史数据，并根据搜索返回一个信息量非常丰富的图表，卖家们可以根据图表信息获得选品参考。

Keepa 的图表中有非常丰富的信息，这些信息的含义简介如下。

① 横、纵坐标

如图 7-5 所示，坐标轴中，最左边的是产品的价格（15～50 美元），底部是日期，右边是销售排名。

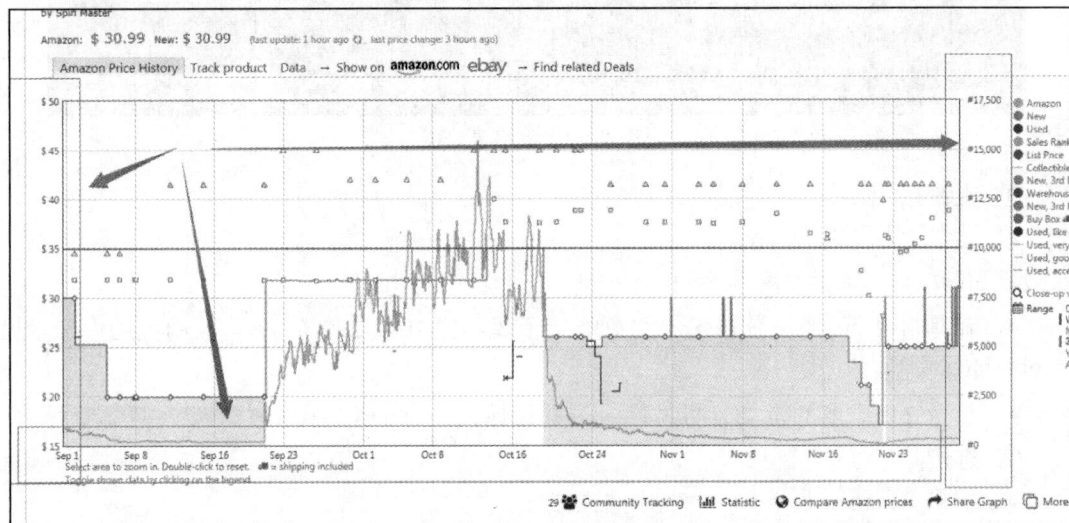

图 7-5　Keepa 的横、纵坐标

② 数据的展开与关闭

如图 7-6 所示，右边的一排圆点对应着不同的数据，单击不同颜色的点可以关闭或打开这些数据。

③ 以 Amazon 为例

单击图 7-6 中的"Amazon",关闭其他数据后,我们可以看到图 7-7 显示的是这款产品在最近 3 个月的价格。同时,我们可以从右下角的"Range"里根据日期、周、年及所有历史时间来筛选这个价格数据。

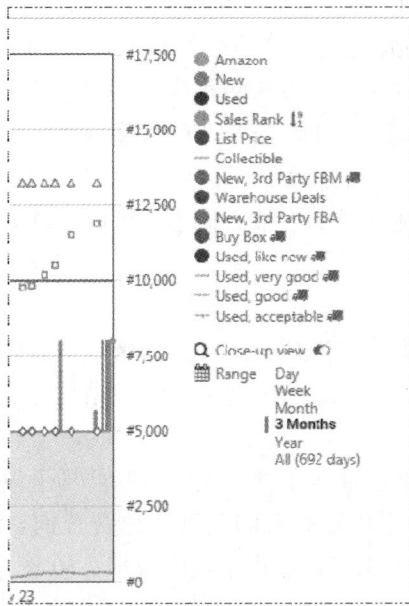

图 7-6　数据的展开与关闭

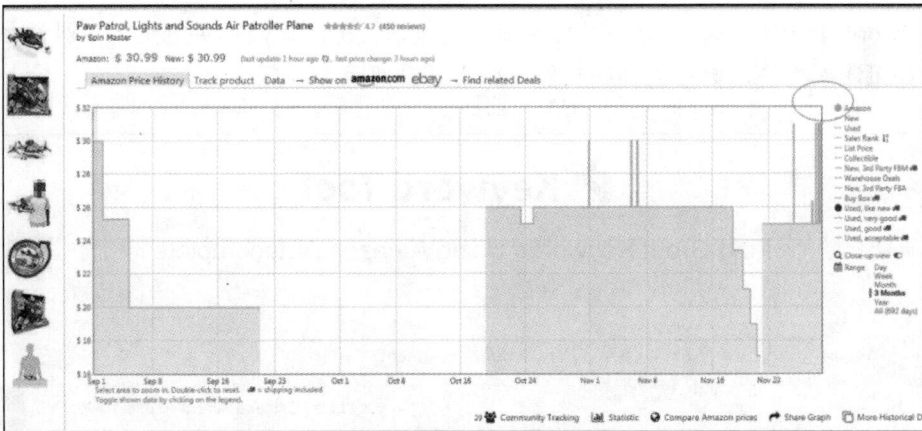

图 7-7　最近 3 个月的价格

通过移动鼠标光标,我们可以跟随鼠标光标的移动看到产品在不同日期的历史价格。在 Keepa 的这张 Amazon 图中,我们可以看到浅橙颜色的阴影部分和空白的部分。浅橙颜色的阴影部分代表的是亚马逊这段时间有产品库存,这个产品处于销售状态,而空白的部分代表的是亚马逊这段时间没有产品库存,同时没有进行该产品的销售。这张图能够很好地帮助我们做出快速的选品决策。例如,我们可以挑选亚马逊没有产品库存的时间段进行产品销售,从而避免竞争。

关键词分析工具介绍如下。

（1）关键字规划师

关键字规划师（Google Ads）是一种使用 Google 关键字广告或 Google 遍布全球的内容联盟网络来推广网站的付费网络推广方式。它采用文字、图片及视频广告在内的多种广告形式。

2018 年 7 月，谷歌宣布将其标志性业务 Google AdWords 正式更名为 Google Ads。全新的 Google Ads 代表了 Google 将提供全方位的广告服务。和它的前身 Google AdWords 一样，它允许用户在谷歌的不同平台上投放多种广告，包括搜索页、YouTube 视频网站、谷歌地图、Google Play、Android 应用商店及合作伙伴网站等渠道，谷歌的系统会根据广告商想要实现的目标在不同的平台上分配广告。除了机器学习、大数据分析等不可逆转的潮流趋势外，谷歌的产品创新还注重 3 个核心概念：价值、透明和信任（对广告商和潜在用户而言）。

（2）Merchant Words

Merchant Words 是亚马逊卖家理想的关键词分析工具。Merchant Words 收集了全球超过 10 亿次亚马逊用户实时搜索的数据，所有关键词数据都直接来自亚马逊搜索栏中的用户搜索。

Merchant Words 的专业算法涵盖了站点范围内的亚马逊流量、搜索排名及当前和历史的搜索趋势，卖家还可以使用数量有限的关键词免费查询。除了免费版本外，Merchant Words 还有付费版本（30 美元/月，仅适用于美国数据；60 美元/月，适用于全球数据）。付费版本还包括不限量搜索、CSV 下载及 24 小时的客户服务支持。

（3）Keyword Tool

Keyword Tool 是一个让亚马逊卖家简单快速地找出产品最佳关键词的工具，如图 7-8 所示。如果卖家想使用更多的高级功能，则需要升级为专业版。

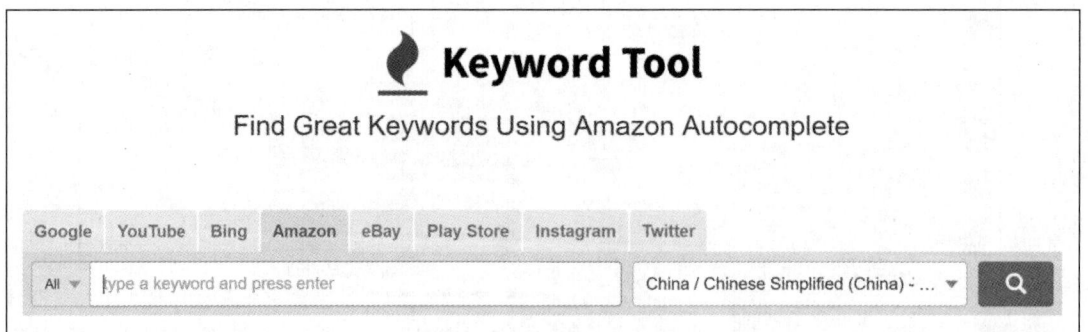

图 7-8　Keyword Tool 工具

此外，AMZ123 是一家专注于亚马逊卖家导航的网站，它围绕卖家需求，以一站式入口持续收集、整理亚马逊卖家运营必备的工具，实现亚马逊卖家运营工具汇总。AMZ123 网站主要的板块有常用工具、综合软件、关键词、选品分析等，如图 7-9 所示。

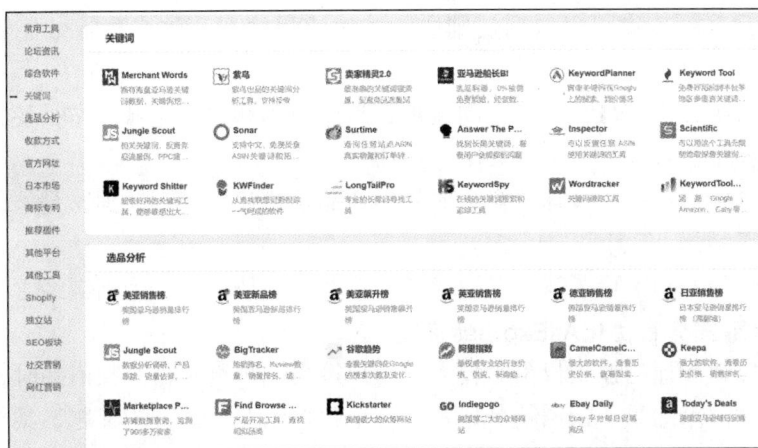

图 7-9　AMZ123 网站

第三节　主要跨境电商平台的大数据分析

随着信息技术的不断发展，互联网及各类社交网络、移动互联网、云计算等逐步融入人们的日常生活和工作，全球数据量也呈现爆炸式的增长趋势。但是，大数据本身所包含的数据繁杂且价值多样化，使得大数据的整体价值密度水平比较低，企业在对大数据进行价值分析时，就需要运用特定的技术方法来对数据进行筛选、收集、分析和整理。

主流跨境电商平台
的大数据分析

一、AliExpress的大数据分析

1．AliExpress数据分析要点

全球速卖通（AliExpress）的卖家后台提供了"数据纵横"分析工具，卖家可以查看平台各行业的交易状况、买家分布、热卖商品、热搜关键词等数据。

打开全球速卖通卖家后台的"数据纵横"工具，如图 7-10 所示，卖家可以看到左侧有实时风暴、商铺分析、商品分析、行业情报和搜索词分析 5 个模块。

图 7-10　全球速卖通卖家后台的"数据纵横"工具

（1）实时风暴：卖家可以看到店铺内的实时流量情况，这在店铺做促销活动时非常有用。

（2）商铺分析：卖家可查询商品的流量、热门商品和访客地域分布，使自己对店铺的经营状况了如指掌。

（3）商品分析：提供了全球速卖通的热卖商品及热门关键词数据，是选品、取名、定价必备的数据工具之一。

（4）行业情报：卖家可了解全球速卖通各行业的市场情况，为店铺经营指导方向。

2. 基于大数据分析优化AliExpress标题

标题在全球速卖通的搜索权重比较大，用户搜索或浏览类目查找商品时，系统判断商品是否符合搜索需求的第一依据就是标题。一个包含精准关键词的标题，其相应的商品页面（listing）被推荐曝光的概率就比较大。

（1）设置一个好的标题的前期数据分析

一个好的标题需要经过精心的推敲和打磨，并且要在实践中不断总结、完善。设置一个标题之前，首先要明确标题应该体现什么内容。标题的内容取决于用户，要考虑目标市场用户对商品有什么要求。

例如，某一俄罗斯用户购买手机时，要求性价比高，喜欢安卓系统，习惯较大的屏幕和内存，对 5～6in（1in≈2.5cm）的屏幕关注度比较高。此外，俄罗斯由于冬季长，所以用户对手机电池的容量及其在低温下的使用状态也比较关注。因此，面向俄罗斯用户的手机卖家，在设置标题时就应该把用户特别关注的价格、尺寸、内存、电池容量与可使用的温度范围等特性在标题中体现出来。只有标题中的信息足够吸引用户，用户才会有进一步了解与购买的欲望。

对目标市场用户的购买行为习惯进行数据分析，是设置一个好的标题的前提条件。一个好的标题并不是固定不变的，而是会随着市场、销售情况的改变而改变。

（2）持续的数据分析，持续优化标题

一个标题的好坏，需要结合标题带来的流量及转化率来衡量，卖家可以通过对流量、转化率数据的长期监测与统计分析，并根据市场变化情况，综合分析标题的时效性。

例如，某一个时期，用户特别注重手机的内存，但随着手机内存普遍增大之后，用户可能转而关注手机的摄像功能，这时候，标题就要根据数据分析结果做出合理的调整。

对于尚未确定标题关键词的情况，卖家可以使用不同关键词组合标题的方法，收集不同标题的搜索指数、点击率、转化率等数据进行统计分析，挖掘标题热词与组合方式，以此来优化标题。卖家也可借助全球速卖通平台数据统计工具或第三方数据分析工具，还可以借鉴同行的做法，挖掘所属品类的优秀标题与热词，参考优秀标题以优化自己的商品标题。

（3）保持标题与详细描述的匹配

标题与详细描述是一个 listing 的重要组成部分，因此，标题的优化不是单独的，标题的优化也是对整个 listing 的优化。根据数据分析结果来优化标题时，要注意保持商品标题与详细描述的匹配性。如果标题很吸引人，但用户点开后发现商品的详细描述并非如此，就会觉得卖家夸大其词。因此，商品标题、详细描述与商品本身要相匹配，匹配度越高越有利于提高排名。

二、Amazon的大数据分析

1. Amazon数据分析要点

在 Amazon 后台的数据报告中，业务报告和库存报告是卖家应该重点关注的报告。业务报告包含的数据是店铺的销量；库存报告主要包含两个数据：自发货库存和亚马逊提供的代发货业务。(Fulfillment By Amazon，FBA)

Amazon 数据分析可以参考市场趋势报表、用户行为分析数据表、地理位置数据分析表、订单销售数据表、店铺运作数据表、用户评论数据表。报表常用的名词如表 7-3 所示。

表 7-3　　　　　　　　　　　　　　Amazon 数据分析报表常用名称

英文	对应中文	中文含义
Page Views	页面流量	在所选取的时间范围内，销售页面被单击的总浏览量
Page Views Percentage	特定页面流量比例	在页面流量中，浏览某项特定 SKU 或 ASIN 的流量所占的比例
Sessions	浏览用户数	24 小时内曾经在销售页面浏览过的用户总数
Sales Rank	销售排名	产品在亚马逊平台的销量排名及变化
Ordered Product Sales	订单销售总和	订单的销售数量乘以销售价格的总和
Average Offer Count	平均可售商品页面	在所选定的时间范围内计算出平均可售商品页面
Order Item Session Percentage	下订单用户百分比	浏览用户数中下订单用户所占的百分比
Unit Session Percentage	销售个数用户转换率	每位用户浏览后购买产品的概率
Average Customer Review	平均商品评论评级	总体平均的商品评论级数，以五星级的评级方式来显示
Customer Reviews Received	商品评论数	商品获得评论的总数，好评和差评一起计算
Negative Feedback Received	差评数	所收到的反馈差评总数
A-to-Z Claims Granted	收到 A-to-Z Claims 的次数	不收到是最好的

另外，我们也可以使用参考平台提供的数据，如 Best Seller (热销商品)、Hot New Releases (类目热销商品)、Movers and Shakers (新品热物)、Most Wished (一天销量上升榜)、Gift Ideas (礼物类当日热销排行) 等进行数据分析。

2. Amazon大数据运用下的排名规则

亚马逊平台的店铺或商品排名主要与关键词、店铺/商品评论、店铺绩效有关，也与卖家使用亚马逊物流配送的情况有关。商品和店铺的各项数据，对卖家在亚马逊上的排名有着非常重要的影响。亚马逊长期对商品和店铺的各项数据进行统计分析，并结合平台的算法规则，对卖家的商品和店铺排名不断进行调整。例如，亚马逊自营的或选择亚马逊物流配送的商品，在亚马逊平台上的排名比较靠前。亚马逊对商品或店铺的排名进行调整时，主要考核的行为数据如下。

（1）使用亚马逊仓储物流（FBA）：亚马逊一直宣传自己的 FBA 用户体验，鼓励第三方卖家入仓并使用 FBA，所以在搜索排名中，亚马逊会支持使用 FBA 的商品。

（2）转化率：优秀的商品图片和文案能直接影响转化率，从而影响排名。

（3）销售量：销售量越高，在亚马逊的排名就越靠前。

（4）绩效：亚马逊的绩效考核包括销售量、退货率、用户评论、订单取消率、退货服务满意度、账户违规、准时送达、有效追踪率、回复率、发货延迟率等，绩效越好，在亚马逊的排名就越靠前。

（5）用户反馈：用户根据购买的商品与得到的服务情况对卖家进行评价，用户反馈是给卖家看的，评价包括评价数量、评分等，评论数量越多，评分越高，排名就越靠前。

（6）商品评论：用户对某商品的评论会在商品详情页中体现，供其他用户选择商品时参考，商品评论对排名也会有影响，整体评论越好，排名就越靠前。

（7）关键词的匹配性与准确性：商品标题中的关键词与搜索关键词的匹配性越高，曝光度就越高；商品描述中的关键词越准确，排名就越靠前。

（8）类目相关性：主要考核卖家在设置商品类目时，是否选择与商品最匹配的类目，并且是否详细设置类目下的商品属性、商品品牌等，类目越匹配，商品属性设置越详细，亚马逊就越能更好地根据商品信息推荐给正在搜索商品的用户，提高商品排名。

三、eBay的大数据分析

1. eBay的数据分析要点

eBay 的店铺流量报告有 10 项数据，包括店铺访问人数、买家停留时间等店铺相关页面的流低数据信息统计，也包括买家前往店铺或商品详情页的路径。

所有店铺的页面，包括自订页面、自订类别页面及搜索结果页面。各种形式的物品刊登，包括拍卖、一口价和店铺长期刊登物品。

其他与卖家相关的 eBay 页面，包括其他物品页面、信用评价档案和我的档案。eBay 平台有些数据的变化会影响商品销量，卖家需要留意以下几类数据。

（1）最近销售记录（针对"定价类物品"）：指衡量卖家的 listing 中，有多少 item 被不同的买家购买。商品的最近销售记录越多，越能取得曝光度，第一次被重新刊登的商品同样保留有最近销售记录。

（2）卖家评级（DSR）：包括商品描述、沟通、货运时间、运费这几项，优秀评级卖家（Top Rated Seller）的商品一般排名较为靠前。

（3）买家满意度：包含 3 个考量标准，即中差评的数量、DSR 1 分和 2 分的数量、INR/SNAD（货不对版）投诉的数量。

（4）物品"标题"相关度：买家输入的搜索关键词与最终成交商品的标题、关键词之间的匹配程度。

收集 eBay 平台数据后，卖家可以从以下几个方面展开市场分析。

（1）市场容量分析：通过比较同类商品的月度总成交金额，卖家可以估算自己所占的市场份额。

（2）拍卖成交比例：卖家可以比较自己的拍卖成交比例在同类商品中是否高于平均值，如果低于平均值，就需要查找原因。

（3）最优拍卖方式：卖家可以分析哪一种拍卖方式更好，决定是采用设底价还是采用一口价。

（4）可选特色功能促销效果分析：促销是有成本的，卖家可以分析何种促销方式能为自己带来最大的收益，以及其是否可以提高成交比例和成交价格。

（5）最优拍卖起始日期：卖家可以分析星期六起拍是否比星期一起拍更容易成交，以及成交价是否更高。

（6）最优拍卖结束时段：卖家可以分析什么时段结束拍卖可以取得最高的成交比例或者最高的成交价。

（7）商品上传天数：商品上传天数有 1 天、3 天、5 天、7 天、10 天，最常用的是 7 天，但是不同的商品有不同的性质，如一些流行商品，1 天就已经足够了；而对于一些古董类的商品，10 天则比较好。

（8）哪个目录下成交率高：一个商品可以放在多个目录下，以查看商品在哪个目录下的成交率更高。卖家可以将商品放在成交率高的目录下，如果两个目录的成交率都不错，那么卖家可以使用双目录功能。

（9）市场竞争情况：卖家可以分析平台上现有多少卖家在销售同类商品，以及前 10 位卖家占有多少市场份额。

2. eBay的大数据运用魔力

eBay 拥有惊人的数据量，我们可以分析这些数据并建立模型。通过大数据分析，eBay 系统每天都能够回答各种问题，如本月最热门的搜索商品是什么，本月转化率最高的商品是什么，昨天的热搜词是什么，等等。

通过分析用户的浏览历史记录数据，eBay 能"猜想"用户的消费偏好。对于没有太多历史购买记录的用户，eBay 可以通过对比有着相似特点的用户需求，来推测这位用户的潜在需求，从而将合适的商品推送给用户。

利用大数据，eBay 不断优化平台的搜索引擎。没有大数据参与优化的搜索引擎，并不能很好地理解用户的真实想法；而利用大数据分析，搜索引擎能够更好地理解用户的搜索需求，使商品与需求精准匹配，从而增加在线交易量。

对于跨境电商卖家来说，eBay 对大数据的运用给卖家带来的最大好处就是获取"情报"。根据大数据分析结果，eBay 定期向卖家建议应该销售的商品，如告诉卖家某商品一个月预计的销售量、定价的最佳范围、竞争对手有多少、卖家的市场占有率是多少等。

四、Wish的大数据分析

1. Wish数据分析要点

Wish 平台的"您的统计数据"是指针对卖家店铺，每 7 天统计一次产品的浏览数等信息，有流量的产品数据统计可以理解为被 Wish 官方认可的产品数据统计，没被认可的产品数据统计没有流量，不会被纳入这里的统计数据。针对没有浏览量的产品，卖家可尝试进行以下数据调整。

（1）产品销售价每天降低 0.01 美元（有些产品则需要涨价）。

（2）物流费用每天降低 0.01 美元。

（3）库存数量每天增加 1 个。

（4）产品从不同的颜色尺码增加一个子 SKU。

Wish 平台的标签搜索权重很大，10 个 tags 要全部写满。以裙子为例，标签的命名方式为一级分类、二级分类、产品、风格、特征、花型、颜色等。

Wish 平台注意收集店铺销量前 10、飙升产品榜、刊登新品、累积销售额、刊登时间、Wish 标签等详细数据和信息。

Wish 平台第三方数据分析工具可以参考卖家网 Wish 数据、米库、超级店长跨境版。例如，通过超级店长跨境版 ERP 的 Wish 分析工具，卖家可以查看如下数据。

（1）全行业数据：显示全行业的店铺数量、产品数量、平均售价、7 天日均销售量、7 天日均销售额、7 天日均动销率。

（2）子行业数据：显示子行业的店铺数量、产品数量、平均售价、7 天日均销售量、7 天日均销售额、7 天日均动销率。

（3）店铺数据：可以根据 7 天日均销售量、7 天日均订单量、行业来筛选热卖店铺。

2．Wish基于大数据的智能推荐

Wish 的核心竞争力是基于大数据的智能化推荐系统，它可以自动向用户推荐用户可能喜欢的产品。对卖家来说，产品因为被推送给用户而得到了曝光，店铺也得到了平台推送流量，这是每个进驻 Wish 的卖家最希望得到的结果。然而，Wish 向用户推荐产品是依据一定的算法规则的，卖家想要自己的产品得到 Wish 的推荐，就必须摸清这些规则，并遵循规则做出调整。

（1）初次匹配

Wish 向用户推荐一个新产品，首先是根据产品的标题、图片、标签、描述去鉴别产品，其中主要还是依据产品标签做鉴别，然后与用户需求、喜好进行匹配，向用户推荐匹配度高的产品。

（2）初始流量的转化情况

经过初次匹配后，Wish 就不再只以产品的各项属性作为推荐的依据了，而还会考虑产品初始流量的转化情况。例如，某个产品已经被推荐了 1 000～2 000 次，但点击率、转化率却很低，那么就算这个产品在属性上非常符合用户的需求，也不会再得到 Wish 更多的推荐。因此，产品本身还是非常重要的，产品的转化率越好、评价越多，被推荐的机会才会越多，产品销售量也会越来越高，如此形成一个良性的循环。

（3）店铺绩效与服务

经过一段时间的经营，店铺绩效与服务的各项数据，如店铺好评率、DSR、延迟发货率等就会显现出来。这些数据越完美，其产品被推荐的机会就越大。因此，Wish 卖家在把产品做好的同时，也要把服务做好。

（4）店铺活跃度

店铺活跃度越高，其产品被推荐的概率就越大。店铺活跃度包括账号登录频率、买家浏览次数、点击率、店铺整体转化率、产品更新情况、评论情况等。

本章小结

通过对本章的学习，我们对跨境电商环境下的大数据分析有了比较全面的认识，掌握了什么是大数据分析，大数据分析如何创造商业价值，大数据环境下如何改进跨境电商的流程及跨境电商的大数据分析特征；了解了数据分析常用的名词，不同平台在大数据分析上的侧重点；初步认识了主要的大数据分析工具及不同平台在大数据分析环境下的典型应用。

习题

一、名词解释

大数据　数据分析　商业价值　关键词分析　选品　大数据分析常用名词

二、单项选择题

1. 某超市研究销售记录发现，购买牛奶的人很可能会购买面包，这属于数据挖掘的（　　）问题。

　　A. 聚类分析　　　B. 关联规则　　　C. 分类分析　　　D. 自然语言处理

2. 将原始数据进行集成、变换、维度规约、数值规约是（　　）步骤的任务。

　　A. 数据获取　　　B. 分类和预测　　　C. 数据预处理　　　D. 数据可视化

3. 大数据有"4V"特点，即 Volume（规模）、Velocity（速度）、Variety（种类）和（　　）。

　　A. Voice（声音）　　　　　　　　B. Value（价值）

　　C. Variable（易变的）　　　　　　D. Validity（正确有效的）

4. 当前大数据技术的基础是由（　　）首先提出来的。

　　A. 微软　　　B. 百度　　　C. 谷歌　　　D. 阿里巴巴

5. 数据分析离不开 4 个核心：业务、技术、科学、艺术。其中最重要的一点是（　　）。

　　A. 业务　　　B. 技术　　　C. 科学　　　D. 艺术

6. 页面被访问的总次数是（　　）。

　　A. 点击率　　　B. 访客数 UV　　　C. 浏览量 PV　　　D. 访问深度

7. 亚马逊站外的长尾词不能通过下列（　　）工具获得。

　　A. Google Ads　　B. Keyword Tool　　C. Jungle Scout　　D. Sina

8. 以下可用于分析用户的搜索习惯变化的工具是（　　）。

　　A. listing 优化　　B. PayPal　　　C. Google Ads　　D. FBA 费用计算

9. 搜索引擎优化的简写是（　　），指从自然搜索结果获得网站流量的技术和过程。

　　A. SEO　　　B. PV　　　C. CEO　　　D. VC

三、主观题

1. 大数据的定义和内涵是什么？

2. 大数据分析如何创造商业价值？跨境电商环境下，大数据将带来哪些变革？

3. 传统营销与数据化运营的区别是什么？

4. 大数据环境下，跨境电商的流程与特征是什么？

5. 简述大数据分析常用名词及其含义。B2B 平台数据分析的要点是什么？

6. 结合跨境电商平台案例分析，谈谈如何利用分析工具更好地辅助跨境电商。

扩展阅读

知识点 7-1	知识点 7-2	知识点 7-3	知识点 7-4
知识点 7-5	知识点 7-6	知识点 7-7	知识点 7-8

III　跨境电商实务篇

第八章

跨境电商选品与平台选择

知识结构图

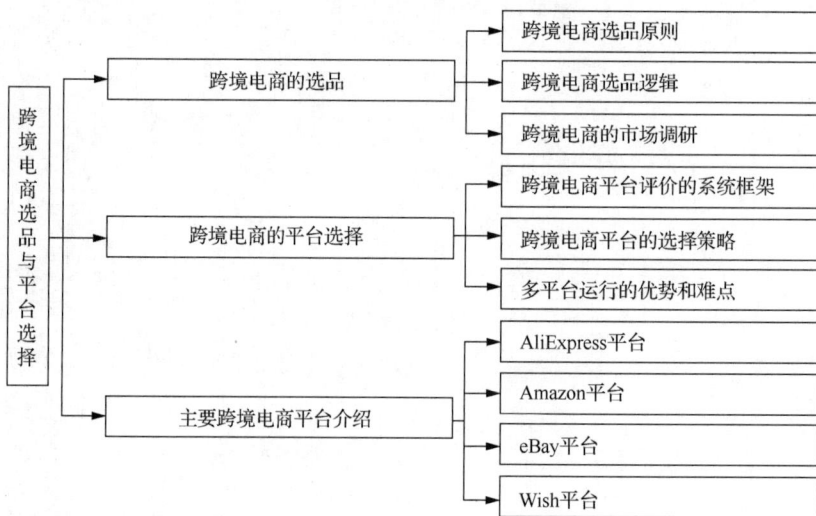

学习目标

1. 掌握跨境电商选品的内容。
2. 了解跨境电商平台选择的内容。
3. 了解多平台运行的优势和难点。

4. 了解各主要跨境电商平台的特点。

导入案例

Anker的成功可以复制吗?

2011 年 10 月,Anker 成立于美国加州,由前 Google 工程师 Steven Yang 创办,为全球注册品牌。Anker 生产移动电源、充电器、蓝牙外设、数据线等智能数码周边产品,市场重点覆盖北美、日本及欧洲多国。在亚马逊平台上,Anker 一直是一个传奇。

我国的很多卖家都在研究和模仿 Anker,但正如齐白石先生所言:"学我者生,似我者死。"真正能够模仿 Anker 而且做得很好的卖家少之又少。但基于对 Anker 的研究和学习,卖家可以做出新的拓展,开拓思路。

Anker 以移动电源起家,一直以黑白色调为主,在 Anker 自己的调研中,他们得出的结论是欧美人更爱好黑色,所以打开 Anker 的店铺,会发现黑色调格外明显。同时,Anker 的产品以方正款式为主,以商务人士为目标客户群体,甚至亚马逊全球副总裁在做招商推介的时候也说到,他来中国出差,用的就是 Anker 的移动电源。

很多学习 Anker 的卖家都采取了同样的黑色调和方正款,但成功的案例并不多,而有两家公司同样主打移动电源,却剑走偏锋,选择了和 Anker 不一样的路,但它们做得非常成功。

Jackery 同样主打移动电源并主推方正款式,却选择了和 Anker 不一样的颜色——橙色。在 Anker 给人的冰冷沉稳的黑色印象之外,Jackery 一下子就以鲜活亮眼的橙色吸引了客户的眼球。抛开品质方面的对比,单纯从色彩层面来看,如果说 Anker 是以成年稳重的商务人士为核心客户群,那么 Jackery 则明显是以女性群体及更年轻的消费者群体为核心客户群。

Jackery 之外,另一家移动电源——Lepow 的品牌打造就更有意思。

Lepow 以更加鲜活的形象切入移动电源市场。在品牌打造的过程中,Lepow 选取了绿色和黄色为主色调,同时在款式的选择上,Lepow 以圆润款式甚至带有卡通形象的款式为主,一下就赢得了年轻群体的心。在亚马逊平台上,Lepow 起步较晚,但却一直做得很好。

回头看这 3 家企业的选品思路:Anker 凭借首发优势,主要面对商务人士群体,成为移动电源类目的龙头;而 Jackery 在选品中,既从 Anker 的发展中看到了商机,同时为了避免与 Anker 正面竞争,选择从侧翼进入移动电源市场,以亮色调获得了年轻群体的青睐;Lepow 进入移动电源市场时,想去撼动 Anker 的销售地位已经是非常困难,于是它迂回前行,利用差异化成就了自己。

（资料来源：赢商荟——跨境电商新锐媒体）

请问：Anker 产品模仿的关键是什么?

第一节　跨境电商的选品

一、跨境电商选品原则

近年来,跨境电商成为人们关注的热点,国家也为跨境电商的发展提供了政策支持。

但是，面对众多的产品，如何选择符合境外用户需求的产品就成了难题。从市场角度看，选品指选品人员从供应市场选择适合目标市场需求的产品；从用户需求角度看，选择的产品要满足用户的某种需求。需求和供应处于不断变化的过程中，故选品也是一个不断变化的过程。

跨境电商选品

选品不可只靠个人主观判断，应有市场调研、数据分析等客观依据。以下是跨境电商选品的 3 个原则。

1. 判断目标市场用户需求和流行趋势

世界各地区用户的生活习惯、购买习惯、文化背景都不一样，一件产品不可能适合所有地区的用户。例如，针对欧美市场的服装应该比针对亚洲市场的大几个尺码，针对巴西市场的饰品应该为夸张且颜色鲜艳的样式。所以，在选品之前，选品人员要先研究目标市场的用户需求，了解他们的消费习惯和目标市场的流行趋势。

2. 适应跨境电商的物流运输方式

跨境电商的物流具有运输时间长、不确定因素多的特点，在运输途中可能出现天气突变、海关扣留、物流周转路线长等状况。不同国家和地区的物流周期相差很大，快的 4~7 个工作日可送达，慢的需要 1~3 个月才能送达。在漫长的运输途中，包裹难免会受到挤压、抛掷等损害，也可能经历季节更替的温差变化。

所以，选品人员在选品时要考虑产品的保质期、耐挤压程度等因素；由于跨境物流费用高，选品时也要考虑相应重量和体积所产生的物流费用是否在可承受范围内。

3. 判断货源优势

在满足以上原则的情况下，选品人员还需要考虑自身是否具有货源优势。对于初级卖家，如果其所处的地区有一定规模的产业带或有体量较大的批发市场，则可以考虑直接从市场上寻找现货；在没有货源优势的情况下，卖家再考虑从网上寻找货源。

对于有一定营销基础并且已经积累了一定的销售经验的卖家，能够初步判断哪些产品的市场接受度较高时，卖家可以考虑寻找工厂资源，针对比较有把握的产品进行少量下单试款。

经验丰富并具有经济实力的卖家可以尝试预售，确认市场接受度后再下单或投产，这样可以减少库存压力和现金压力。

二、跨境电商选品逻辑

下面我们来看一下跨境电商的选品逻辑，了解跨境电商选品的基本步骤。总体来看，跨境电商选品需要经过 5 个步骤——确定行业类目，找到买家需求，找到热卖款、洞悉卖家爆款，市场数据验证分析和产品战略布局，如图 8-1 所示。

1. 确定行业类目

选择跨境电商产品的第一步，是谨慎地确定要选择的行业，如女装、男装或是其他类别。因此，我们要对行业数据进行分析，行业数据分析包括行业竞争分析、行业数据分析、行业国别分析。

（1）行业竞争分析

行业可以分为红海行业和蓝海行业：红海行业指现有的、竞争白热化的行业；蓝海行业指未知的、有待开拓的市场空间，是竞争不大，但又充满买家需求的行业，如图 8-2 所示。我们在选择跨境电商产品时，需要结合自身优势，选择竞争不那么激烈、有一定市场利润空间的产品。

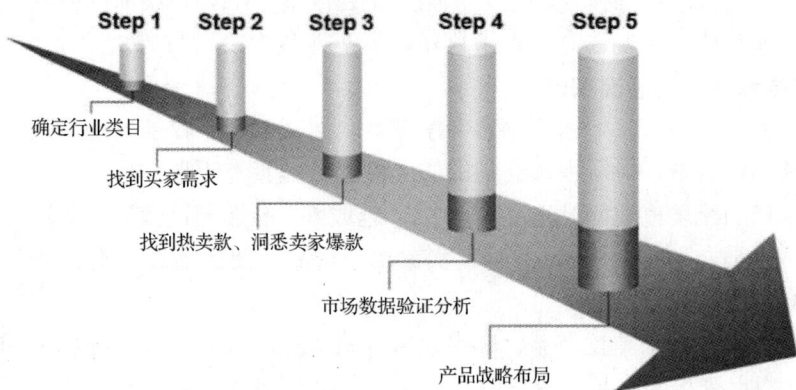

图 8-1　跨境电商选品步骤

图 8-2　蓝海行业（2019 年 8 月数据）

（2）行业数据分析

行业数据分析需要我们分析相关行业的访客数占比、浏览量占比、支付金额占比、支付订单占比、供需指数等数据。其中，访客数占比指该行业的访问数量占比，代表市场容量，访客数占比越大表明市场容量越大，相反则表明市场容量越小；支付金额占比是产品成功的支付数占产品下单数的比例，支付金额占比越大，证明买家越倾向购买该类目的产品；供需指数代表卖家数量和买家数量的比例关系，指数越小表明市场竞争越不激烈，越大则表明市场竞争越激烈。因此，我们要选择访客数较多、支付订单占比较大、供需指数较小的产品。

（3）行业国别分析

我们要根据买家搜索产品类目的关键词来判断哪个国家的买家搜索该产品的量比较多。通常情况下，我们可以依托不同国家的搜索关键词数据来判断产品的主要目标国家市场。

2．找到买家需求

确定好行业类目后，接下来我们需要寻找买家需求，简单来说，就是根据买家的搜索习惯或喜好，找到买家需求较多的产品。买家的搜索习惯可以通过搜索指数和购买率排名确定，搜索指数越大的产品搜索量越大，购买率越高的产品则说明买家对其的需求越多。跨境电商选品通常情况下要选择搜索指数和购买率排名均较高的产品。

3．找到热卖款、洞悉卖家爆款

确定好买家需求后，我们需要洞悉卖家爆款。爆款产品不仅能够提高店铺销量，还能提高整个店铺的浏览量，对于提高店铺的知名度和效益具有重要作用。一般情况下，我们会借助一些专门的跨境电商网站选品。其中，"越域网"能够通过大数据帮助用户迅速定位 eBay、Wish、Amazon 的热销单品，协助卖家快速选品、便捷铺货、放心采购。

4．市场数据验证分析

如果已经基本确定了某款产品，卖家还可以将所选择的产品在境外相关网站进行产品验证，如果和数据分析的产品一致，那么它就是一款有潜力、符合境外需求的产品。从具体操作来看，我们可以打开境外的电商平台，如 eBay、Amazon、ASOS、Gmarket 等，查看爆款或引流款、热卖产品、搜索关键词等信息。

5．产品战略布局

通常情况下，卖家店铺的产品可以分为引流款、利润款、品牌形象款。引流款能够为店铺提供高流量、高曝光率、高点击量；利润款能为店铺提供利润；品牌形象款能够逐渐树立店铺的品牌形象。我们一般靠引流带动销量。3 种产品类别应设置的数量、折扣率及利润率如表 8-1 所示。

表 8-1　　　　　　　　　　产品战略布局

产品分类	数量	折扣率	利润率
引流款	5%	50%	初期亏损
利润款	85%	30%～40%	初期略赚
品牌形象款	10%	5%～20%	赚

从表 8-1 中可以看出：引流款产品通常属于初期亏损产品，起引流作用；利润款产品的数量占店铺产品总量的 85%左右，其利润率较低；品牌形象款产品的数量占店铺产品总量的 10%左右，利润率较高。

三、跨境电商的市场调研

1．网站数据观察

市场调研的形式有很多，这里介绍初级卖家容易操作的方式。初级卖家可通过互联网收集现有的数据和信息，经过分析判断得出结论。

在跨境电商平台的买家界面上可以很方便地收集选品的信息，下面以 Amazon 和速卖通平台为例进行介绍。

（1）Amazon 平台数据

在 Amazon 平台上，卖家可以选择 "Best Sellers"，对热销产品的相关信息进行观察。

操作步骤：打开 Amazon 平台首页，找到需要查看的类目，如选择"Home & Kitchen"，打开该类目后，相关页面内容按照子类排序显示，如图 8-3 所示。

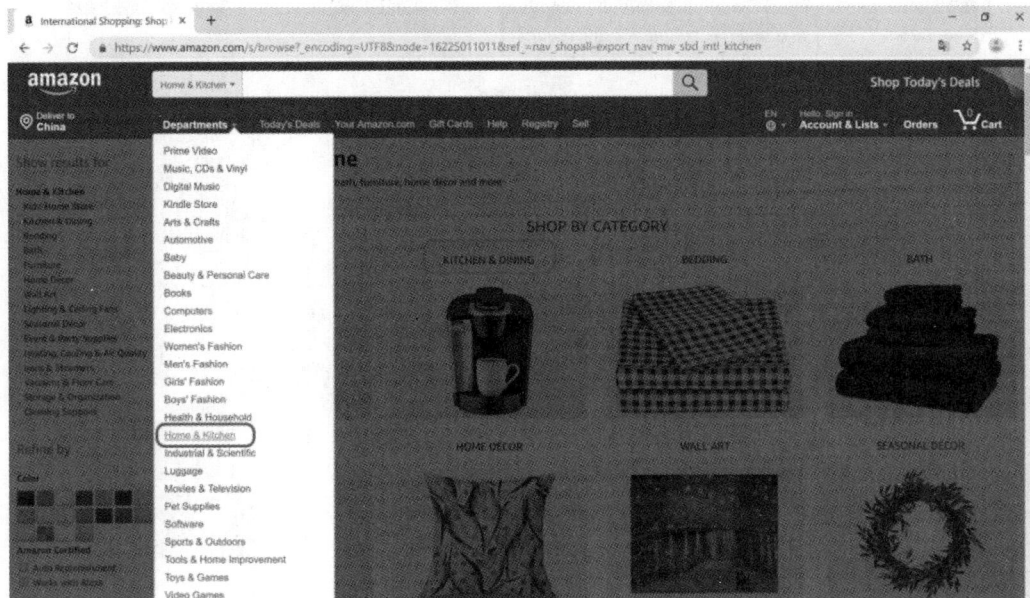

图 8-3　Amazon 平台选择类目

选择"Kitchen & Dining"后，显示该子类下的"Best Seller"，如图 8-4 所示。

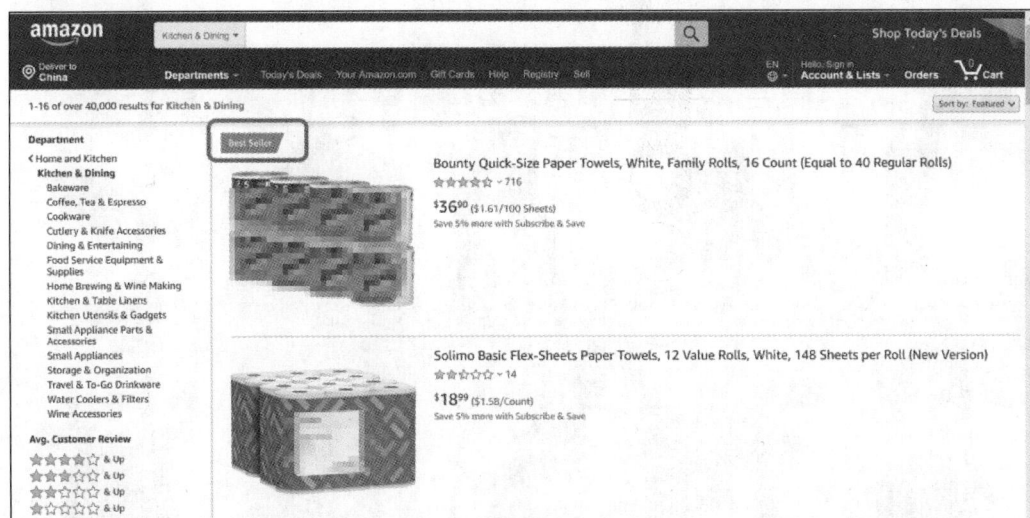

图 8-4　Best Seller 产品展示

"Best Seller"里面显示的是这个类目下的热销产品，如图 8-5 所示，单击后可查看分类更细的子类热销产品推荐。

（2）速卖通平台数据

单击速卖通首页的"Best Selling"，可看到图 8-6 所示的界面，选择"Hot Products"或"Weekly Bestselling"，可以查看平台里卖得好的产品。

图 8-5　更详细的子类 Best Seller

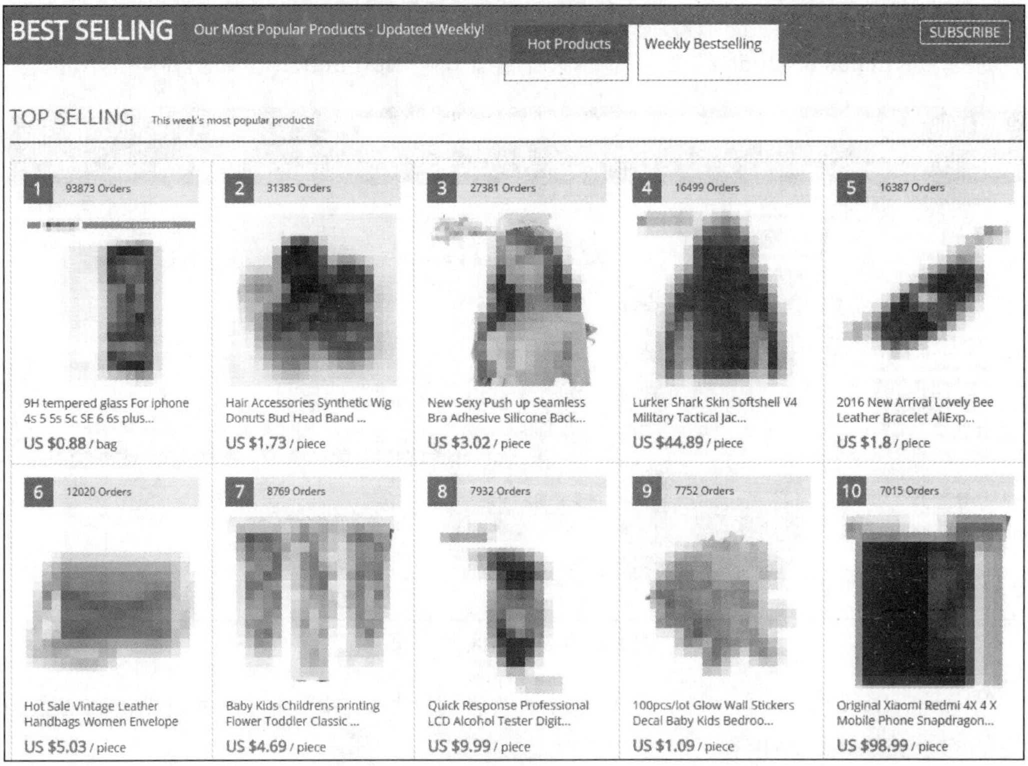

图 8-6　速卖通平台的"Best Selling"

　　"Best Selling"频道收集了最新热门产品和每周热销的产品，卖家可以按照经营类目查看热门产品排行，如图 8-7 所示。

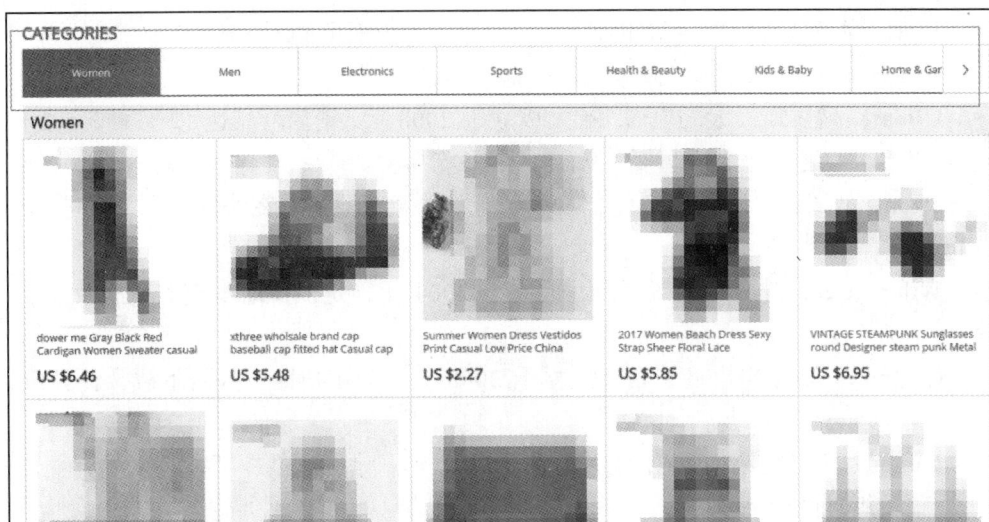

图 8-7　按照经营类目查看热门产品

　　卖家可以参考同行卖家的产品，并在买家登录首页搜索想了解的产品，如"high heels"，以订单降序排列，即可查看目前平台上高跟鞋类目下销售量较好的产品信息，如图 8-8 所示。

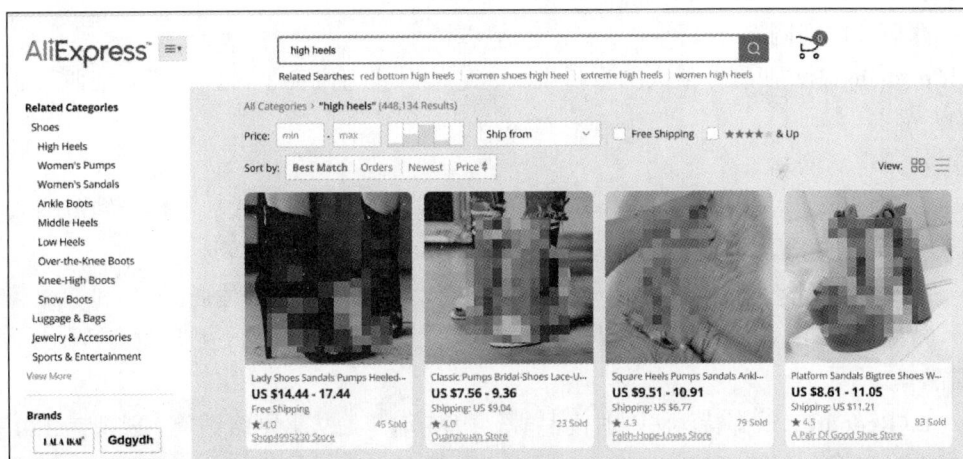

图 8-8　"high heels"产品的销售情况

2．观察流行趋势

（1）观察其他国家的本土电商网站

① 美国电商网站

除了本书讨论的几大电商平台外，美国有一些以线下大型实体店为基础向电商发展的平台，它们也是美国买家的主要网购平台。

● Walmart，沃尔玛百货，美国最大的线下零售商，经营连锁折扣店和仓储式商店的美国跨国零售公司。

● Best Buy，百思买，美国跨国消费电子公司，专注消费类电子产品。

● Macy's，梅西百货，美国中档连锁百货公司，以消费类产品为主，产品种类丰富。

- Sears，西尔斯，美国著名的连锁百货公司，和梅西百货类似。

② 俄罗斯电商网站

- UImart，俄罗斯最大的电商平台，成立于 2008 年，销售产品达 12 万种，包括家电、手机、计算机、汽配、服装、母婴、家装、图书等品类。
- Ozon，俄罗斯老牌电商平台，1998 年上线，主营业务为在线销售图书、电子产品、音乐和电影等。
- Wildberries，时尚类电商平台，成立于 2004 年，是俄罗斯本土的鞋服及饰品在线销售平台。
- Citilink，3C 家电电商平台，成立于 2008 年，为用户提供数码下载、计算机、3C家电等产品。
- Lamoda，时尚服装电商平台。成立于 2010 年，是一家俄罗斯电商网站，主营业务为服饰、鞋子等时尚产品。

③ 巴西电商网站

- Mercadolire，巴西本土最大的 C2C 平台，这个平台提供巴西各类物价指数、消费趋势、付款习惯等市场信息。
- Americanas，巴西本土的连锁零售商店，1929 年成立于里约热内卢，该公司目前在巴西的 25 个州及首都巴西利亚拥有 860 家实体商店。

④ 西班牙电商网站

ElCorte Ingles，西班牙最大的百货集团，它同时也有电商平台，主营一些西班牙本土品牌的产品。

⑤ 法国电商网站

- Cdiscount，法国排名靠前的购物网站，拥有 1 600 万名买家，平台经销范围涉及文化产品、食品、IT 产品等诸多品类，产品销往南美、欧洲、非洲等地。
- Fnac，法国老牌的图书和电子产品零售商，拥有数百家实体店。
- PriceMinister，欧洲地区流量较高的电商平台，总部在法国，主营 3C 产品、Fashion及家居品类。
- La Redoute，乐都特，法国时尚品牌，1995 年开始从事网络销售，现覆盖 120 多个国家，拥有 70 多个品牌。

（2）通过 SNS 了解流行趋势

SNS 通常是信息发源地，各领域的最新信息和流行趋势都会先在 SNS 传播，卖家可以关注境外流行的 SNS 中的行业相关意见领袖和热话题，通过观察发掘潜在商机。例如，时尚达人经常会分享最新的设计款式，这些设计款式可能会在未来的 3 个月至 2 年的时间内逐渐开始流行，卖家通过判断可以提前预备相关产品。下面介绍 3 种可能会出现销售商机的流行趋势。

① 电影流行趋势

关注院线未来一年的上映计划，尤其是好莱坞出品的影视作品，选出观众期望度较高的电影，这些电影很可能会带动一股文化潮流。卖家可以针对电影里的热门元素提前开发周边产品，但是在开发电影周边产品时，注意不可发生侵权行为。

② 时尚博主流行趋势

时尚产品的卖家要多关注 Instagram 和 Pinterest 等，寻找并关注符合自己品牌风格的时尚博主、影视名人，其穿着或关注的话题很可能会引起普通消费者的跟风潮流。

③ 大型文体活动流行趋势

体育比赛和走秀节目都可能带来阶段性的购买热潮，以下推荐两个值得卖家关注的大型活动。

- 全球性体育赛事都会引起阶段性的流行趋势，如奥运会和世界杯足球赛。4 年一次的世界杯是全球球迷狂欢的日子，这个时期，球赛周边产品销售量会直线上升，如 2010 年南非世界杯期间我国产的"呜呜祖啦"爆卖。

- 超级碗（Super Bowl），即美国国家橄榄球联盟的年度冠军赛。"超级碗"被称为美国的"春晚"，美国大牌的演艺名人都会在超级碗演出，是美国收视率排名靠前的电视节目。

第二节 跨境电商的平台选择

一、跨境电商平台评价的系统框架

本书第一章第二节阐述了跨境电商的进出口流程，其涉及跨境电商平台、支付企业、物流商、海关、用户等一系列关键要素。卖家是否选择该跨境电商平台，需要考虑该平台的目标用户、支付方式、物流、平台服务等众多因素。根据跨境电商进出口的整个流程，我们用系统框架来衡量平台的价值，即从目标用户、平台卖家、准入条件和支付方式、网上服务平台、物流和其他服务 5 个方面进行评价。

1. 目标客户

跨境电商平台必须做出合理决议，决定到底该服务哪些地区的用户。跨境电商平台所涉及的用户身在不同国家或地区，其文化与国内差异极大，所以针对特定地区的用户，跨境电商平台可以凭借对该特定群体需求的理解来设计相应的服务。目标用户细分依据如表 8-2 所示。

表 8-2　　　　　　　　　　目标客户细分依据

客户细分依据	目标客户细分群体
类型	用户是零售还是批发
地区	跨境电商平台服务于哪些地区
性别	男、女
年龄阶段	年轻人、中年人、老年人
职业	根据从事工作内容不同划分
收入水平	根据收入金额不同划分
用户价值	根据最近消费时间、频率、金额等指标进行评估

2. 平台卖家

在选择跨境电商平台时，也需要考虑平台上其他卖家的情况，如是个人还是企业卖家，来自哪个国家或地区，销售产品属于哪个类目等。平台卖家选择平台时的考虑因素如表 8-3 所示。

表 8-3　　　　　　　　　　　　平台卖家分类情况

分类依据	说明
类型	个人还是企业卖家
地区	来自哪个国家或地区
产品种类	销售产品属于哪个类目，如汽车配件、服装等
企业规模	大、中、小
企业经营情况	根据企业的销售量、顾客数量等划分

3. 准入条件和支付方式

各大跨境电商平台对于卖家的要求不尽相同，部分平台只接受企业卖家，不接受个人卖家或对个人卖家的要求非常严格，因此，个人卖家在进入该平台之前必须首先考虑这一因素。此外，各大平台的收费模式也有着显著的差异，收费模式主要有年费、交易佣金、服务费等，不同平台的收费模式也大相径庭。

跨境电商平台除了保证自身产品质量和服务以外，还需要了解用户的需求，其中支付就是这些需求中很重要的一部分。全球各地区的人们在网上购物时，所使用的支付方式是有差异的。跨境电商平台涉及的各地区消费者习惯的支付方式如表 8-4 所示。

表 8-4　　　　　　　　　　　　各地区常见的支付方式

地区	常用的支付方式
北美地区 （泛指美国和加拿大）	熟悉各种先进的电子支付方式，如网上支付、电话支付、邮件支付等，信用卡支付是常用的在线支付方式之一
欧洲	欧洲人习惯的电子支付方式除了维萨（VISA）和万事达（MasterCard）等国际卡外，还喜欢使用当地卡，如 Maestro（英国）、Solo（英国）、Laser（爱尔兰）、Carte Bleue（法国）等
日本	以信用卡付款和手机付款为主，常使用支持 20 种货币的 JCB 信用卡进行网上支付
澳大利亚、新加坡、南非和南美地区	习惯的电子支付方式是 VISA 和 MasterCard，也习惯用 PayPal 电子账户支付款项
欠发达地区	东南亚、南亚、非洲的中北部等欠发达地区，一般也是使用信用卡支付。但由于风险较大，卖家要充分利用第三方支付商提供的反欺诈服务，事先屏蔽恶意欺骗或有风险的订单

4. 网上服务平台

网上服务平台最近几年更加注重用户体验，本书也主张从用户体验的角度出发来对跨境电商平台进行评价。用户体验主要可以分为感官体验、交互体验、情感体验 3 类。感观体验是用户视听上的体验，强调舒适性，一般在色彩、声音 图像、文字内容、网站布局等方面进行呈现。交互体验是用户使用、交流过程的体验，强调互动、交互特性。交互体验的过程贯穿浏览、点击、输入、输出等过程。情感体验是用户心理上的体验，强调心理认可度。例如，很多网站都设立了客服，客服回答的及时性、解决问题的快速性等都影响着用户的情感体验。如果用户能通过站点认同、抒发自己的内在情感，那说明该平台的用户体验效果较好。

5. 物流和其他服务

众多跨境电商平台都涉及国际物流，它们基本会选择第三方国际物流，但可供选择的第三方国际物流公司在物流时间、物流成本等方面具有各自不同的特点。此外，很多跨境电商平台在境外设立了海外仓，缩短了物流时间，提高了办事效率，能促进境外用户在海外仓进行线下购买，所以海外仓也是需要考虑的关键因素。

跨境电商平台的主要服务是产品销售，但是围绕产品销售，平台会根据自身情况和用户需求提供其他相应的服务。各大平台提供的此类服务有较大差异，卖家需要根据自身情况选择适合自己的平台。跨境电商平台的其他服务如表 8-5 所示。

表 8-5　　　　　　　　　　　　跨境电商平台的其他服务

其他服务	说明
个性化定制	例如，兰亭集势的突出点是婚纱的个性化定制，吸引了广大适婚人士在该网站上进行注册和购买
产品收货、分拣、打码、质检等预加工处理服务	为卖家提供了便利，提高了效率
跨境贸易结算、通关代理等服务	能减少卖家的程序
信贷服务	解决卖家和买家资金难的困扰，如敦煌网与 DHCredit 合作
培训	从事跨境电商的人员需要有较强的外语能力及专业知识储备，平台可为新手提供培训
营销推广	为卖家提供提高产品曝光度的营销工具，包括定价广告、竞价广告和展示计划等
代运营服务	为卖家提供店铺装修及优化、账号托管等服务

二、跨境电商平台的选择策略

前面我们阐述了跨境电商平台评价的系统框架，卖家可根据这个框架，结合自身行业和产品的特点，选择适合自己的跨境电商平台。通过资料整理，本书归纳了以下选择跨境电商平台时需要考虑的几个方面。

1. 了解各平台对于卖家的准入条件及各平台的相关规则

卖家分为企业卖家和个人卖家，国内的跨境电商平台，如敦煌网、速卖通等均接受个人和企业卖家，对卖家的要求比较低，只需要实名认证即可入驻平台。但是，境外的很多跨境电商平台，如 eBay、Amazon 等对卖家的要求相对比较高。eBay 在注册的时候需要提交相关的证明，如将销售的产品的发票、银行账单等，企业卖家还需要提供营业执照等相关证明并进行认证，同时也会收取一定的交易费用。

卖家应熟悉平台的规则。敦煌网的卖家都来自中国，敦煌网能做到较为公平地对待买家和卖家，且风控经验丰富（控制买家欺诈做得好）；速卖通作为阿里巴巴的一大平台，也比较公平地对待买家和卖家，不过其规则常会发生一些变化，卖家需要及时进行了解；eBay、Amazon 作为境外的知名跨境电商平台，其规则对于卖家而言较为严格，注重保障买家的权益。如果买家投诉卖家售卖仿制产品，eBay 和 Amazon 会立刻冻结卖家账号，只有卖家提供相应的证据证明自己所销售的不是仿制产品时，eBay 和 Amazon 才会将账号解冻，这一解冻过程需要花费较长的时间。

2. 分析平台所针对的买家群体

买家群体大致分为零售和小额批发商，考虑自己的产品特点及企业特点，如果产品主要销售给个人，那么可以选择 B2C 平台，如兰亭集势、米兰网、敦煌网等，境外平台主要有 eBay、Amazon 等。

清楚平台买家的分布地区。各大平台的精力有限，所以其推广的地区往往具有针对性，各地区的买家对于平台的使用频率也略有差异。另外，产品品牌知名度也在各大地区存在差异，卖家应考虑平台在境外地区的知名度等，从而选择适合自己产品销售地区的平台。例如，如果企业的产品主要销往美国，那可以考虑美国买家群体较大的 Amazon 或 eBay。

3. 掌握平台销售的产品信息和其他卖家的情况

从销售产品的品类看，跨境电商平台销售的产品品类从服装服饰、3C 产品、计算机及配件、家居园艺、珠宝、汽车配件、食品药品等便捷运输产品向家居、汽车等大型产品扩展。eBay 数据显示，eBay 平台上增速最快的三大品类依次为家居园艺、汽配和时尚。eBay、Amazon 等网站所销售的产品品类多种多样，但也有很多网站主打某类产品，如兰亭集势只销售服装类产品。

4. 熟悉网上服务平台的操作

网上服务平台的评价主要可以从用户体验角度出发。

① 感官体验，主要考虑网页色彩搭配、布局给人的舒适感程度。

② 交互体验，通俗来讲，就是网站的操作难易度。目前，敦煌网和速卖通最符合中国用户的操作习惯；eBay、Amazon 等对于境内卖家而言操作相对复杂，因为其卖家来自全世界，平台需要适应全世界卖家的习惯。

③ 情感体验，通过客服的回复是否及时，网页上是否有比较详尽的 FAQ 设置等来呈现。例如，兰亭集势在美国、西班牙、波兰等聘请当地服务市场的客服，此举措使其与当地的买家有了更好的互动，提升了买家的情感体验。

5. 了解平台所采用的支付方式

这主要从卖家的角度出发，考虑平台的支付方式是否符合买家的需求，具体的情况如表 8-4 所示，此处就不再赘述。

6. 清楚平台的物流方式及境外仓是否设立等情况

例如，大龙网在俄罗斯莫斯科、巴西圣保罗、印度新德里、加拿大蒙特利尔、澳大利亚堪培拉等地开设多个境外销售办公室，拥有 200 多名外籍员工，主要负责境外的销售和推广工作。它还在各地设立了仓储设施，在国内长三角、珠三角等地拥有仓库，在东莞拥有公共监管仓，仓内对接海关和检验检疫，可实现一站式通关出口；在黑龙江省拥有合作配送点，为外贸企业的俄罗斯市场开发提供更多便利；在俄罗斯、印度、英国、美国、澳大利亚等国家拥有境外仓，极大地提高了物流的便利性。

7. 探索各大平台提供的其他服务

敦煌网除了提供基于平台的基本服务外，也在优化一体化服务，如提供 30 多种支付方式、20 多种物流方式、多种信贷服务及其他的增值服务；大龙网属于跨境 O2O 模式，它建立了云库房，实现了本土化运营；兰亭集势具有供应链优势，营销能力强，采取了本土化举措。在选择时，卖家需根据自己产品的特点及所需的服务和平台的特点进行匹配，看哪个平台最符合自己的要求。

三、多平台运行的优势和难点

由于各个跨境电商平台所针对的目标用户群体有所差异，所以为了拥有更多的用户，部分卖家会选择多平台运行。但是，部分卖家会纠结于是否要进行多平台运行，因此，本部分将分析多平台运行的优势和难点，使卖家初步认识多平台运行。

1. 多平台运行的优势

多平台运行的优势可以简单地概括为五大"多元化"，即市场多元化、渠道多元化、产品多元化、推广多元化和服务多元化。

（1）市场多元化

众多国家形成的广阔的市场空间，经济水平决定的强大的消费能力，开放的消费观念及成熟的消费市场，这些条件为跨境电商的发展提供了有利的环境。电子商务在境外高速发展十余年，在国际和地区贸易中显示了强大的生命力及迅猛的发展势头。例如，在法国、德国等发达的欧洲国家，电子商务的销售额已占商务总额的 1/4；在电子商务发展更为先进的美国，销售额更是占商务总额 1/3 以上。1995 年前后，美国在线、雅虎等知名的电子商务公司已经开始盈利，IBM、亚马逊等在各自不同的发展领域也获得了超乎常人想象的巨额利润。在与卖家的沟通中我们发现，境外市场的电子商务发展优势十分明显：市场广阔、需求量大；境外用户乐于分享的精神，有助于卖家在社交网络上进行宣传。

发达国家的电子商务环境比较成熟，但是竞争也相对激烈，因此，卖家也可以选择发展中的新兴市场，如非洲市场。截至 2012 年，非洲互联网用户数已达 1.91 亿户，但是其中网购用户的比例非常低。（以 2014 年 6 月为例，非洲的网购用户比例为 46%，远远低于全球网购平均水平 66%）可见其发展潜力十分巨大。据好望观察、云时资本联合发布的《非洲新经济蓝皮书》（2019 版）介绍，2017 年非洲网络购物用户数超过 2 100 万人，占全球网购用户数之比不足 2%。

卖家选择多平台运行可以获得更多更广阔的市场，可同时在几个目标市场上进行销售，再根据用户消费情况进行取舍。

（2）渠道多元化

用户在购买商品的时候会选择不同的跨境电商平台，跨境电商平台也会根据不同的用户需求推出相关的促销或线下活动等。进驻不同的跨境电商平台的成本比进驻线下的超市、加盟店等渠道的成本低很多，卖家可多渠道开拓市场。

（3）产品多元化

很多企业实行多元化经营战略，会在产品的设计上进行拓展，有些企业会设立子品牌，目的是获得更多的用户。在同一个跨境电商平台上罗列自己的全部产品，可能会引起用户的认知混乱，无法记住其标识性的产品，此时卖家可以在不同的跨境电商平台上进行销售，通过在不同的平台销售不同的产品，提高用户对品牌的认知度。

（4）推广多元化

媒体的多元化和受众信息需求的多元化共同促成了传播平台的多元化，选择跨境电商多平台运行实质上也是在构建多元化的传播平台。

卖家将信息发布在多个跨境电商平台上，它就存在更多被分享、收藏、购买的可能性，只要产品对于买家群体有吸引力，买家的好友就会继续分享、传播、购买，这部分"社会化分享循环圈"所带来的流量犹如隐藏在海面下的冰山部分。多元化推广能为产品带来更多的展示平台，更好的排名和最多的外链等。

（5）服务多元化

选择多平台运行，卖家能够享受到多平台带来的多元化服务。

2．多平台运行的难点

（1）选择跨境电商平台难

不同的跨境电商平台的功能、服务、操作方式和管理水平相差较大，理想的跨境电商平台应该具有这样的基本特征：良好的国际品牌形象，简单快捷的注册手续，稳定的后台技术，快速周到的客户服务，完善的支付体系，必要的配送服务，以及具有售后服务保证措施等。当然，平台还需要有尽可能高的访问量，有订单管理等基本功能，并且可以提供一些高级服务，如营销推广、访问流量分析、信贷等。此外，收费模式和费用水平也是重要的影响因素之一。不同的企业可能对网上销售有不同的要求，选择适合本企业产品特点的跨境电商平台需要花费不少精力，完成对跨境电商平台的选择确认大概需要几小时甚至几天的时间，多平台耗费的时间会更多。

（2）网上商店建设难

卖家在跨境电商平台上可以上传产品信息或开设店铺，跨境电商平台为卖家提供了丰富的功能和简单的操作界面，通过模板式的操作即可完成平台上店铺的建设或产品信息的上传，但是不同的平台所采用的系统有很大的差别，有些平台需要直接上传产品图片和文字说明，有些平台则需要卖家对店铺进行高级管理。运行多平台的卖家需要对各个平台进行探索和了解。此外，语言的差异也是卖家的障碍。

（3）业务推广难

当店铺建好并上传好产品信息之后，最重要的问题就是如何让更多的用户浏览并购买产品。整个跨境电商平台中可能有数以千计的专卖店，因此某一个网上专卖店只是其中很小的组成部分，通常被隐藏在二级甚至三级目录之后，用户可以直接发现它的可能性比较小，何况同一个网站上还有很多竞争者在互相争夺有限的潜在用户资源。因此，网上商店对平台的依赖程度很高，这在一定程度上对卖家所建立的网上商店或上传的产品信息的效果形成了制约。想要在数量众多的网上商店或产品中脱颖而出并不是一件容易的事情，这需要卖家针对每个平台采取不同的推广手段。

第三节　主要跨境电商平台介绍

一、AliExpress平台

1．简介

全球速卖通（AliExpress）于 2010 年 4 月上线，是阿里巴巴旗下面向全球市场打造的在线交易平台，被广大卖家称为国际版"淘宝"，其首页如图 8-9 所示。全球速卖通是阿里巴巴为帮助中小企业接触终端批发零售商，实现小批量多批次快速销售、拓展利润空间而全力打造的融合订单、支付、物流于一体的外贸在线交易平台，是全球第三大英文在线购物网站，是我国最大的 B2C 跨境电商交易平台。[截至 2018 年 3 月，全球速卖通买家数已超过 1 亿，覆盖全球 224 个国家和地区，支持使用 18 种语言，其无线端销售占比高达 59.3%。在全球速卖通上，境外买家的日流量超过 5 000 万人次，最高峰值达 1 亿人次。]2020 年 5 月，全球速卖通推出 AliExpress Connect 计划。在未来一年内为全球超过 10 万名内容创作者和网络达人创造新的就业机会。

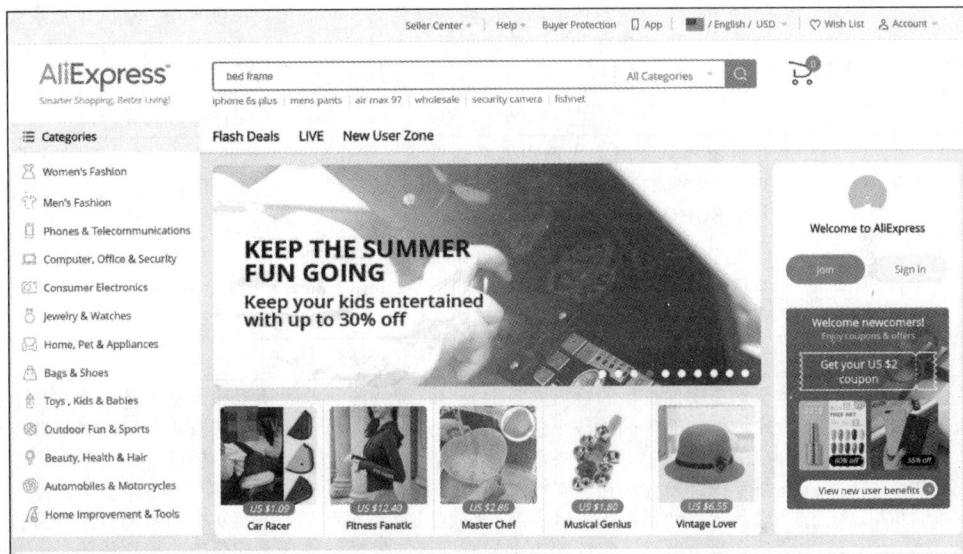

图 8-9　全球速卖通首页

2. 主要产品

全球速卖通覆盖 3C 产品、服装、家居、饰品等共 30 个一级行业类目，提供的产品品类有 40 多种，数量超过 54 万件。一般来说，只要支持国际快递的产品都可以在该平台上销售，尤其是体积较小、附加值高的产品，主要包括服装服饰、美容健康、珠宝手表、灯具、消费电子、计算机网络、手机通信、家居、汽车和摩托车配件、首饰、工艺品、体育与户外用品等。

2019 年 3 月，全球速卖通在俄罗斯推出在线售车服务，俄罗斯用户可以直接在全球速卖通上一键下单并支付预付款，然后到指定线下门店支付尾款后即可提车。

3. 平台的特点

全球速卖通平台的特点是对价格比较敏感，使用低价策略比较多。全球速卖通的侧重点在新兴市场，特别是俄罗斯和巴西。在"2018 年全球跨境电商服务资源大会"跨境电商独立站品牌出海技术对接会上，全球速卖通招商专家 Cindy 指出："我们的重点国家，包括俄罗斯、美国、巴西、法国等市场，其交易额占据了平台成交额的 2/3。在品类方面，22 个热门的日常消费品类，目前占据了平台 90% 的交易额。"

全球速卖通英文版页面操作简单整洁，非常适合新人上手，只需使用淘代销工具，产品信息即可自动翻译成英文。同时，其只需 4 个步骤就能实现跨境贸易：账号注册、身份认证、淘代销工具一键搬家和等待订单联系货代。淘代销工具将境内贸易和国际贸易无缝衔接，当地货代收货的方式简化了跨境物流的烦琐流程，提高了跨境电商交易的效率和安全性。另外，阿里巴巴一直有非常好的社区和用户培训传统，通过全球速卖通大学的培训，跨境新人可以通过全球速卖通快速入门。根据前面讲述的跨境电商平台评价的系统框架，我们将全球速卖通的评价进行整理，如表 8-6 所示。

表 8-6　　　　　　　　　　　全球速卖通平台的评价

评价框架	全球速卖通平台的评价
目标用户	目标用户主要来自俄罗斯、巴西、以色列、西班牙、白俄罗斯、美国、加拿大、乌克兰、法国、捷克、英国等国
平台卖家	包括个人卖家或企业卖家，主要销售服装服饰、手机通信、鞋包、美容健康、珠宝手表、消费电子、计算机网络、家居、汽车和摩托车配件、灯具等产品
准入条件	在买家和卖家两类人群中，全球速卖通平台只向卖家收费，向卖家收取的费用有 3%～9.15%的交易佣金、会员费、广告费。卖家主要由外贸生产型企业、外贸公司、外贸 SOHO（Small Office and Home Office）一族组成
支付方式	信用卡、Moneybookers、Western Union、Bank Transfer（T/T 银行转账）及其他境外本地化信用卡和借记卡支付。其中，Western Union 和 Bank Transfer 属于线下支付方式，其他支付属于线上支付方式
网上服务平台	已覆盖全球 224 个国家和地区，网站支持使用 18 种语言
物流	全球速卖通提供的物流服务主要有邮政物流、专线物流和商业快递 3 种。其中，邮政物流包括中国邮政小包、中国香港邮政小包、新加坡邮政小包、瑞典邮政小包、中国邮政大包、中国香港邮政大包等。专线物流主要有中俄航空和俄罗斯、南美航空专线。商业快递主要涉及 DHL、FedEx、UPS、TNT 等。2015 年，全球速卖通正式开启了包括美国、俄罗斯、印度尼西亚、澳大利亚等 9 个国家的海外仓服务。海外仓服务解决了物流的本土发货问题，能够解决很大部分的跨境物流纠纷，并且能够在某种程度上降低物流费用
其他服务	根据数据分析结果将卖家划分为优秀、良好、及格和不及格卖家，不同等级的卖家将获得不同的平台资源。"数据纵横"提供数据分析服务，全球速卖通大学提供培训服务等

综上，全球速卖通适合跨境新人，尤其是其产品特点符合新兴市场需求的卖家，产品有供应链优势、价格优势明显的卖家，且最好是工厂直接销售。但是，正因为进入门槛低，在全球速卖通上从事相关业务的卖家数目众多，同类产品经营者多，价格竞争激烈，市场的价格空间更低；每单成交量小，成交金额少，卖家投入的精力与得到的回报不成正比；卖家过分依赖全球速卖通平台，不利于自身发展。

二、Amazon平台

1. 简介

亚马逊公司由杰夫•贝佐斯（Jeff Bezos）创立，一开始叫 Cadabra。它最开始专注于经营网络书店，现在经营范围则相当广，已成为全球商品品种最多的网上零售商和全球第二大互联网企业。亚马逊全国开店首页如图 8-10 所示。亚马逊中国是一家中国 B2C 电子商务网站，前身为卓越网，被亚马逊公司收购后成为其子公司。它主要经营图书音像软件、图书 、影视等。亚马逊中国发展迅速，每年都保持高速增长，用户数量也大幅增加。2014

年，亚马逊美国、德国、西班牙、法国和意大利开通了直邮中国服务。此外，亚马逊"海外购"服务开始试运行。亚马逊中国直邮合作伙伴包括 EMS、UPS 等，境外直邮实现了快速处理清关手续。截止 2022 年 8 月，亚马逊中国对接境外 17 个亚马逊站点，可以把产品销售给亚马逊分布在全球的 3 亿活跃付费用户，如图 8-11 所示。

图 8-10　亚马逊全球开店首页

图 8-11　亚马逊中国共创全球新品牌格局

2．主要产品

亚马逊中国目前已拥有 28 类、近 600 万种商品，涉及图书、影视、音乐、软件、教育音像、游戏/娱乐、消费电子、手机通信、家电、计算机/配件、摄影/摄像、MP3/MP4、视听/车载、日用消费品、个人护理、钟表首饰、礼品箱包、玩具、厨具、母婴产品、化妆、家居、运动健康、食品酒水、汽车用品。2015 年，亚马逊中国宣布开始在天猫运营"Amazon 官方旗舰店"，该旗舰店主推备受消费者欢迎的亚马逊中国极具特色的"进口直采"商品，包括鞋靴、食品、酒水、厨具、玩具等多种品类。

根据亚马逊全球开店规则合规政策（内容更新于 2018 年 7 月 21 日），卖家"应当负责确保您的产品符合所有适用的法律和安全标准（不论亚马逊是否要求审查任何特定的文件）。具有特殊特性或属性的产品可能有额外的法规要求"。另外，禁售商品分为禁售及限制商品—美国站，禁售及限制商品—欧洲站，禁售及限制商品—日本站和禁售及限制商品—澳大利亚站，详见亚马逊网站，这里不再赘述。

3. 平台的特点

亚马逊对于卖家的要求是比较高的，包括产品品质、品牌等方面的要求，手续也比全球速卖通等平台复杂。新人注册亚马逊账号以后，后期收款的银行账号需要是美国、英国等国家的账号。成熟的亚马逊卖家最好先注册一家美国公司或者找一家美国代理公司，然后申请联邦税号，新人注册成为亚马逊跨境电商平台的供应商的，一般需要注意如下几点。

① 选择亚马逊平台，最好有比较好的供应商合作资源，供应商产品品质需要非常稳定，且供应商最好有很强的研发能力。

② 接受专业的培训，了解开店政策和知识。在亚马逊平台开店比较复杂，而且有非常严格的审核制度，如果违规或者不了解规则，不仅会有被封店的风险，甚至会有法律上的风险。

③ 需要有一台计算机专门登录亚马逊账号，这对于响应亚马逊的店铺政策和店铺后期运营都非常重要。注意一台计算机只能登录一个账号，不然会跟规则有冲突，用座机验证新用户注册最好。

④ 最重要的事情是需要一张美国的银行卡。亚马逊店铺产生的销售额是全部保存在亚马逊自身的账户系统中的，要想提取资金，必须有美国本土的银行卡。

⑤ 流量是关键。亚马逊流量主要分内部流量和外部流量两类，类似于国内的淘宝。同时应该注重 SNS 营销，软文等营销方式也比较有效果。

根据前面讲述的跨境电商平台评价的系统框架，我们将亚马逊平台的评价进行整理，如表 8-7 所示。

表 8-7　　　　　　　　　　　　　　亚马逊平台的评价

评价框架	评价
目标用户	目标用户主要集中在澳大利亚、巴西、加拿大、中国、法国、德国、印度、意大利、日本、墨西哥、西班牙、英国
平台卖家	主要销售亚马逊 Kindle、婴儿用品、书籍、厨具、办公用品、个人计算机、体育器材及户外用品、汽车用品及家居装修、视频、DVD 和蓝光碟等产品
准入条件	在收费上，企业卖家每月收取 39.99 美元的固定费用，个人卖家则按照每笔 0.99 美元的手续费收取。除此之外，亚马逊平台还会根据所卖产品的不同，收取不同比例的交易费
支付方式	亚马逊 5 种收款方式分别是美国银行账户、中国香港银行账户、World First、 P 卡和"金融服务公司"
网上服务平台	亚马逊面向全球贸易，亚马逊中国平台目前支持在北美、欧洲、日本、澳大利亚、印度和中东开店

续表

评价框架	评价
物流	亚马逊为卖家构建了亚马逊体系内的完美生态循环，包括海运、空运、国际快递、船务代理、仓储及配送、码头服务、清关服务等。跨境物流服务包括货运代理（海外仓预约、订单管理、报关报检、提单及各类文件管理、码头空港现场操作）、相关增值服务（贴标签、产品分拣包装等）及合规服务（检验检疫及清关）
其他服务	亚马逊全球开店已在杭州、厦门和宁波等地成立跨境电商园，搭建本地化跨境电商产品服务集群，为当地及周边地区企业出口提供一站式服务；另外，还提供亚马逊物流、亚马逊广告、卖家学习中心、第三方服务商网络和官方市场活动日历等一系列服务

选择亚马逊平台需要有很好的外贸基础和资源（包括稳定可靠的供应商资源，美国本土人脉资源等），卖家最好有一定的资金实力并且有长期投入的心态。

三、eBay平台

1. 简介

eBay，中文名称有电子湾、亿贝、易贝，是一个可让全球民众上网买卖物品的线上拍卖及购物网站，其首页如图 8-12 所示。1995 年 9 月 4 日，eBay 由皮埃尔·奥米迪亚（Pierre Omidyar）以 Auctionweb 的名称创立于加利福尼亚州圣荷西。人们可以在 eBay 上通过网络出售商品。2018 年 7 月 25 日，eBay 终止与长期支付伙伴 PayPal 的合作，宣布与后者的竞争对手苹果和 Square 形成新的伙伴关系。

图 8-12　eBay 平台首页

上海亿贝网络信息服务有限公司（以下简称"亿贝"）是 eBay 在我国投资设立的中外

合资企业，致力于推动我国跨境电子商务的发展，向我国的中小企业和个人用户推广和介绍在 eBay 全球平台（eBay Marketplaces）上直接面向境外进行销售的方法，以便深入了解市场和用户的需求。

电子商务研究中心监测数据显示，eBay 2018 年总产品交易额为 950 亿美元。根据 eBay 发布的 2019 年第一季度财报，eBay 在 2019 年第一季度营收 26 亿美元，全球活跃买家总数达 1.8 亿人，并完成对 Motors.co.uk（一个英国分类广告网站，能让汽车的买卖流程变得直观而简单）的收购，在平台上无缝提供超过 62 万辆汽车的刊登服务。

2. 主要产品

每天都有数以百万的家具、收藏品、计算机、车辆在 eBay 上被刊登、贩售、卖出。2018 年 10 月 23 日，eBay 推出一项称为"即时销售"的新的服务，帮助用户在 eBay 在线市场出售他们老旧的智能手机。汽配品类是 eBay 平台在市场上最具竞争优势的品类之一；家居与园艺一直是 eBay 全球市场跨境电商出口的支柱品类；eBay 以销售二手产品和收藏品出名。

在 eBay 上销售产品时，卖家需注意一些基本规则，如根据美国国家法律及各州法律制定的产品政策；进行跨国交易时，请先查看跨国交易及进口限制规定；隐形眼镜是不可销售的；违反知识产权相关规定的产品也不能销售等。具体信息详见 eBay 网站基本规则。

3. 平台的特点

eBay 对卖家的要求比较严格，对产品质量要求较高，且价格有优势，能真正做到物美价廉。其特点如下。

① eBay 产品可以以固定价格出售，也可以竞拍出售，拍卖模式是这个平台最大的特色。一般情况，卖家可以设定产品的起拍价及在线开始拍卖时间，然后看拍卖结束时谁的竞拍金额最高，出价高者获得该产品。

② eBay 上可以销售二手产品，但事实上，eBay86%的产品交易总额来自固定价格产品，平台上出售的产品 80%都是新品。

③ eBay 平台中的卖家需要自己负责配送和物流。

④ 每个 listing、品类需要刊登费，但基于账号类型，卖家可以获得一定量的免费 listing。同时，该平台上也有 Advanced Listing 选项，卖家可以付费并改善 listing。

根据前面讲述的跨境电商平台评价的系统框架，我们将 eBay 平台的评价进行整理，如表 8-8 所示。

表 8-8　　　　　　　　　　　　　eBay 平台的评价

评价框架	eBay 平台的评价
目标用户	覆盖 190 多个国家和地区，拥有 1.8 亿活跃用户
平台卖家	卖家分布范围广，有 1/3 是中国卖家，产品分别销往美国、欧洲各国和澳大利亚
准入条件	eBay 会向卖家收取刊登费、成交费、功能费、店铺月租费等
支付方式	eBay 可为其平台上的用户提供信用卡、Apple Pay、Google Pay 等支付选项
网上服务平台	eBay 拥有 37 个独立站点及门户网站，支持使用 23 种语言
物流	通过第三方物流企业，2019 年实施跨境物流直邮方案 SpeedPAK
其他服务	提供跨境交易认证、业务咨询、疑难解答、外贸专场培训及电话培训、外贸论坛热线、洽谈物流优惠等一系列服务

生产型的工厂可以尝试选择 eBay，因为它是成熟市场，对品质要求较高，所以规则比较偏向买家，但其产品服务，包括物流服务不如其他平台好。另外，如果主要销售二手产品和收藏品及在线的车库销售，选择 eBay 平台更加适合。

四、Wish平台

1. 简介

Wish 是一款移动电商购物 App，其移动端首页如图 8-13 所示，PC 端首页如图 8-14 所示。Wish 于 2011 年成立于美国硅谷，创始人是来自谷歌和雅虎的顶尖工程师，彼得·舒尔泽斯基（Peter Szulczewski）和张晟（Danny Zhang）。Wish 是北美和欧洲地区最大的移动电商平台，是一家高科技独角兽公司。它具有天然的技术基因，基于该平台精确的算法推荐技术，将产品信息推送给感兴趣的用户。

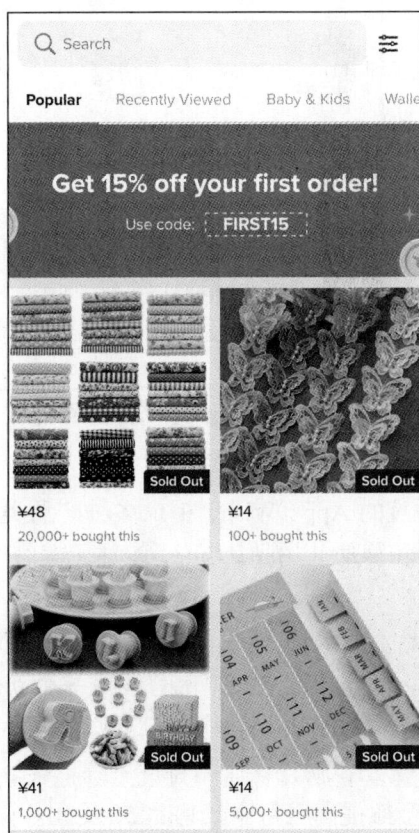

图 8-13　Wish 平台移动端首页

2013 年，Wish 成功转型为跨境电商；2014 年，为了进一步拓展中国的供应商资源，Wish 在中国上海静安中央商务区（Central Business District，CBD）成立了全资子公司及中国总部。

2018 年，Wish 累计向全球超过 3.5 亿用户供应了逾 2 亿款产品，月活跃用户超过 9 000 万人，活跃卖家有 12.5 万户，日出货量峰值达 200 万单，订单主要来自美国、加拿大、欧洲等全球各个国家和地区。Wish 平台有超过 3 亿的注册用户，日活跃用户超过 1 000 万人，活跃 SKU 数达 1.6 亿个，90%以上的订单来自移动端。

2019 年，Wish 持续开展丰富产品多样性、提升产品性价比等工作。继续完善物流矩阵，EPC 合并订单服务已覆盖了五大洲、19 个重点国家或地区。

图 8-14　Wish 平台 PC 端首页

2．主要产品

Wish 旗下共拥有 5 个垂直的 App：Wish，提供多种产品类别；Geek，主要提供高科技设备；Mama，主要提供孕妇和婴幼儿用品；Cute，专注于美容产品、化妆品、配饰和衣服；Home，提供各种家居配件。

Wish 严禁销售伪造产品，卖家不得侵犯他人的知识产权，产品不得引导用户离开 Wish，严禁列出重复的产品，禁止将原来的产品修改成一个新的产品，同一产品列表内禁止出现价格极端上涨，存在误导性的产品将被处以罚款等。同时，Wish 不允许销售禁售品，一旦发现，卖家将被处以 10 美元罚款且该产品将被系统下架。自 2019 年 1 月 15 日 0 时起（世界标准时间），该项罚款金额提高至每个禁售品 50 美元。详细的产品列表见 Wish 官方网站。

3．平台的特点

Wish 平台根据用户的兴趣喜好，通过精准的算法推荐技术，将产品推荐给对此感兴趣的用户。Wish 开启了移动端购物的新境界，具有 4 大特点。

（1）推送算法

Wish 平台力求给用户带来便捷的购物体验，利用自己独特的预算规则将卖家的产品精准推送给用户，而不是被动地依赖用户搜索，从某种意义上说，这让产品具有了主动积极性，而不再是被动地等待。以下是 Wish 平台推送产品依据的核心维度。

依据一：违规率。

是不是诚信店铺，仿品率要小于 0.5%。

依据二：迟发率。

履行订单的时效和订单上网的时效。

依据三：取消率。

由于各种因素导致卖家取消交易或用户取消交易，二者都是存在问题的。

依据四：有效的跟踪率。

Wish 平台很注重物流的速度，物流的速度是影响买家满意度很重要的因素，所以发货速度在系统计算权重中占比很高。Wish 物流系统要求卖家在交易后 5 天内上传物流跟踪号；否则系统会自动退款。因此 Wish 平台一般不采取平邮的模式。

依据五：签收率。

在规定的时间内签收会增加权重。

依据六：订单缺陷率。

缺陷包括中评、差评、投诉、纠纷。

依据七：退货率。

销售后又因为各种原因被退回的产品，其数量与相同时期销售产品的总数之间的比率。

依据八：退款率。

Wish 根据两级退款政策每周进行考核，评估卖家退款率的两项指标为：30 天退款率和 93 天退款率。

30 天退款率：前 0～30 个自然日内的退款订单数除以总订单数。

93 天退款率：前 63～93 个自然日内的退款订单数除以总订单数。

依据九：反馈及时率。

收到用户的消息，卖家一定要及时回复，这是很重要的指标。

依据十：推送转化率。

满足的依据越多，系统就会越多地帮你推送，从而判断你是一个优质的卖家。但如果你的产品推送转化率不达标，那系统就不会在不受欢迎的产品上浪费太多的时间，并会把推送的机会给下一个符合该条件的产品。所以，卖家要注重调研并开发受欢迎的产品或优化产品。

（2）全球速卖通的思维在 Wish 上行不通

Wish 平台定位的市场是欧美发达地区，而全球速卖通的定位是巴西、印度等第三世界国家，存在消费水平与文化差异。Wish 推送的特色风格是用户先看到图片，然后看到价格，所以按照全球速卖通的行为逻辑来运营 Wish 是行不通的；低价策略也不利于 Wish 平台市场的稳定，因为 Wish 平台更提倡高质量的产品和优质的服务。

（3）低价策略无效

低价引流在 Wish 平台是无效的，薄利多销也已不合时宜，以 "90 后" 为主力的人群更希望得到优质的服务。2 美元包邮要维持利润就必须采用平邮来发货，但到货时间超过 30 天，用户是不会满意的；此外，只买便宜产品的用户只会对价格忠诚，而不会对你的产品或品牌有丝毫眷恋。

（4）刷单在此无效

刷单等同于造假，以虚假的收藏、点击和购买等数据来影响真实购买的行为，这些手法在 PC 平台的确用得风生水起，但是用到移动平台就会水土不服。我们先不说商道，仅用数据也足够证明这是一种愚蠢的方式。Wish 平台是从 10 个核心维度来判断产品与店铺的，短时间的刷单也无法逆转大的趋势！

根据前面讲述的跨境电商平台评价的系统框架，我们将 Wish 平台的评价进行整理，如表 8-9 所示。

Wish 创办的时间不长，但发展迅速，且自身特点鲜明，顺应了移动端消费的趋势，在多方面都有创新。对于卖家来说，Wish 平台的操作简单，不像亚马逊那样有可以发挥主动营销的空间，规则也没有亚马逊那样烦琐。

表 8-9   Wish 平台的评价

评价框架	Wish 平台的评价
目标用户	平台卖家大多在中国，产品主要销售到北美、欧洲等发达地区
平台卖家	主要有电子产品、母婴产品、美容类、服饰类产品
准入条件	平台盈利来自卖家每次交易的佣金，收费以交易额的 15%（即产品和运费总和的 15%）为基准，不收取平台费、推广费等额外费用
支付方式	Google Wallet（谷歌钱包）、易联支付（PayEco）等
网上服务平台	Wish 平台有超过 3 亿注册用户
物流	支持的物流服务有邮政物流、商业快递、自主专线和海外仓
其他服务	提供业务咨询、疑难解答、Express 物流服务、Wish 销售渠道、数据分析及培训等一系列服务

不同的跨境电商平台有不同的特点和运营规则，在开展跨境电商时，卖家首先要考虑自己经营的产品、所处的市场、当前的行业、用户群体，其次要考虑跨境电商平台的特点。卖家在挑选平台时，要看清自己，找准位置，因为同样的产品不可能在所有平台上都能卖得很好，在某个平台上卖得好的产品，不一定在其他平台上也可以卖得好。有的平台对卖家的要求较严格，有的平台对产品质量的要求较高，有的平台要有品牌才行。例如，Amazon 以产品为驱动，如果没有品牌，卖家最好不要选择 Amazon。eBay 对卖家的要求较严格，即产品的质量要好，价格也要有优势。全球速卖通以"价格为王"，卖家一定要价格低才能有优势。此外，不同的区域要选择不同的平台。最后，卖家要了解平台的规则，因为平台的规则随时在发生变化，只有搞懂了规则，才能知道哪些规则是要遵守的，哪些流程是必须进行的，这样卖家才能通过跨境电商平台更好地开展跨境贸易。

本章小结

通过对本章的学习，我们对跨境电商的选品与平台选择有了一定的了解，掌握了一些跨境电商选品的方法，以及根据自身特点选择跨境电商平台的方法；了解了主要跨境电商平台及其特色并比较分析了多平台运行的优势和难点。

习题

一、名词解释

选品逻辑　目标用户　支付方式　跨境电商平台选择步骤

二、选择题

1. 生产厂家通过网络平台直接对消费者提供自己生产的产品或服务的一种商业模式是（　　）。

　　A. B2B　　　　B. B2C　　　　C. M2C　　　　D. C2C

2. 借助海外购物分享社区和用户口碑提高转化率，以内容引导消费，实现自然转化。采用这种模式的典型企业为（　　）。

　　A. 亚马逊　　　B. 小红书　　　C. 考拉海购　　D. eBay

3. 订单主要来自俄罗斯的出口跨境电商平台是（　　）。

　　A. 全球速卖通　B. 亚马逊　　　C. 敦煌网　　　D. Wish

4. 2015 年，（　　）一站式海外仓服务正式投入使用，除了信息系统、整合物流、仓储等基本功能外，还创新性地为卖家提供分销服务。

　　A. 速卖通　　　B. 亚马逊　　　C. 敦煌网　　　D. Wish

5. 跨境电商参与主体包括（　　）。

　　A. 通过第三方平台进行跨境电商经营的企业和个人

　　B. 支付企业

　　C. 跨境电商的第三方平台

　　D. 物流企业

6. 阿里巴巴站内长尾词可以通过哪些途径获得（　　）。

　　A. 热搜词　　　B. 行业视角　　　C. 外贸直通车　　D. 外贸邮

7. 下列属于打造行业前 10 数据的要素有哪些？（　　）

　　A. 主打关键词排名优化　　　　　B. 长尾关键词大量覆盖

　　C. 流量有效转化为询盘　　　　　D. 以上都不对

三、主观题

1. 跨境电商平台选品的原则是什么？如何进行选品？

2. 跨境电商平台评价的系统框架是什么？

3. 跨境电商平台的选择步骤有哪些？

4. 请讨论如何根据主要跨境电商平台的特点进行平台选择？

四、技能实训题

1. 根据跨境电商平台的选择原则及步骤，查阅主要跨境电商平台的开店要求，选择一家适合你的出口跨境电商平台进行跨境电商交易。

2. 根据选品原则进行选品。

3. 以在第 1 问和第 2 问的答案为基础，在出口跨境电商平台上推广选出的产品。

扩展阅读

知识点 8-1

知识点 8-2

知识点 8-3

知识点 8-4

知识点 8-5

知识点 8-6

知识点 8-7

知识点 8-8

第九章

跨境电商综合实训

知识结构图

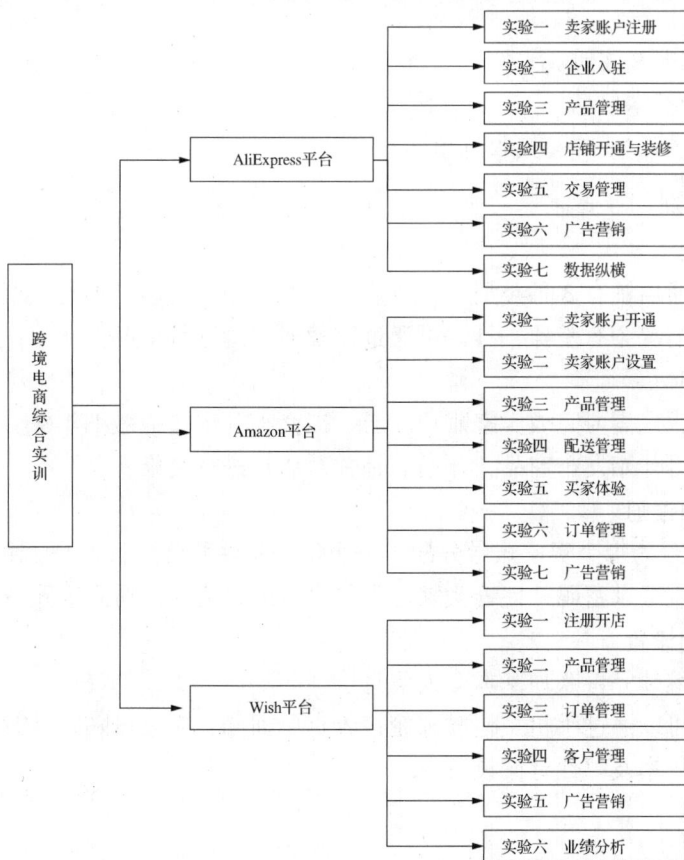

		实验一 卖家账户注册
		实验二 企业入驻
		实验三 产品管理
	AliExpress平台	实验四 店铺开通与装修
		实验五 交易管理
		实验六 广告营销
		实验七 数据纵横
跨境电商综合实训		实验一 卖家账户开通
		实验二 卖家账户设置
		实验三 产品管理
	Amazon平台	实验四 配送管理
		实验五 买家体验
		实验六 订单管理
		实验七 广告营销
		实验一 注册开店
		实验二 产品管理
		实验三 订单管理
	Wish平台	实验四 客户管理
		实验五 广告营销
		实验六 业绩分析

1. 了解并掌握 AliExpress 平台的相关操作方式。
2. 了解并掌握 Amazon 平台的相关操作方式。
3. 了解并掌握 Wish 平台的相关操作方式。

第一节 AliExpress平台

速卖通（AliExpress）面向境外买家，通过支付宝国际账户进行担保交易，并使用国际快递发货。本实训将以 51 商课游平台为例，介绍速卖通平台的相关操作。

实验一 卖家账户注册

一、实验目的

了解速卖通平台的店铺类型，入驻要求，入驻流程和学习账户信息设置。

二、实验任务

1. 了解速卖通平台店铺类型。
2. 了解入驻流程。
3. 完成卖家账户注册。
4. 完善账户基本信息。
5. 通过手机短信或邮箱接收订单通知。

三、实验步骤

1. 入驻要求

目前，速卖通店铺有 3 种类型：官方店、专卖店和专营店。不同类型速卖通店铺的开店条件根据每年情况会有差异，具体可通过速卖通官网进行了解。

2. 入驻流程

入驻速卖通，只需要完成卖家账户注册、提交入驻申请、缴纳年费、完善店铺信息即可完成入驻，并可开始发布商品，开通店铺并对店铺进行装修。

3. 卖家账户注册

51 商课游平台为每个卖家账号分配了一个电子邮件和优学付账户，输入验证码后即可进入下一步；设置登录密码并完善卖家基本信息，即可成功注册卖家账户。

4. 账户基础设置

个人信息：继续完善账户基本个人信息。

订单通知：可以通过手机短信或邮箱接收订单通知，卖家可随时修改通知的手机号、通知时间、通知频率及邮件订阅设置。

实验二　企业入驻

一、实验目的

了解速卖通商标申请的整体流程和商标注册的具体操作步骤。

二、实验任务

1. 速卖通商标注册的整体流程。

2. 商标注册的具体操作步骤。

三、实验步骤

1. 商标注册

目前，企业品牌仍是速卖通准入的基本要求。卖家可以自主申请注册商标，也可以通过速卖通平台线上申请注册商标，将自己的企业品牌加入速卖通平台品牌库。速卖通商标申请的整体流程可登录速卖通网站查询。

2. 具体操作步骤

（1）商标注册：填写企业基本信息并上传营业执照扫描件，然后填写企业商标信息。

（2）商标添加入库：如果速卖通平台商标库中没有所要销售的品牌商标，卖家可将企业自主的品牌商标申请加入速卖通平台商标库。

（3）产品资质申请：发布新产品"品牌属性"必须选择商标，卖家可查询所经营类目下的商标资质要求后开始进行"商标资质申请"。

实验三　产品管理

一、实验目的

了解速卖通 3 个等级的运费模板设置方法，设置海外仓物流运费模板、服务模板和尺码模板。

二、实验任务

1. 设置 3 个等级的运费模板。

2. 设置海外仓物流运费模板。

3. 设置服务模板。

4. 设置尺码模板。

三、实验步骤

1. 运费模板

卖家可以针对不同的国家设置多个运费等级。3 个等级的运费模板设置操作如下。

① 运费在 100 元/千克以内的国家设置成包邮。

② 运费在 100 元/千克～120 元/千克的国家设置成首重收 3 美元，续重收 1 美元/千克。

③ 其他国家设置成标准运费。

每个运费组合都由两个部分组成，一个是送往的目的地，另一个是计算运费的方式。

在运费模板分别设置包邮的等级；设置首重收 3 美元，续重收 1 美元/千克的等级；设置标准运费等级。三个运费等级添加完成后，返回物流服务方案选择页面，单击"保存"，运费模板即添加完成。

2. 服务模板

在模板管理中选择"服务模板"，单击"新增服务模板"，输入创建的新服务模板名称，选择相应的服务后，单击"保存"按钮，服务模板添加成功。

3. 尺码模板

在模板管理中选择"尺码模板"，单击"新增模板"，根据所售产品选择一个大类，如服装尺码，选择模板类型，单击"下一步"进入尺码编辑页面。在上方勾选需要的维度，不可勾选的是必填项，可以勾选的为可选项，勾选后即可填写。填写完成后保存，尺码模板即添加完成。

实验四　店铺开通与装修

一、实验目的

了解速卖通店铺的开通过程和操作，以及如何进行店铺装修。

二、实验任务

1. 开通店铺。
2. 店铺装修。

三、实验步骤

1. 店铺开通

（1）开通店铺

单击菜单栏"店铺"，在商铺管理里选择"开通店铺"，输入商铺名称即可开通店铺，开通店铺的条件是上架 10 个以上产品并在前台显示。

（2）申请店铺类型

单击"立即申请"后，选择速卖通店铺类型中的一种，勾选"我已了解此次修改对店铺权益的影响，并确认希望修改的店铺类型为：……"即可确认申请。

2. 店铺装修

（1）样式编辑

店铺装修是塑造店铺产品品牌形象的关键因素。在店铺页面下的店铺管理中选择"店铺装修及管理"，单击"进入装修"按钮，进入装修后台。

先选择样式编辑，确定店铺主题色系；也可选择不展示背景颜色，使店铺背景为白色。为店铺装修选择一个主题色后保存。装修完成后可预览装修效果，并保存装修设置。

（2）布局管理

页面管理主要包括灵活排版店铺结构，编辑设置各模块显示效果。

首先进入布局管理，确定店铺结构，可增减店招模块、图片轮播模块、商品推荐模块、自定义内容区模块，也可添加图片轮播模块、商品推荐模块、自定义内容模块。

（3）页面管理

进入页面编辑，编辑各模块。

① 店招模块。可输入图片，规定高度为 100px～150px，宽度为 1 200px。

② 图片轮播模块。轮播图片主要包括上新海报、促销海报、节日海报，其作用是实现店铺自主营销。图片轮播模块最多可添加 5 张轮播图片，并可自定义图片链接。添加完成后，图片将以滚动轮播的方式动态展示。

③ 商品推荐模块。可对商品推荐模块进行命名，按自己的需求和喜好来添加商品。商品推荐方式有自动推荐和手动推荐，自动推荐是自动推荐系统自动筛选商品推荐，手动推荐是卖家自主手动选择商品推荐。

④ 自定义内容模块。可自行添加图片、文字或代码。

实验五　交易管理

一、实验目的

了解速卖通平台如何进行买家注册、购物体验，了解订单直邮发货和海外仓发货业务处理过程，以及如何进行客服管理。

二、实验任务

1. 买家注册、购物体验。

2. 订单直邮发货。

3. 海外仓发货。

4. 客服管理。

三、实验步骤

1. 买家注册、购物体验

（1）买家注册

实验中，选择买家角色后单击"Sign in"，即可进行买家注册；输入相应的邮箱、姓名、登录密码、验证码等，单击"创建新账户"，即完成注册。

（2）速卖通前台认识

速卖通首页的右上角是各模块的操作入口，下面一行是买家操作入口，第三行是购物工具栏；右侧图片一般是平台品牌闪购活动，页面左侧是类目导航栏。

（3）购物体验

通过搜索、导航类目等选择想要的商品，确认相应商品的规格属性，然后单击"直接购买"或"加入购物车"。第一次购买时需要输入收货人名称、收货地址、邮编和电话。确认收货地址后，可输入买家留言和备注，完成支付即视为完成购物。

2. 订单直邮发货

（1）注册直邮物流公司

在实训模块里选择"直邮物流商"，每个卖家都可以注册直邮物流商，了解订单直邮发货业务处理的过程。

（2）订单处理

在菜单栏选择"交易"，进入交易板块，选择左侧的"所有订单"，即可看到所有订单的状态。

3．海外仓发货

（1）注册海外仓物流公司

在角色选择页面，选择"海外仓用户"，注册海外仓账户。

（2）海外仓开通和申请

在"业务处理"—"申请海外仓"中选择"海外仓物流服务商"，然后提交申请。物流服务商下拉选择框中显示的是所有卖家已经注册的海外仓物流服务商。

（3）海外仓订单发货

如果店铺商品的运费模板设置的是海外仓运费模板，则订单默认采用海外仓发货，需要单击"海外仓用户"功能模块来申请订单发货。

4．客服管理

（1）卖家评价

买家对商品进行评价后，卖家可在"管理交易评价"中对买家进行评价。

（2）地址管理

在"交易菜单"中选择"物流服务"中的"地址管理"，可新增发货地址和退货地址，同时需要录入中文和英文版本的地址，并设置好默认地址。

（3）设置黑名单

设置黑名单可以屏蔽恶意买家，避免造成不必要的损失。在系统中，卖家可以通过订单记录拉黑买家。

实验六　广告营销

一、实验目的

了解速卖通如何进行广告业务活动，平台活动如何发布，如何进行店铺营销活动，如何进行店铺联盟营销和直通车营销，以及如何进行用户管理与营销等。

二、实验任务

1．平台活动发布和报名。

2．店铺营销活动设置。

3．联盟营销。

4．直通车营销。

5．用户管理与营销。

三、实验步骤

1．平台活动

（1）发布平台活动

系统提供的平台活动包括 Superdeals（促销活动）、Featured Brands（品牌闪购）和爆品。运营商权限用户可以添加平台活动。

选择"运营商"角色，即可进行平台活动发布。运营商权限用户分别对平台活动类型、活动名称、活动产品分类、活动要求、活动类目进行编辑，编辑完成后提交发布，各卖家可在后台查看并报名平台活动。

（2）报名平台活动

在主页面菜单"营销活动"中，选择左侧的"平台活动"，即可显示所有可以报名的平台活动，选择"我要报名"并选定活动产品，卖家既可批量设置活动库存，也可单独设置活动库存。

2. 店铺营销活动

（1）限时限量折扣

在菜单栏"营销活动"中，选择左侧"店铺活动"，单击"创建活动"，即可创建限时限量折扣，然后编辑活动基本信息，包括活动名称、活动开始时间和活动结束时间。

（2）全店铺打折

可以把同一折扣的一批产品划分到同一个营销分组中，以后在每次设新活动时，只需针对这个营销分组设置活动即可。

（3）店铺满立减

创建店铺满立减活动时，活动产品既可为全店铺产品，也可为指定活动产品。多梯度满减可设置多个单笔订单优惠金额及立减金额。

（4）店铺优惠券

在"店铺活动"中选择"添加优惠券"，可以看到4部分信息：活动基本信息、优惠券领取规则设置、优惠券使用规则设置、优惠券买家可见位置提示。将有红色*号的地方填写完整，包括活动名称、活动开始时间、活动结束时间、面额、发放总数量、使用条件和有效期。

3. 联盟营销

（1）加入联盟营销

在"营销活动"中选择"联盟营销"中的"加入联盟"，输入默认佣金比例，申请加入联盟营销。具体操作包括佣金设置，添加类目佣金，选择类目，输入佣金比例。

（2）报表查看

① 主推产品报表。可选择"最近七天""最近十五天""本月""最近三个月"的相关核心指标（主推产品浏览量、主推产品访客数、支付金额、支付订单数、预计佣金、退款佣金），查看主推产品效果。

② 流量报表。可按日期查询店铺浏览量和访客总数及其变化情况。

③ 订单报表。可查看指定日期店铺产品因联盟网站所带来的订单数量、支付金额、支付佣金。

④ 退款报表。可查看联盟营销网站带来的退款订单量、退款金额及退款佣金。

⑤ 成交详情报表。成交详情报表只显示交易结束的订单，交易没有结束的订单（如订单流程在创建完成、等待卖家发货等环节）不显示。

4．直通车营销

（1）开通直通车

直通车是平台会员通过自主设置多维度关键词来免费展示产品信息，从而通过大量曝光产品来吸引潜在买家，并按照点击付费的全新网络推广方式。

① 竞价排名规则。系统主要按出价排名，综合排名=关键词质量评分×出价。关键词质量评分由产品的属性、标题关键词、详细描述决定。

② 扣费规则。系统按出价直接扣费。

（2）新建推广

向直通车账户充值，查看账户余额。设置账户每日消耗上限，即每日最高消费金额，达到消费金额后，当天不参与直通车营销活动；设置余额提醒功能，当账户余额低于设定金额时，自动向手机发送提醒短信，向邮箱发送电子邮件。

将自动生成邀请链接，复制链接首页地址，通过邮件或其他通信工具发送给好友，当好友单击链接，邀请用户数将自动累计。

5．用户管理与营销

（1）用户管理

用户管理就是把交易过的，以及将店铺内产品加入购物车和收藏夹的用户进行分类，以便后期进行用户营销，提升店铺业绩。

（2）用户营销

卖家可根据自己的需要进行邮件营销或优惠券营销，选择"发送营销邮件"后添加用户收件人（可按分组选择，也可按用户类型选择用户收件人，用户类型分为已交易、加购物车、加收藏夹 3 种）。

实验七　数据纵横

一、实验目的

了解速卖通店铺的数据呈现，了解店铺的实时交易额排名，了解如何进行经营分析和店铺能力诊断，以及如何发现商机等。

二、实验任务

1．实时风暴。

2．经营分析。

3．能力诊断。

4．商机发现。

三、实验步骤

1．实时风暴

（1）实时概况

实时排名是主营二级行业实时交易额排名，可以清晰地了解当前店铺的排名情况、访客数、下单订单数、支付订单数、支付金额等。

（2）实时营销

实时营销可提供实时访客营销和实时营销效果统计，其中实时访客营销可以一键催付，即提供未付款订单记录的一键催付功能，实时营销效果统计则可实时统计催付效果。

2. 经营分析

（1）成交分析

可了解店铺排名、成交概况、成交分布、成交核心指标分析及其变化情况。

（2）店铺流量来源

可查看店铺流量的来源渠道、流量来源分布等数据。

（3）店铺装修

可查看装修效果趋势图、装修事件数据报表等数据。

（4）商品分析

可查看商品效果排行、商品来源分析等数据。

（5）营销助手

可查看店铺营销概况、平台营销概况等信息。

3. 能力诊断

（1）综合能力

从综合能力、转化能力、引流能力、商品能力、营销能力、服务能力、平台规则能力等维度对店铺数据进行展示和解读，通过八卦境显示。

（2）转化能力

可查看 L-D 转化率（指通过搜索曝光的 list 页面单击进入 Detail 页面的转化率）、D-O 转化率（指用户浏览 Detail 页面之后下单的转化率）、支付意愿率、搜索客单价等数据信息。

（3）引流能力

可查看站外引流 UV、站内引流 UV、老买家能力等数据信息。

（4）商品能力

可查看热销商品、中坚商品、新商品等数据信息。

（5）营销能力

这里统计的是参加营销活动的商品对应的成交金额及各个营销活动的效果差异。营销活动包括关联营销、店铺营销、联盟营销、直通车营销。

（6）服务能力

包括拍而不卖、未收到货、SNAD（货物严重描述不符）纠纷率、SNAD 仲裁率、好评率、DSR-D、DSR-S、DSR-R 等综合评价指标。

（7）平台规则

包括知识产权、信息质量、违规交易等综合评价指标。

4. 商机发现

（1）行业情报

可查看行业数据、趋势图、趋势数据明细、行业国家分布情况等。

（2）选品专家

可查看热销商品词、热搜商品词、搜索词分析、热搜词、飙升词、零少词等。

速卖通操作视频

账号注册	商标注册入库	企业认证	模板管理	产品发布
产品管理	诊断中心	店铺开通	店铺页面装修	买家体验
订单直邮发货	海外仓发货	客服管理	平台活动	店铺营销活动
联盟营销	直通车营销	客户管理与营销		

第二节 Amazon平台

亚马逊（Amazon）是美国最大的一家网络电子商务公司，目前已成为全球商品品种最多的网上零售商和全球第二大互联网企业。本实验将以 51 商课游平台为例，介绍亚马逊平台的相关操作。

实验一 卖家账户开通

一、实验目的

了解 Amazon 平台的卖家分类，以及进行卖家注册需要准备的材料。

二、实验任务

1. 了解卖家分类。

2. 卖家注册准备。

三、实验步骤

1. 了解卖家分类

登录亚马逊网站，了解亚马逊平台的几种卖家，包括卖主中心（Vendor Central，VC）、卖主快速（Vendor Express，VE）、全球开店、专业卖家、个人卖家。

2．卖家注册准备

注册账户分为自注册账户和商务经理的全球开店账户。本实验以自注册账户流程为例进行讲解。中国的个人身份和企业身份都可以在亚马逊平台注册账户。亚马逊美国站是最活跃的，也是最大的网上零售市场，所以本实验以美国站为例进行介绍。

无论是个人还是企业，都可以通过亚马逊自注册通道完成注册，销售时，销售模式分为专业销售计划和个人销售计划。这两种销售计划的主要区别在于费用结构和功能使用权限不同。

注册的准备资料可登录亚马逊网站进行查询和了解。

实验二　卖家账户设置

一、实验目的

了解亚马逊平台卖家注册流程及如何创建新账户,如何签订卖家协议与完善业务信息,如何绑定收付款方式,如何进行纳税审核和卖家身份验证。

二、实验任务

1．创建新账户。

2．签订卖家协议。

3．完善业务信息。

4．绑定收付款方式。

5．纳税审核。

6．卖家身份验证。

三、实验步骤

1．创建新账户

（1）卖家注册流程

卖家注册流程包括创建新用户、签订协议、完善卖家信息、设置信用卡、纳税审核、提交商品信息和完成卖家身份验证。

（2）创建新账户

需先登录亚马逊官网，在网页最底部依次单击"Sell on Amazon"和"Start Selling"，然后开始创建账户。卖家注册成功后，即可用刚才注册的账户登录平台。

2．签订卖家协议与完善业务信息

（1）签订卖家协议

设置亚马逊的销售账户，在合法名称中填入企业或个人名称，然后勾选同意相关协议。

企业用户应使用英文或拼音填写企业注册名称，个人用户应使用英文或拼音填写个人名称。

（2）完善业务信息

在"告诉我们您的业务"页面完善相关信息，包括地址、卖家名称、验证方式等。

3. 绑定收付款方式

（1）绑定信用卡

模拟系统为每位卖家初始化信用卡信息，在"设置您的收款方式"中输入信用卡的相关信息。注意：需要核对所填地址是否与信用卡账单地址相同。

（2）设置收款方式

亚马逊通过电子转账的方式将店铺的销售收益支付给卖家，所以卖家必须指定一个银行账户，以便收款。目前，亚马逊支持的收款方式有官方收款 ACCS、当地银行卡、第三方支付账户等。

4. 纳税审核

美国的纳税审核是一个自助的审核过程，系统会指导卖家输入自己的身份信息并确认自己的账户是否需要缴纳美国相关税费。中国卖家也必须完成此审核流程才可完成注册。中国卖家的审核流程包括：确认企业或个人的非美国身份；选择受益人性质；同意提供电子签名，最后确认提交。

5. 卖家身份验证

（1）选择国家及卖家类型

2018 年 5 月 1 日起，新入驻亚马逊北美站点的卖家体验全新的身份验证流程。目前，亚马逊北美站点将卖家"身份验证"从账户注册完成后，提前到账户注册流程中。

企业注册请务必选择"公司卖家"并提交营业执照。

（2）提交所需资质文件

提交文件前，请务必详细阅读上传说明，特别注意：身份证务必上传正反两面；不接受黑白复印件；不接受屏幕截图；请将所有材料合并到一个文件中上传；所有文件请确保在审核有效期内；所有文件请确保清晰可见；如果选择的是"公司卖家"，应上传企业法人身份证；对账单上的姓名应与上传的身份证上的姓名相匹配；文件必须在 90 天内发出；可以隐藏货币金额，但文件的其他部分必须可见。

（3）提交联系方式

需要输入有效的邮箱地址和电话号码，亚马逊将通过邮箱或电话通知卖家验证信息。

实验三　商品管理

一、实验目的

了解在亚马逊平台如何进行商品管理，如何购买 UPC 码，如何刊登商品 listing，如何设置跟卖、商品编辑和商品下架。

二、实验任务

1. 购买 UPC 码。

2. 刊登商品 listing。

3. 跟卖。

4. 商品编辑。

5. 商品下架。

三、实验步骤

1. 购买UPC码

（1）UPC码

UPC码是美国统一代码委员会制定的一种商品用条码，主要用于美国和加拿大地区。亚马逊北美站的卖家在上传商品时需要UPC码。

（2）注册亚马逊账户必须要UPC码吗？

根据亚马逊的规定，并不是所有的商品都需要提交UPC码，亚马逊北美站才需提交UPC码，亚马逊欧洲站则需提供EAN码。

（3）如何获得UPC码

原则上，UPC码是由生产制造商向当地的编码中心提出申请，从而获得的独一无二的编码。中国的编码管理机构是中国物品编码中心。除此之外，卖家还可以通过亚马逊官方推荐的BarCodes Talk网站购买。

2. 刊登商品listing

（1）创建新商品

① 进入商品添加页面。进入卖家后台，单击屏幕左上角库存下面的"添加新商品"。如果该商品不在亚马逊的商品目录中，单击"创建新商品信息"。

可以输入商品名称、UPC、EAN、ISBN或ASIN在亚马逊商品目录中进行搜索，若商品存在于亚马逊商品目录中，且与卖家要发布的商品相同，可以单击"出售您的"，而无须再创建商品，即"跟卖"。

② 选择商品品类。如果不确定商品品类，就可以使用品类搜索功能，输入品类关键字后进行搜索；如果已经确定商品品类，可直接选择正确的品类添加新商品。在不能确定商品分类时，也可使用品类搜索功能，系统会自动推荐类目，你可从中选择最合适的类目。

③ 编辑商品详情。开启高级模式后，系统会显示Description、Keywords、More Details设置选项卡，此时需要输入更多的信息。

Product ID：我们一般先选择类型为UPC，然后在方框中输入UPC码。

Color：商品颜色，Color Map可自定义商品颜色，作为color的补充，方便买家指定或过滤某种颜色。

Size：商品尺寸，Size Map可自定义商品尺寸，作为size的补充，方便买家指定或过滤某种尺寸。

Product Name：输入商品标题，亚马逊的商品标题一般都是以"品牌名+商品核心名称+功能特点+材质、颜色"这样的公式来设置的。

Manufacture：填写制造商名称。

Brand Name：商品的品牌名。

④ 编辑标题。标题构成要素为"品牌名+关键词+商品功能属性+适用范围+颜色（颜色可有可无）"。

a. 品牌名。

对于中小卖家而言，如果前期不是太注重品牌，那么品牌名则不用放在标题的最前面，一般可放在标题中偏后的位置或者不放。但如果是正打算推广自己品牌的卖家或是较知名的品牌，则可以把品牌名放在标题的最前面。

b．关键词。

标题中，放在最前面的那一个关键词一般不建议是宽泛词，因为宽泛词竞争度虽高但往往会导致无效流量和低转化率，且在按点击计数计费（Cost Per Click，CPC）推广方式下花费高。

c．商品功能属性。

for 和 with 后面一般加表述商品特性和功能的词。

d．适合范围。

列举商品会被应用到哪些地方，让客户一目了然。

e．Variation 标签页。

在 Variation Theme 中选择变体主题，如尺寸，颜色/尺寸+颜色的组合，应根据商品实际情况进行选择。

展开 Add Variation 栏，在 Size，Color 菜单中增加商品的尺寸和颜色，单击"Add Variation"创建变体组合。可选择相应的属性"Condition Note""Sale Price"，添加商品相关信息。可以选择变体后，单击"Delete Selected"删除变体。

在 Variation Matrix 中有不同的尺寸、颜色组合，在每个组合后面添加 SKU，UPC，Condition（新旧程度），Your Price（价格），Sale Price（促销价格），Sale Start Date（促销开始日期），Sale End Date（促销结束日期），Quantity（数量）。

f．Offer 标签页。

如果 Variation 标签页中已添加变体，在 Offer 标签页中只需要输入 Shipping—Template、Manufacturer's Suggested Retail Price、Handing Time 、Max Order Quantity、Fulfillment Chanel。Images、Description、Keywords、More Details 标签页都不是必填项。所有标识为红星的信息都填上以后，屏幕下方的"Save and finish"按钮会由灰色变成橘黄色，单击"Save and finish"创建商品。

如果没有在 Variation 标签页设置变体，则显示的是 Offer 标签页，最后完成相应信息的录入。

g．Image 标签页。

第一张图片是主图，主图必须是纯白色背景；其他图片为辅图，辅图最多可以上传 8 张。图片对买家有很强的视觉冲击力，卖家需要保证图片的高质量。在首次上传商品图片时，图片不会立刻上传成功，需要等商品信息填写完毕并单击"Save and finish"按钮后，图片才会上传成功。如果不上传主图，商品将不会在亚马逊前台展示。

h．Description 标签页。

Description：产品描述。

Bullet Point：卖点，此处填写商品的主要功能和亮点或与众不同之处。

Add More：新增卖点。

Legal Disclaimer：法律免责声明。

Cpsia Warming Description：警告说明

卖家需要根据《美国消费品安全改进法案》确认自己在亚马逊平台销售的哪些商品（如

果有）需要提供警告声明（如窒息危险警告），并选择合适的声明。

i. Keywords。

Search Terms：添加搜索关键词（非必填项），此栏可以输入与商品有关的关键词。

j. More Details。

More Detalis（更多参数）：非必填项，卖家可选择性填写，并可进一步补充商品的参数介绍，如 Weight（重量）、Length（长）、Width（宽）、Height（高）。

（2）创建多属性商品——变体

商品所有必填项信息都填好以后，单击"Save and finish"按钮保存商品。返回库存管理页面，可查看商品所有信息，但刚添加的商品状态为禁售状态，需要对每类变体商品进行销售上架操作。如果添加的商品有多个变体，此时可查看所有变体商品。卖家也可以对变体商品信息重新编辑。需要注意的是，所有变体商品的主图必须上传。

3. 跟卖

（1）商品跟卖

跟卖是指在别人的 listing 上挂接自己的商品链接。如果你的产品和别人的一模一样，而且你具有相应的经销资格，那么跟卖是允许的。

卖家可以用以下两种方法进行跟卖。

① 通过前台搜索寻找跟卖商品。找到需要跟卖的商品，在商品购物车的下方有一个"Sell on Amazon"按钮，单击该按钮，填写相关信息即可跟卖。此功能将在升级 3.0 版本中展示，目前 2.0 版本未实现该功能体验。

② 进入亚马逊后台跟卖。首先在亚马逊平台搜索商品目录中输入要销售商品的名称、UPC、EAN、ISBN 或 ASIN，单击"搜索"按钮。搜索出商品以后，确认其 UPC 和自己的商品外包装上的 UPC 码完全一致后，单击"出售您的"按钮进行添加。填写商品必要信息后，单击"保存"。添加成功后，Manage Inventory 页面中将出现该商品。

（2）取消跟卖

如果卖家不小心跟卖了有品牌保护的商品或是中途不想再跟卖了，可以直接停售跟卖商品，也可以通过以下两种方式在后台库存中取消跟卖。

① 单击"停售商品"，把跟卖的库存改为 0。

② 单击"删除商品和报价"，删除跟卖商品。

此外，如果品牌授权的卖家发通知要求卖家下架，否则就会向亚马逊平台投诉，那么建议卖家做删除处理。

（3）如何防止跟卖

① 在商品或包装上做防伪标志。如果没有进行品牌保护，卖家可以将不同的商品组合在一起，进行搭配销售，又或者将 Logo 印在商品或者包装上，让别的卖家无法跟卖。

② 向亚马逊平台举报跟卖的卖家。如果卖家手握品牌代理权或商标权却遭到跟卖，可以第一时间与跟卖卖家沟通，如果对方不听劝，则可以直接向亚马逊平台投诉跟卖卖家。

③ 申请商标，申请品牌备案来维护自身的利益。卖家可以申请注册当地商标，然后在亚马逊平台上申请品牌备案，通过打造自主品牌来防止别人跟卖。

4．商品编辑

对于后台直接添加的商品或通过表格上传的商品，后续想要更新商品的信息时，可以在后台直接编辑更新。

（1）在库存选项卡上选择"管理库存"。

（2）找到要修改的商品，然后单击最右侧的"编辑"按钮。

（3）逐项修改商品信息，单击"Save and finish"即可完成商品编辑。

5．商品下架

商品不再售卖了，卖家可以对该商品进行下架处理。亚马逊平台提供了 3 种处理方式，具体如下。

（1）修改库存

① 把商品的库存设置为 0。

② 关闭商品链接。

③ 删除商品链接。

（2）关闭商品

停售商品后，商品将不再在亚马逊平台上销售，但亚马逊平台可保留销售历史记录，卖家可随时重新发布商品。停售商品的具体操作为选择"停售商品"，将此商品的状态更改为"不可售"状态。

（3）删除商品

删除商品是永久性操作，如果卖家想再次出售该商品，则必须等待 24 小时才能添加。

在"管理库存"页面找到要删除的商品，单击右侧的"编辑"下拉菜单，然后选择"删除商品和报价"。

实验四　配送管理

一、实验目的

了解亚马逊平台的 FBA 配送及如何创建移除订单和多渠道订单配送任务。

二、实验任务

1．转换为 FBA 配送。

2．创建移除订单。

3．创建多渠道订单配送任务。

三、实验步骤

1．转换为 FBA 配送

（1）如何转换为 FBA 发货方式

进入"管理库存"页面，单个选择或多选需要转换发货方式的商品，选择此次要发货到美国亚马逊 FBA 仓库的商品后，单击"编辑"后的上下三角形按钮，选择"转换为'亚马逊配送'"，确认转换为 FBA 发货方式。

进入确认转成 FBA 发货方式的页面，确认需要转成 FAB 发货方式的商品信息后，单击"转换并发送库存"，确认转换为 FBA 发货方式。

（2）创建 FBA 发货计划

在该页面中选择发货地址和包装类型：发货地址即起运地，默认为公司地址，选择从另一地址发货需修改发货地址；包装类型分为混装和原厂包装发货，混装即一箱里装有多个 SKU 商品，原厂包装发货即一箱里只有一个 SKU 商品。

单击"继续处理入库计划"后，下半页原来呈灰色的界面会正常显示。

提供原始商品包装尺寸（长、宽、高）和数量。

如果需要删除商品，单击每个 listing 后面的"×"删除。

填写后保存，再单击"继续"，继续下一步"预处理商品"的步骤。

检查商品是否需要预处理，预处理指亚马逊平台要求一些特别的商品在入库时需要进行一些特别的包装后才能够入库。

为商品贴标之前，卖家需要选择打印方式。卖家可以选择亚马逊打印标签或自己打印标签，一般建议卖家选择自己打印标签，这样做卖家不需要额外支付费用。

在这一环节，卖家需要检查货件的起运地、包装类型、商品、商品准备费等信息。亚马逊平台可能会提示卖家创建的商品被分配到不同的 FBA 仓库，也有可能全部发到一个FBA 仓库。

对选择的货件进行处理，可单击"查看货件内商品"以查看货件商品信息，单击"处理货件"继续处理货件。

① 检查货件内容。单击"检查并修改商品"，确保发货实物的 SKU 和数量与创建时填写的完全一致。

② 配送服务。配送服务分为小包裹快递和汽运零担两种方式。小包裹快递是指用单独箱子包装的商品，配送箱单独贴标配送。小包裹快递必须满足以下要求：所有箱子必须贴有亚马逊物流货件标签和承运人标签；箱子重量不得超过 50lb（$1lb \approx 0.45kg$），除非其中包含单件重量超过 50lb 的大件商品；箱子任何一侧的长度均不得超过 25in。

如果商品总货重量超过 150kg，卖家应选择汽运零担方式进行配送。

选择发货物流供应商时，UPS、FedEx 是亚马逊合作物流服务商，不需要预约，可以直接进行配送，卖家也可以选择其他承运人。

③ 货件包装。首先选择是把商品放在一个箱子里还是多个箱子里。亚马逊平台提供 3种方式处理箱内商品信息：使用网页表格，上传文件，跳过箱子信息并收取手动处理费用。

如果选择多个箱子，卖家需要填写每个箱子配置的商品数量、箱子重量、箱子尺寸；如果选择的是单个箱子，只需要输入单个箱子的尺寸和重量。

最后确认货件包装信息。

④ 货件标签。打印货件标签之前，要打印单个商品的 SKU 标签。

（3）由 FBA 配送转成卖家自配送

找到需要转换配送方式的商品，单击"编辑"后的上下三角形按钮，然后单击"转换为'卖家配送'"。注意选择的商品必须是 FBA 配送方式的。

2. 创建移除订单

（1）移除订单的原因

① 商品长期滞销，导致仓储费用过高，为了降低仓储成本而撤仓。

② 亚马逊店铺的 listing 被移除，商品没有办法再进行销售，只能撤仓。

③ 由于 FBA 头程中的损坏、用户购买商品后退货但原包装破损，导致无法进行二次销售，只能撤仓。

（2）如何创建移除订单

选择"库存"—"管理 FBA 库存"，找到并勾选你要移除的商品，单击"编辑"后的下三角形按钮，选择"创建移除订单"。

选择"配送地址"后需要输入详细的地址，移除订单只接受美国当地的接收地址和联系信息，亚马逊平台会将商品直接快递或配送到指定的美国当地地址。

有些商品即将产生长期仓储费或在账号受限、库存不多的时候，就可以选择"弃置"。

卖家可以在"设置订单编号"处手动填写方便后期跟踪辨识的号码，如果不填写，系统将自动生成一个订单号。

填写移除订单的具体信息，单击"继续"。

接下来进入"检查并下单"界面，确认无误后单击"下单"，整个移除订单就创建完成了。

（3）查看移除订单详情

在"数据报告"—"库存"和销售报告中，单击"移除订单详情"，可以查看已经创建成功的移除订单的详细移除情况及完成进度和数量等详情。

3. 创建多渠道订单配送任务

通过多渠道配送，即使买家使用其他销售渠道（非亚马逊网站）下单，亚马逊平台也可以将你发送至亚马逊 FBA 仓库的库存配送至买家。接下来我们介绍如何在亚马逊后台创建多渠道配送订单。

找到需要配送的商品，单击"编辑"后的上下三角形按钮，然后单击"创建多渠道配送订单"。选择的商品必须是 FBA 配送方式并且在亚马逊 FBA 仓库有库存。

提供详情：填入买家的配送地址信息及对应的商品数量。

检查并下单：选择配送操作，包括选择立即配送或最多将此库存保持两周。

实验五　买家体验

一、实验目的

了解亚马逊平台的买家购物流程，买家订单管理和订单反馈评价。

二、实验任务

1. 了解买家购物流程。
2. 买家订单管理。
3. 买家订单反馈评价。

三、实验步骤

1. 买家购物流程

（1）登录并搜索商品

在搜索栏输入商品关键词或商品名称，或在类目导航中查找商品。

> **注意**
>
> 实验中，卖家不能购买自己发布的商品，所以需要与其他卖家协同完成购物体验和订单处理业务。

（2）加入购物车

选中商品后，输入购买数量，单击"Add to Cart"，将商品加入购物车。

（3）账单确认

确认好需要购买的商品后，单击"Proceed to checkout"确认订单。

买家可编辑自己的购物车，如更新商品数量。

如果不想购买该商品则可以删除，或是收藏暂不结算的商品，等下次需要购买时，再从下面的"save for later"里移回购物车。

（4）确认收货地址

如果之前没有填写收货地址，那么将跳转到地址添加页面。

（5）确认支付方式

第一次购物时需要添加信用卡支付信息，如信用卡姓名、信用卡卡号、信用卡的有效日期。信用卡支付信息添加完成后，单击"Add your card"。已经有购买支付记录的买家，需要选择支付方式或新增付款方式，选择支付方式后单击"Continue"按钮。

（6）订单确认

确认地址信息和支付信息后，如果需要修改，可单击"change"。

如果有优惠码或 gift card，可以在"gifts cards & promotional codes"处输入，然后单击"Apply"。确认信息后，单击"确认结账"。

（7）购买成功

2. 买家订单联系

选择"Your Account"（你的账户），单击"Your Orders"（你的订单），再单击"Track Package"查看物流状态。

在商品清单上找到你的订单，单击"Get help with order"联系卖家。单击"request cancellation"按钮，可以请求取消订单；单击"archive order"（归档）按钮，暂时收藏或隐藏订单。

如果订单出现问题，可以选择"problem with order"，在"what went wrong"中，根据你的情况，选择订单存在的问题。

选择订单出现的问题后，进入"what would you like to do?"中，选择"Contact seller"，输入订单问题详情，单击"Send"提交问题。

3. 订单评价和反馈

在"Your orders"中找到要评价的订单，单击"Order Details"，可对订单留言评价。

依次选择"Your Account"—"Your Order"—"Orders Detail"，单击"leave seller feedback"，对订单留言评价。

选择"rate your experience"，可评价卖家星级，包括 5 星（Excellent）、4 星（good）、3 星（Fair）、2 星（Poor）、1 星（Awful）；也可评价订单，包括物流速度、产品质量、客

服质量；还可编辑留言评价。

4. 卖家如何使用5星系统来反馈等级

好评（Positive Feedback）：5 星或 4 星。

中评（Neutral Feedback）：3 星。

差评（Negative Feedback）：2 星或 1 星。

5. 如何计算卖家的反馈评分

利用计算公式：反馈评分=好评总数/评价总数。

备注：评价总数指 30 天、90 天、365 天或一直以来累积的评价数量。

6. 如何避免差评

（1）尽量使用好的物流渠道，保证物流时效。

（2）及时处理买家邮件，从买家的角度出发，帮助他们解决问题。

（3）及时关注店铺和商品评价，将差评和问题较多的商品清仓、停售或改进商品质量。

实验六 订单管理

一、实验目的

了解亚马逊平台如何进行订单管理，掌握其订单管理的操作方法。

二、实验任务

1. 订单发货。

2. 订单联系回复。

3. 订单反馈评价。

三、实验步骤

1. 订单查看

订单查看路径："订单"—"管理订单"—"未发货"—"confirm shipment"。

在"未发货"页面中，会提示未处理订单数。未发货订单显示的状态是"Unshipped"。

"confirm shipment"按钮：确认发货，买家下单后 48 小时内必须单击"confirm shipment"确认发货，否则会有延误发货的记录，影响卖家绩效。

"cancel order"按钮：取消订单，买家下单后 30 分钟之内可以取消订单，超过 30 分钟之后买家再想取消订单，需要向卖家提出申请。

2. 订单发货

在"确认发货"页面选择 Carrier 下拉框中的"物流服务商"，选择物流服务商提供的服务类型，输入运单号后，单击"confirm shipment"完成发货。如果有需要，也可输入备注说明。

3. 已发货订单

在"已发货订单"页面中，卖家可对前期发货信息进行更新完善，以及完成订单退款的操作。

4. 订单联系回复

联系回复时间指标用于评估卖家对买家消息的回复时效，此指标考核的是卖家在 24小时内回复买家消息的百分率。

5．订单反馈评价

在"绩效"—"买家反馈"页面，选择"View Current Feedback"，找到你要回复的评论，然后单击"Respond"按钮，输入需要回复的内容，单击"Submit"。回复信息提交以后，你可以删除，但不能再进行编辑。在商品详情页，其他买家可以查看你的回复信息。

实验七　广告营销

一、实验目的

了解亚马逊平台如何进行广告营销，掌握创建站内广告和促销的方法。

二、实验任务

1．创建站内广告。

2．促销。

3．秒杀。

三、实验步骤

1．创建站内广告

（1）创建 CPC 广告

亚马逊站内广告为付费推广，又称 Pay Per Click/Cost Per Click（PPC/CPC）。后台设置广告路径："广告"—"广告"。

如果是第一次进入后台设置广告，卖家需要单击"Creat ad campaign"以开始创建 CPC 广告。

（2）管理 CPC 广告

广告创建完成后，进入"Campaign Manager"页面，即可进行 CPC 广告的管理，卖家可设置广告状态、广告投入等。

2．促销

（1）Free Shipping

单击"广告"—"促销"，进入"促销"页面；再单击"Created"，跳转至"Free Shipping"设置页面。

（2）Percentage Off

Percentage Off 和 Free Shipping 的设置基本相同。

（3）Buy One Get One

Buy One Get One 为买一送一，即商品买一件送一件，或选择其他商品作为赠品。

3．秒杀

卖家在导航栏"广告"中选择"秒杀"，输入秒杀标题、秒杀活动描述，选择秒杀活动商品，设置秒杀活动商品价格、秒杀活动日期、活动开始时间、活动结束时间。填写完成后，"Create"按钮由灰色变为黄色可操作状态，单击"Create"即可创建秒杀活动。

亚马逊操作视频

注册卖家账户	签署销售协议与完善业务信息	绑定收付款方式	纳税审核	提供产品预售信息
卖家身份验证	卖家账户信息	配送设置	卖家信息与政策	UPC 码和商品采购
刊登产品 Listing（不含变体）	刊登产品 Listing（含变体）	商品跟卖	商品编辑	产品下架
转换为 FBA 配送	创建移除订单	创建多渠道订单配送任务	买家购物体检	订单联系
订单评价及反馈	订单发货	订单消息回复及评价反馈		

第三节　Wish平台

Wish 是一款移动电商购物 App，于 2011 年成立于美国硅谷。本实验将以 51 商课游平台为例，介绍 Wish 平台的相关操作。

实验一　注册开店

一、实验目的

了解 Wish 平台开店注册的相关规则；熟悉 Wish 平台的开店流程、店铺注册细节及注意事项；了解店铺审核和产品审核的基本规则。

二、实验任务

1. 设置用户名。

2. 设置账户信息。

3. 实名认证。

三、实验步骤

1. 设置用户名

（1）用户名

注册邮箱是用户未来登录 Wish 账户的用户名。

（2）签订商户协议

单击"创建店铺"，阅读并签订商户协议。

（3）邮箱验证

单击"同意已选条款"，Wish 平台自动向卖家的邮箱发送确认邮件，单击"立即查收邮件"，进入邮箱系统，单击"确认邮箱"或 URL 后会直接跳转到卖家后台，设置用户名步骤完成。

2. 设置账户信息

账户信息包括店铺名称、真实姓名、办公地址、邮编等内容。

店铺名称指在 Wish 平台前端用户页面及卖家后台显示的店铺名称，并不是公司名称。店铺名称一旦完成提交将无法修改。Wish 平台自动检测店铺名称是否重名，如发现已被使用，则需要更换。完善其他基本信息后，单击"下一页"继续注册流程。

3. 实名认证

在 Wish 平台发布产品之前，卖家还需要完成实名认证。认证信息将作为店铺归属的唯一凭证。实名认证分为个人账户实名认证和企业账户实名认证。如进行个人账户实名认证，需要认证的信息有身份证号、身份认证、绑定支付信息。输入相关信息后，单击"开始认证"，页面中将自动生成验证码，根据页面提示上传验证照片，单击"下一页"进入支付方式选择步骤。

实验二 产品管理

一、实验目的

了解如何加快 Wish 平台产品审核速度；了解产品上传政策、产品上传途径、产品定价；了解如何设置各个选项；体验手动添加产品和 CSV 批量添加产品操作。

二、实验任务

1. 添加新产品。

2. 编辑产品。

三、实验步骤

添加新产品的方法有两种，即手动添加新产品、使用 CSV 文件批量添加新产品。

1. 手动添加新产品

操作路径："产品"—"添加新产品"—"手动"。

产品发布流程大致包括基本信息、产品图片、库存运费、产品属性等。

（1）基本信息

① 包括产品标题、描述、标签、SKU、货源 ID 等。

产品标题（Product name）：官方推荐写法为"产品名称+最多 3 个关键属性+通用产品类型"，产品名称尽量简短，cheap、hot、discount 等词不能使用。

② 描述（Description）：对产品进行文字描述，文字描述需要简洁，外国人的阅读习惯和中国人有较大差异，繁杂的描述容易引起买家反感，卖家可以直接描述产品的独特性或差异性，让买家直观地了解产品优势。

③ 标签（Tags）：为产品添加标签，每个产品最多添加 10 个标签，如果添加的标签超过 10 个，Wish 平台将自动忽略多余的标签。

④ SKU：是识别产品的唯一标识，具有唯一性，若一个产品有多种颜色和多种尺码，产品首先有一个父 SKU，具体的产品属性中需要填写对应的 SKU，即子 SKU，在使用 CSV 文件批量修改产品时，系统根据 SKU 编码定位要修改的产品。

⑤ 货源 ID：方便与货源平台进行对接，不是必填项。

（2）产品图片

产品图片包括 1 张主图，10 张辅图，可以从本地上传，也可以从网络地址上传，图片尺寸建议为 800px×800px。

（3）库存运费

该页面主要包括产品销售价格（price）、库存数量（quantity）、产品运费（shipping）、预估利润、物流信息等。

Wish 平台对产品销售价和运费都统一收取 15%的佣金，另外，销售价格、产品运费统一使用美元标示和支付。

产品运费：只是该产品的基础标准运费，默认适合所有允许销售的国家，最低为 1 美元。

预估利润：产品销售价+运费，扣除 15%的平台佣金后，所得的应收金额为该产品的利润，系统会自动计算。

物流信息：这是 Wish 平台的一个预留接口，不是必填项，主要的信息项内容包括申报货物名称、申报数量、包裹体积重量、海关代码、申报价格及包裹是否含有电池、液状物、金属等禁运品，主要是和海关部门有关系，这里填写的包裹体积重量和后面订单发货时需要填写的包裹信息没有关联性，卖家可以不填写物流信息项。

（4）产品属性

产品属性包括颜色、尺码、产品变量、可选信息、摘要等。

① 颜色：指产品的主体颜色，Wish 不支持卖家自定义颜色，如果常用颜色列表里没有合适的颜色，那么可以在"其他"选项中输入颜色英文词汇，系统会搜索相关联的颜色种类，如果提示框中也没有合适的颜色，那么可以用相近的颜色代替。

② 尺码：系统提供了 26 类通用的国际尺码模板，卖家可以根据自己的产品规格选择

对应的尺码，也可以单击"custom"自定义尺码。

③ 产品变量：系统会自动将选择的尺码和颜色进行组合，每一个产品组合我们称它为变体，每个变体都需要填写子 SKU。

④ 可选信息：不是必填项，内容包含建议零售价、品牌、通用产品代码等。

⑤ 摘要：可对未填写或填写错误的必填选项信息进行说明或提示。

产品发布之后，需要等待运营商审核通过，待审核的产品在产品图片上方会有一个沙漏标志，审核通过后，绿色的对号标志会代替沙漏标志。

如果拥有品牌或品牌授权，可以在"卖家后台"—"账户"—"品牌授权"处上传品牌证明，以加快产品的审核速度。

2. 使用CSV文件批量添加新产品

使用 CSV 文件批量添加新产品，是指根据指定的文件模板批量填写新产品信息之后，生成 CSV 文件并上传到 Wish 后台的过程。

操作路径："产品"—"添加新产品"—"产品 CSV 文件"。

文件模板包含 3 种类型：Excel 文件模板、CSV 文件模板、谷歌数据表。其中谷歌数据表可以用谷歌浏览器直接在线浏览并编辑 CSV 文件和 Excel 文件；Excel 文件能保存文字格式及表格格式；CSV 文件不能保存表格格式。

3. 编辑产品

编辑产品包括编辑原有产品，修改产品价格、库存、运费，向原有产品添加尺寸、颜色等变体及移除变体，编辑国际运费，启用和禁用 SKU，通过 CSV 文件批量编辑、修改产品信息和库存等操作。

（1）编辑原产品

操作路径："卖家中心"—"产品"—"更新现有产品"—"手动"—"措施"—"编辑产品"。

单击单个产品的"措施"—"编辑产品"进入产品编辑页面，可以修改产品的基本信息、产品图片、产品变体等信息。编辑后的产品会再次接受审核，在产品复审期间，产品可以正常销售；如果产品在编辑后违反了 Wish 政策，如通过修改产品的名称、图片、描述、把原产品替换成了一个新产品，Wish 平台会将该产品删除，而且该产品的所得款项也会被扣留。

（2）修改产品价格、运费、库存

操作路径："卖家中心"—"产品"—"更新现有产品"—"手动"。在产品列表中可以直接修改产品价格、运费、库存，这里设置的产品运费默认适用于所有的国家。

（3）编辑国际运费

若想针对一个产品选定的配送区域设置不同的运费，可以单击"卖家中心"—"产品"—"查看所有产品"—"措施"—"编辑国际运费"，设置运费。

这个页面显示的国家和地区是 Wish 平台所能销售的所有国家和地区，卖家可以单击底部的链接，访问配送设置页面，增加或减少配送国家（或地区），快速选定配送区域。

卖家可以选择仅配送至美国或选定国家（或地区），也可以根据自己产品的特点选择特定的国家（或地区）进行销售，如果想设置不同的运费，可以单击"设置默认运费"自定义配送费用。产品销往美国的运费以国家运费为准。

（4）向原有产品添加变体

操作路径："卖家中心"—"产品"—"查看所有产品"—"措施"—"添加新的尺寸/颜色"。可以向原有产品中添加尺寸、颜色等变量。

（5）移除变体

操作路径："卖家中心"—"产品"—"查看所有产品"—"措施"—"移除变体"。

卖家可以使用移动变量功能将本产品的子 SKU 移动到另外一个产品下面，如此该产品会减少一个子 SKU。

（6）启用和禁用 SKU

操作路径："卖家中心"—"产品"—"查看所有产品"—"措施"—"启用和禁用SKU"。

Wish 平台没有删除功能，若想将产品下架，可以使用禁用所有 SKU 功能，以批量禁用该产品的所有 SKU，禁用之后，该产品在 Wish 平台中将不再展示。若想再次上架该产品，可以使用启用所有 SKU 功能，将产品的所有 SKU 批量启用。

在产品列表中可以看到产品的所有 SKU 启用状态，卖家也可以勾选或取消勾选启用项，或单个启用或禁用子 SKU。

（7）通过 CSV 文件编辑原有产品信息

批量更新产品信息操作路径："卖家中心"—"产品"—"更新现有产品"—"产品CSV 文件"。

批量更新库存操作路径："卖家中心"—"产品"—"更新现有库存"—"产品 CSV文件"。

若卖家有保存之前批量上传的 CSV 原始文件，那么直接修改该文件中要更新的内容然后上传即可，这样更方便快捷，卖家也可以下载 Excel 文件模板。

使用 CSV 文件编辑产品时，必需属性为子 SKU "Unique ID"，其余属性均为选填项，需要修改哪项信息则填写哪项信息，系统会根据文件中的 SKU 定位到要更新的产品并更新。

实验三　订单管理

一、实验目的

了解如何加快 Wish 平台产品审核速度；了解产品上传政策、产品上传途径、产品定价；了解如何设置各个选项；体验手动添加产品和 CSV 批量添加产品操作。

二、实验任务

1. Wish 邮注册开通。
2. 订单发货。
3. 订单处理。

三、实验步骤

1. Wish邮注册开通

Wish 邮是 Wish 与中国邮政的合作物流，是针对 2kg 以下的小件物品推出的空邮产品，运送范围为全球 200 多个国家和地区，运费便宜，经济实惠。其他常用的国际物流方式有跨境专线、商业快递、海外仓等。实验平台以 Wish 邮为例，介绍 Wish 邮的注册开通流程及物流发货操作方法。

（1）Wish 邮注册开通

Wish 邮注册流程主要包括 3 步：注册开通，核实信息，提交实名信息。待实名信息验证通过后，卖家即可使用 Wish 邮功能。

① 注册开通，在注册的过程中需要填写真实有效的信息。

② Wish 邮需要核实电子邮件地址、手机号码等信息。

③ 提交实名信息，包括真实姓名、身份证号、身份证正反面扫描件、居住地址、任一账单的扫描件等，其中账单可以使用快递单、水电费单据、话费单或信用卡账单等，只要账单包含真实的姓名和地址信息即可。扫描件大小在 2MB 以内。

实名信息提交后，等待运营商认证审核，审核通过后，卖家即可进入 Wish 邮系统。

（2）设置发件人、揽货地址

在使用 Wish 邮系统创建订单前，需要设置发件人地址和揽货地址。

发件人地址指的是卖家个人的居住地址或公司的注册地址，需要使用英文填写，地址信息会显示在跨境物流面单上；揽货地址指的是货物所在地，是通知物流公司前来揽货的地址，需要使用中文填写，设为默认地址后，在创建订单时会默认使用该地址。

2．订单发货

为了促成完整的业务交易过程，实验平台提供了卖家功能和买家功能，所以在操作订单发货前卖家需要体验买家操作。

进入买家中心，注册开通买家账户。

（1）填写英文名、姓，邮箱地址和设置登录密码，邮箱地址是电子邮箱地址，也是未来登录买家中心的账户名。

（2）订单交易。选择商品，单击"buy"将商品加入购物车，在购物车中统一结算。添加收货地址并绑定信用卡，信用卡的有效期、姓名等验证信息在"学习中心"—"实训辅助功能"—"美联 VISA"中可以查询。

3．订单处理

订单发货方式有两种，一是在 Wish 平台上直接线上发货处理订单，二是自发货——使用 Wish 邮创建订单发货。

（1）平台发货

操作路径："卖家中心"—"订单"—"未处理"—"措施"—"配送"。

（2）自发货

操作路径："Wish 邮"—"创建订单"。

使用 Wish 邮系统创建物流订单：第一步，输入 Wish 交易订单号；第二步，选择物流渠道；第三步，完善包裹信息。信息完善并提交后，订单即创建完成，同时生成物流跟踪单号。

卖家需要将该单号关联到 Wish 平台中，操作路径为"卖家中心"—"订单"—"未处理"—"措施"—"配送"—"do it myself"，输入物流单号，填写备注信息，单击"finish"提交后，该交易订单与物流单号成功关联，订单状态更改为已发货。

订单发货后，系统会自动生成物流跟踪进度，单击"历史订单"—"快件详情下的物流单号"可查询物流进度。

实验四　客户管理

一、实验目的

了解 Wish 纠纷处理方法；了解订单各个阶段的跟进工作内容；了解 Wish 常见问题。

二、实验任务

1. 卖家问题回复。
2. 客户问题发起与关闭。

三、实验步骤

在 Wish 交易期间，客户如果想更改配送地址、更换其他尺寸或颜色的产品、查询物流跟踪信息或退换货等，可以联系卖家。对卖家而言，这可以称为被动联系，当然卖家也可以主动联系客户。

1. 卖家问题回复

操作路径："客户问题"—"未处理"。

一般客户问题响应时间在 0～24 小时，如果客户的问题在 48 小时内还未得到解答，那么第三方客户服务系统可能会直接退款。

单击"查看"，可以看到客户问题涉及的商品和订单详情，项目处可以看到客户提出的具体问题。

2. 客户问题发起与关闭

操作路径："买家中心"—"Order History"（历史订单）。

进入"买家中心"—"历史订单"，单击"contact seller"联系卖家。

客户选择问题标签、输入问题内容，向卖家发起问题。

实验五　广告营销

一、实验目的

了解 Wish 平台的营销工具 ProductBoost 的功能；了解卖家如何加入 ProductBoost，如何创建 ProductBoost 活动；了解 ProductBoost 竞价设置技巧。

二、实验任务

1. 创建 ProductBoost 活动。
2. 关键词工具。

三、实验步骤

卖家可以创建 ProductBoost 活动，为自己的产品设定精准的关键词及合理的竞价，买家在 Wish 平台搜索时，其产品便可获得更多的推送机会及更高的产品排名，这是一种为指定产品增加流量的营销活动。

1. 创建ProductBoost活动

操作路径："ProductBoost" — "创建活动"。

（1）活动设置

活动起止时间为系统自动填入活动开始时间和截止时间，卖家也可自行调整活动时间，活动时间最长可为 4 周。

（2）产品设置

产品 ID 指提交参与 ProductBoost 活动的产品 ID。每行仅限输入一个产品 ID，如需添加更多产品，请单击"添加更多产品"。每次活动中最多可提交 200 个产品 ID，且卖家需为每个参与活动的产品支付 1 美元报名费。

关键词指与产品相关的关键词。请使用逗号分隔关键词，例如"fashion，summer dress，striped dress"。每个产品最多提交 20 个相关的关键词。

竞价指卖家同意为该活动产品的每 1 000 流量支付的费用。最低竞价价格为每 1 000 流量 0.1 美元。

（3）金额设置

预算为活动期间卖家同意支付的最大流量购买金额。卖家如果想要取消活动预算上限（不限制预算），请输入"0"。

$$活动的最高预算=Wish 余额+推广专项金+ProductBoost 余额$$
$$-审核中活动的金额-报名的总费用$$

推广金额指平台给出了卖家能够花费的最高金额，卖家的预算额度不可以超过这个最高金额。

Wish 总余额指 Wish 结算货款后还未发放给卖家的金额。

推广专项金指订单还未确认配送，达不到结算货款的条件时，部分订单金额可以提前预支以作为推广费用，相当于信用贷款，使用之后是需要归还的，系统会在 Wish 余额中扣除。Wish 平台会给予新手卖家 200 美元的信用贷款额度，不过仅限于第一次创建 ProductBoost 活动时使用。

ProductBoost 账户可以用派安盈第三方支付平台充值。

审核中活动的金额为正在进行的活动的报名费用及已经产生的付费流量费用，需要在本次活动预算中提前扣除。

报名总费用为每个产品 1 美元。如果卖家想要设置更高的预算，可以使用派安盈向 ProductBoost 账户充值。

ProductBoost 活动创建完成后，需等待运营商审核，审核通过后，到达活动开始日期时，系统会自动开启活动。参加 ProductBoost 活动的产品，在前台展示时右下角会有"ad"标记。

（4）ProductBoost 活动营销效果查看

在活动期间，卖家可以随时取消、暂停活动，操作路径为"ProductBoost" — "所有活动列表"。

单击"查看"可以查看活动的整体效果，内容分为产品、每日表现、发票等。

产品是该活动中单个产品的表现，包括产品的付费流量，也就是浏览次数所产生的费用，以及成交的订单数和订单金额等。如果某个产品参加 ProductBoost 活动后流量增加了，成交转换效果也挺好，那么可以考虑继续运行几周，以吸引更多的买家。每日表现中展现了整个活动的走势图及具体数据。发票也就是账单，用于统计付费流量费用和报名费用，活动产生的费用会优先在 ProductBoost 余额中扣除，ProductBoost 余额不足时则选择在 Wish 余额中扣除。

2. 关键词工具

Wish ProductBoost 关键词工具能够帮助卖家为其广告活动挑选最佳的关键词。关键词根据买家搜索特定关键词的次数、卖家使用特定关键词的次数等维度来分类。

操作路径："ProductBoost"—"关键词工具"。

实验六 业绩分析

一、实验目的

学习如何分析平台收集的关于产品、物流、店铺、服务的各项指标数据；学习如何查看店铺的动销情况；了解如何进行渠道优化、产品优化、服务优化。

二、实验任务

1. 产品概述及销售业绩。
2. 诚信店铺表现。
3. 物流表现。
4. 用户服务表现。

三、实验步骤

Wish 平台店铺"业绩"菜单中的数据会以周为单位，在每周三进行更新。为更好地展现各项数据，达到实训效果，系统会对平台数据进行实时的统计，并对每一项数据进行详细的介绍。

操作路径："卖家店铺后台"—"业绩"。

1. 产品概述

店铺的产品运营以开发持续动销的产品为核心任务，并且需要持续增加店铺内的产品基数。产品概述主要可以帮助卖家完成以下操作。

（1）检查店铺每周的产品上新是否完成。

（2）检查上架产品价格与运费比是否合理，建议产品的价格和运费比控制在 4∶1 左右。

（3）可以通过对比店铺流量、销售额与上架产品总数来查看店铺动销情况。

（4）监控店铺的产品价格结构，设置合理的价格。

2. 销售业绩

销售业绩这项数据可以非常直观地展示一个店铺在某段时间内的表现，销售业绩分为总览数据、产品浏览和每个国家的明细列表。

（1）总览数据

总览数据展示的是店铺的运营状况，可以显示该店铺在特定日期范围（以周为单位）

内的流量（产品浏览数）、点击转化率（"购买"按钮点击率）、结账转化率及成交金额等核心数据。

（2）产品浏览

产品浏览展示了该日期范围内的单品数据，产品浏览页数据是卖家对单品进行淘汰和优化的重要依据。其中，单品的结账转化率可用于判断单品定价是否合理，以及店铺的物流时效是否有竞争力；结账转化率的标准，通常可以对标排名第一的店铺（或产品）。

（3）每个国家的明细列表

此页面可以显示店铺订单在各个国家的分布情况。每个国家的明细列表展示的是产品在各个国家的销售金额和趋势，但是其展示的并非一周的数据，而是 3 个月前的月数据。

3．诚信店铺表现

诚信店铺的表现可根据仿品率、有效跟踪率、延迟发货率、30 天平均评分、63～93 天的退款率这 5 项数据来评判。

4．评分表现

评分表现数据是对店铺首页数据中平均订单评级更加详细的分类统计，共 6 种，分别是每周总计评分、每周店铺评分、店铺评分明细、每周产品评级、产品评分明细、国家评分明细。

5．物流表现

物流表现数据汇总了运营中物流方面的数据，是卖家在物流方案优化、渠道选择、物流商选择等所有物流方面的决策的数据依据。物流表现包括目的地国家表现，物流承运商、物流服务走势、全球物流服务商表现，确认妥投表现。

Wish 操作视频

创建 Wish 店铺	添加新产品（手动添加）	添加新产品（自动添加）	编辑产品
Wish 邮注册开通	订单发货	采用 CSV 文件批量标记发货	客户问题回复
客户问题发起与关闭	创建 ProductBoost 活动	关键词工具	为 Wish ProductBoost 充值余额